跨文化交际与大学英语翻译教学研究

王风丽 ◎ 著

吉林出版集团股份有限公司

版权所有　侵权必究

图书在版编目（CIP）数据

跨文化交际与大学英语翻译教学研究 / 王凤丽著. — 长春：吉林出版集团股份有限公司，2024.2
ISBN 978-7-5731-4644-1

Ⅰ．①跨… Ⅱ．①王… Ⅲ．①英语－翻译－教学研究－高等学校 Ⅳ．①H315.9

中国国家版本馆CIP数据核字（2024）第049791号

跨文化交际与大学英语翻译教学研究
KUA WENHUA JIAOJI YU DAXUE YINGYU FANYI JIAOXUE YANJIU

著　　者	王风丽
出版策划	崔文辉
责任编辑	杨　蕊
封面设计	文　一
出　　版	吉林出版集团股份有限公司
	（长春市福祉大路5788号，邮政编码：130118）
发　　行	吉林出版集团译文图书经营有限公司
	（http://shop34896900.taobao.com）
电　　话	总编办：0431-81629909　营销部：0431-81629880/81629900
印　　刷	廊坊市广阳区九洲印刷厂
开　　本	787mm×1092mm　1/16
字　　数	212千字
印　　张	13
版　　次	2024年2月第1版
印　　次	2024年2月第1次印刷
书　　号	ISBN 978-7-5731-4644-1
定　　价	78.00元

如发现印装质量问题，影响阅读，请与印刷厂联系调换。电话：0316-2803040

前　言

在当今全球化的浪潮中，不同文化之间的互动和交流愈加频繁，跨文化交际已经成为当代社会的显著特征。在这一背景下，中国传统文化作为博大精深的文明遗产，面对着更为广泛传播的挑战与机遇。而英语翻译，作为连接中西文化的纽带，发挥着至关重要的作用。本书的核心目的在于深入研究在跨文化交际中对中国传统文化的英语翻译，力求探讨翻译在传播传统文化中所发挥的实际效果与潜在影响。通过对传统文化的概述，中西方翻译理论的比较，翻译对译者的多方面要求，以及文化与翻译之间紧密联系的深入分析，旨在为理解并提升英语翻译在中国传统文化传播中的角色和效果提供全方位、深入的视角。全球化使得文化交融成为不可避免的趋势，而中国传统文化在这一进程中既面临挑战，也迎来了更广泛传播的机遇。英语翻译作为信息传递的桥梁，承担着在国际舞台上推广中国传统文化的责任。因此，我们将从多个维度出发，全面探讨英语翻译在跨文化传播中的作用，以更好地回应全球化时代对文化多样性的需求。在探究的过程中，本书将深入研究中国传统文化的本质特征，以及其在当代社会中的演变和传承。同时，本书将对中西方翻译理论进行比较研究，以揭示两种文化体系在翻译活动中的差异与共通之处。通过对翻译、对译者的要求进行系统分析，可以为提高翻译质量提供有益的指导。最后，我们将深入研究文化与翻译之间的密切关系，探讨语言、思维方式、价值观念等因素在翻译过程中的相互影响条件，以及为更好地应对文化差异提供解决方案。

目 录

第一章 绪论 ·· 001
第一节 中国传统文化概述 ·· 001
第二节 中西方翻译理论概述 ··· 004
第三节 翻译对译者的要求 ·· 010
第四节 文化与翻译的关系 ·· 015

第二章 英语翻译概述 ·· 023
第一节 英语翻译理论概述 ·· 023
第二节 英语翻译的性质与分类 ·· 029
第三节 英汉翻译的基本方法与技巧 ·· 037
第四节 英语翻译基本问题的阐述 ··· 044

第三章 跨文化交际论述 ··· 049
第一节 跨文化交际相关概念界定 ··· 049
第二节 跨文化交际意识与能力 ·· 055
第三节 跨文化交际之语言交际 ·· 064
第四节 跨文化交际之非语言交际 ··· 070

第四章 跨文化交际中的英语翻译 ·· 077
第一节 文化认知与跨文化交际的关系 ··· 077
第二节 跨文化交际与英语翻译 ·· 082
第三节 跨文化思维模式差异与翻译 ·· 088
第四节 跨文化交际中的英汉词汇、句式与语篇翻译 ···································· 094

第五章 跨文化英语翻译中学生能力的培养 ··· 101

第一节 大学英语翻译教学中的跨文化意识培养 ··· 101

第二节 旅游英语翻译过程中的跨文化意识培养 ··· 107

第三节 商务英语翻译中的跨文化交际能力培养 ··· 115

第四节 大学英语四级翻译中的跨文化能力培养 ··· 124

第五节 文化自觉与跨文化翻译能力培养 ··· 130

第六章 跨文化交际背景下中国传统文化的传播 ··· 139

第一节 跨文化交际背景下中国传统文化传播的理论基础 ··· 139

第二节 跨文化交际背景下中国传统文化传播的目标与意义 ··· 145

第三节 跨文化交际背景下中国传统文化传播的实施主体 ··· 155

第四节 跨文化交际背景下中国传统文化传播的路径 ··· 160

第七章 跨文化交际背景下中国传统文化的英语翻译 ··· 167

第一节 汉语文化在英语翻译过程中文化空缺现象及对策 ··· 167

第二节 跨文化交际背景下习语和典故英语翻译 ··· 175

第三节 跨文化交际背景下戏曲和诗词英语翻译 ··· 179

第四节 跨文化交际背景下节日和称谓英语翻译 ··· 182

第五节 跨文化交际背景下饮食和服饰英语翻译 ··· 186

第八章 跨文化交际背景下中国传统文化融入大学英语教学 ··· 190

第一节 跨文化交际背景下中国传统文化融入大学英语教学重要意义 ··· 190

第二节 跨文化交际的缺乏给大学生学习英语带来的障碍 ··· 193

第三节 跨文化交际的大学英语教学策略 ··· 197

参考文献 ··· 201

第一章 绪论

第一节 中国传统文化概述

一、文学艺术

中国传统文化中的文学艺术堪称丰富多彩，凝聚着千百年来文人墨客的智慧与情感。古代中国的文学以其独特的形式和深邃的内涵在世界文学史上占有重要地位。诗歌作为文学的精髓，唐诗、宋词是中国古典诗歌的巅峰之作。唐代的诗人杜甫、李白，以其豪放的风格和深沉的思想而著称。而宋代的辛弃疾、苏轼等词人则以豁达的情感和细腻的表达成为文学宝库中的璀璨明珠。除了诗歌，古代中国还有丰富多样的散文传统。从《庄子》的悠远哲思到《红楼梦》的艺术巅峰，中国散文贯穿古今，因其思想性和艺术性成为文学宝库中的珍品。而传统的戏曲艺术则以其独特的表演形式和深刻的人物塑造赢得了世人的喜爱。京剧、豫剧等戏曲形式，通过音乐、舞蹈、表演的有机结合，传达出丰富的文化内涵和审美情感。中国传统文学艺术中的书法和绘画也是独具特色的艺术形式。中国书法自古以来就被视为一门高贵的艺术，其用笔墨表达情感、传递思想的独特方式成为了文人雅士的传统追求。楷书、行书、草书等不同的书体展现了丰富的艺术风格，每一笔每一画都蕴含着深厚的文学内涵。绘画方面，山水画、花鸟画等不同的画派在中国传统绘画中各具特色，强调意境的表达和审美的追求。在中国传统文学艺术中还有许多丰富多彩的民间文艺形式。民间故事、民间歌谣、民间舞蹈等丰富多样的文艺表达形式承载着人们的智慧和生活情感，形成了独特的文化传统。这些民间艺术作为群众文化的一部分，为中国传统文学艺术增添了生动的色彩。中国传统文学艺术以其深邃的思想和丰富的表现形式，形成了一个庞大而精致的文学艺术宇宙。这一宇宙既展现了古代文人的风采，又蕴含着丰富的人文内涵。通过这些文学艺术作品，人们可以窥见古代中国社会的风貌，感受到文人墨客对人生、自然、社会的深刻思考，为后人提供了一份珍贵的文化遗产。

二、科技和思想成就

中国传统文化在科技和思想成就方面展现出了卓越的智慧和创造力，为世界文明的进步和发展贡献了重要力量。古代中国以其独特的科技创新和深刻的思想理念而蜚声国际。在科技领域，古代中国以其"四大发明"而闻名于世。造纸术的发明使书写成为可能；印刷术的应用促进了信息的传播；火药的发现改变了战争与生产方式；指南针的使用推动了航海事业的发展。这四项伟大的发明不仅在古代中国取得了极大的成就，还对全球文明产生了深远的影响，成为世界科技史上的重要贡献。在医学领域，中医药是中国传统文化的重要组成部分。中医药注重整体观念，强调平衡和调和，通过草药、针灸、推拿等方法维护身体的健康。这一传统医学体系不仅在古代中国得到广泛应用，还在现代医学研究中也引起了广泛的关注。思想方面，中国传统文化涌现了众多杰出的思想家和学者。孔子的儒家思想强调仁爱、礼义、忠诚，对社会秩序和人际关系产生了深远的影响。道家思想注重自然、无为而治，强调与自然和谐共生。墨家思想主张兼爱、非攻，提倡消除战争和社会不平等。这些思想体系在中国传统文化中形成了独特的哲学体系，为社会制度、伦理道德和个体行为提供了深刻的指导。中国古代的农业技术也取得了显著的成就。水利工程、农耕技术的进步为古代中国的农业生产打下了坚实的基础，保障了社会的稳定与发展。此外，古代中国的天文学和数学也取得了令人瞩目的成就，如古代的日晷、水运技术以及算筹等都表现出中国古代在科技领域的先进性。中国传统文化在科技和思想成就方面有着丰富的遗产，这些成就不仅对古代中国的社会和文化发展产生了深远的影响，还为世界文明的进步做出了独特的贡献。这一丰富的科技和思想传统为当代社会提供了宝贵的经验和启示，值得我们深入研究和传承。

三、哲学思想

中国传统文化的哲学思想是一个博大精深的体系，凝聚了千百年来智慧与探索的结晶，深刻地影响着中国社会的发展与演变。儒家、道家、墨家等多元的哲学流派在中国文化中形成了丰富多彩的传统，反映了古代中国人对于生活、伦理和宇宙的深刻思考。儒家思想作为中国传统文化的核心之一，强调仁爱、礼仪、忠诚等价值观念，提倡人际关系和社会秩序的和谐。孔子提出的"仁者爱人"的理念强调人际关系中的仁爱和慈悲。而孟子则通过强调人性本善的观点，提倡以仁爱为中心的道德伦理。这一体系在中国传统社会中影响深远，如儒家的经典《论语》《大学》等成为中国古代文化的经典之一。道家思想则强调自然、无为而治，追求心灵的宁静和与自然的和谐。老子在《道德经》中提出的"无为而治"的理念，强调通过顺应自然的原则来实现社会的和谐。道家的这种观点对中国文化的艺术、医学等领域产生了深远的影响，也为后来的文人墨客提供了独特的哲学理念。墨家思想强调兼爱、非攻，主张消除战争和社会不平等。墨子提出的"兼爱"理念，强调对所有人的平等关爱，体现了人道主义的思想。墨子的这一观点在中国传统文化中形成了独特的伦理体系，对后来的儒家和道家思想产生了一定的影响。还有其他哲学流派如名家、法家等，各有其独特的理念和思考。名家强调言辞的功夫，提出言论应当言之有物，影响了后来的修辞学和文学创作；法家则主张法治和权威，对中国传统政治体制和法律制度产生了深远影响。中国传统文化的哲学思想是一个丰富多彩、纷繁复杂的体系，反映了古代中国人对于人生、社会和宇宙的深刻思考。这些哲学思想为中国传统文化注入了丰富的人文内涵，塑造了中国人的价值观念和行为准则，成为了中国文化传统的瑰宝。

四、自然观念

中国传统文化中的自然观念是一个根植深厚的哲学体系，贯穿于古代文人的思想、艺术、医学等多个领域，体现了中国人对自然的敬畏、理解和融合。这一观念在古代文化中扮演了重要的角色，影响了中国人的生活方式、价值观念以及艺术创作。中国古代自然观念的基石之一是五行观念。金、木、水、火、土这五个元素代表着世界的基本构成和运行规律，同时与方位、季节、器官、情感等相对应。五行观念通过这样的关联，深刻表达了人与自然之间的紧密联系，强调了宇宙的有序和协调。这种观念不仅在哲学思想中体现，广泛应用于中医、易经等领域。阴阳观念是中国传统文化中另一个重要的自然观念。阴阳代表着相对、对立、统一的关系，贯穿于古代文学、艺术、医学等多个领域。古代文人通过阴阳观念解释世界的对立统一，表达了对自然和生命的深刻理解。在医学方面，阴阳观念影响了中医理论，认为人体的健康与阴阳平衡息息相关。古代文人对山水的热爱也体现了中国传统文化中的自然观念。山水被视为文人墨客灵感的源泉，不仅在绘画中有所体现，还成为了文学创作中的常见题材。通过描绘山水，古代文人表达了对自然的敬畏之情，以及对生命和人生境遇的沉思。道家思想强调与自然的和谐共生，倡导顺应自然的原则。老子在《道德经》中提出的"道法自然"的理念，强调人应该遵循自然的规律，不与自然为敌，而是与自然共生共荣。这一观念对古代文人的生活态度和行为准则产生了深远的影响，也在中国文学、艺术中留下了深刻的痕迹。中国传统文化中还有许多其他的自然观念，如动静相生、物我一体等，都反映了古代中国人对自然的敏感和洞察。这些观念不仅影响了古代文人的思想和创作，还渗透到了日常生活的方方面面，成为了中国文化传统中的瑰宝。中国传统文化中的自然观念是一个深邃而丰富的哲学体系，体现了古代中国人对自然的敬畏、理解和尊重。这一观念在古代文学、艺术、医学等多个领域发挥了重要作用，为中国文化传统注入了独特的人文内涵，也为后来的文化传承提供了深厚的根基。

第二节　中西方翻译理论概述

一、定义与目标

翻译理论在中西方有着不同的定义和目标，反映了两种文化传统和翻译实践的差异。在西方翻译理论中，翻译被视为一种传达意义和文化内涵的过程，强调动态对等翻译，以追求自然、流畅的表达。西方翻译理论注重适应目标文化的表达方式，更关注源语言和目标语言之间的文化差异，认为翻译是一种跨文化的传播。在这种观点下，翻译的目标是满足目标语言读者的需求，同时保持对作者意图的忠实。与之相对，中文翻译理论强调静态对等翻译，注重保持源语言的结构和表达方式。在中文翻译理论中，忠实原文被认为至关重要，以保持原著的文学风格和语言风格。文学翻译方面，中文翻译理论更强调对原著的忠实和保持，尊重原著的语言风格，强调译者对原著的负责。在这种观点下，翻译的目标是保持作者的语言和风格，使译文更贴近原著。在翻译方法方面，西方翻译理论倾向于功能对等，追求传达意义，注重适应目标文化的表达方式。而中文翻译理论则更重视形式对等，强调保持源语言的表达形式，以确保译文与原文在形式上的一致性。这反映了两种翻译传统对翻译过程中语言形式和意义的不同关注点。中西方翻译理论在定义和目标上存在显著差异。西方翻译理论更注重在翻译中传达意义和文化内涵，强调适应目标文化。而中文翻译理论更强调保持源语言形式，追求对原著的忠实。这种差异不仅反映了两种文化的认知差异，也在翻译实践中产生了不同的方法和策略。在全球化的语境下，这种差异为翻译研究和实践提供了丰富的资源和挑战。

二、翻译方法

翻译方法是中西方翻译理论中的一个核心议题，体现了两种文化传统对翻译实践的不同看法和方法。在西方翻译理论中，翻译方法强调功能对等，即通过传达源语言的意义和文化内涵来实现翻译的目标。这一方法的核心思想是以意义为导向，译者应该注重目标语言读者的需求，使译文在表达上更加自然流畅，并且适应目标文化的表达方式。在这种方法下，翻译被看作是一种动态、灵活的语言交际过程，注重在不同语境中的有效传达。在中文翻译理论中，翻译方法更强调形式对等。这意味着在翻译过程中，译者应该注重保持源语言的结构和表达方式，以及语言形式的一致性。这种方法的关键思想是忠实原文，保留源语言的表达形式，使译文在形式上与原文相近。在文学翻译方面，这一方法更强调对原著文学风格和语言风格的保持，强调译者对原著的尊重和忠实。在实际翻译工作中，西方翻译方法更加注重译者的主观判断和自由发挥，强调译者在翻译过程中的创造性角色。译者被视为一位重要的中介者，有权根据目标文化的需求进行适度调整，以确保译文更好地融入目标文化中，同时保持原著的核心意义。这种方法强调了译者在翻译过程中的主动性和创造性。中文翻译方法更加注重对原著的保持，强调对源语言形式的忠实。译者在这种方法下更多地被看作是一个忠实的执行者，其任务是尽可能地还原原文的形式和结构。这种方法对译者提出了更高的语言功底和对原著理解的要求，以确保在翻译中不失去原文的风采和内涵。中西方翻译方法的不同体现了两种文化传统和翻译观念的差异。西方强调在翻译中更加注重目标文化的表达方式，更加灵活和开放。而中文强调对源语言形式的保持，更加注重对原著的忠实。这两种方法各有优劣，也在实际翻译实践中形成了不同的学派和流派，为翻译理论的发展提供了丰富的思想资源。

三、语言文化因素

语言文化因素是中西方翻译理论中一个重要而复杂的议题，涉及翻译过程中不同语言和文化之间的交互关系。在西方翻译理论中，语言文化因素被视为翻译不可或缺的组成部分，强调源语言和目标语言之间的文化差异对于翻译的影响。这一观点反映了西方学者对多元文化社会的敏感性，认为翻译是一种跨文化传播，需要译者充分理解源语言文化的语境，以更好地传递意义和价值观。在这种观点下，语言文化因素不仅是翻译的挑战，还是翻译的机遇，译者需要通过文化解读和转换，使译文更好地融入目标文化。在中文翻译理论中，语言文化因素的处理更加注重对源语言形式和结构的保持。中文翻译理论认为，语言形式是文化的表达方式之一，因此在翻译过程中应当尊重并保留原著的语言特色。这种观点强调语言形式的保持，并认为通过对源语言形式的忠实，可以更好地传递文化内涵。在中文翻译理论中，语言文化因素被看作是一种表达方式，是译者应当忠实保持的文化元素。不同于西方翻译理论对文化差异的强调，中文翻译理论中也有一些学者提倡在翻译过程中进行"文化调适"，即在保持源语言形式的基础上，适度调整出符合目标文化的表达方式。这种观点强调了在跨文化翻译中译者的角色，认为译者应当根据目标文化的接受习惯，适度调整原文以提高译文的可理解性和可接受性。在实际翻译实践中，语言文化因素的处理涉及对词汇、习语、隐喻等方面的综合考量。在西方翻译中，译者通常会采用文化解读、意译等手段，以确保目标语言读者能够理解并接受译文。在中文翻译中，译者则更注重对原著语言形式和结构的保持，通过对源语言的深入理解，力求将文学作品的语言特色和风格传递到译文中。语言文化因素在中西方翻译理论中扮演着重要的角色，但两者在处理这一因素时存在着明显的差异。西方翻译理论强调文化差异对于翻译的影响；强调文化的转换和传递。而中文翻译理论更注重对源语言形式的保持，以保留原文的文学风格和语言特色。这两种观点反映了不同文化传统下对翻译目标和手段的理解，为翻译理论的发展提供了丰富的思想资源。

四、文学翻译观点

文学翻译观点在中西方翻译理论中占有重要地位，涵盖了对文学作品翻译的理念、方法和目标等方面的讨论。在西方文学翻译理论中，译者通常被视为创造性的中介者，其任务不仅仅是简单地传递原文的意义，更是要在目标文化中重新创造原著的文学风格和情感体验。这一观点强调了文学翻译的艺术性，认为译者在翻译过程中应该充分发挥自己的创造性，使译文更好地迎合目标文化的审美和文学传统。文学翻译被看作是一种文学创作的延伸，译者有权在尊重原著的基础上进行适度的文学再创作，以确保译文具有原著同样的文学价值。相对而言，在中文文学翻译理论中，强调的是对原著的文学风格和语言风格的保持。译者被视为对原著的忠实执行者，其任务是在保留原著形式的基础上，尽可能地还原原文的文学特色。这一观点认为文学翻译的首要任务是传达作者的思想和情感，要求译者在翻译中保持对原著的敬畏，力求尽可能的还原原文的语言形式，以使读者能够在译文中感受到原著的文学魅力。在西方文学翻译中，强调译者的主观判断和审美选择，注重在翻译中表达自己对原著的理解和感悟。译者被赋予更多的自由度，以便在译文中加入更多个人的审美标准和文学创造力。这一观点认为文学翻译不仅仅是一种语言的转换，更是对文学艺术的再创造，要求译者在翻译中不仅要传递原文的文学内涵，还要以自己的独特方式呈现出来。相较之下，中文文学翻译理论更强调对原著的敬畏和保持。译者在翻译过程中应该尽量还原原著的语言形式和文学风格,以保持原著的独特韵味。这一观点认为,文学翻译的目标首先是传达原著的思想和情感,而不是过度介入,以免干扰读者对原著的真实体验。在实际的文学翻译实践中,译者往往需要权衡这两种观点,根据具体的情况灵活运用。在某些情况下,强调创造性的西方文学翻译观点可能更为适用,尤其是当原著与目标文化存在较大差异时。而在强调保持原著风格的情境下,中文文学翻译理论的观点更能满足译者对于对原著忠实的追求。文学翻译观点在中西方翻译理论中呈现出明显的差异。西方强调译者的主观判断和创造性,更注重在译文中表达个人审美标准。而中文更强调对原著的保持,注重传达作者的思想和情感。这两种观点的碰撞与融合,为文学翻译提供了多元且丰富的理论资源。

五、翻译研究范围

翻译研究的范围在中西方翻译理论中体现出一系列有趣而复杂的特征,涉及多个领域和层面的讨论。在西方翻译理论中,翻译研究的范围相对较广,不仅包括文学翻译,还涵盖科技翻译、口译、跨文化传播等多个领域。西方学者关注翻译的多样性,研究范围旨在探讨不同类型、不同领域的翻译问题,以满足全球化语境中多元文化的需求。此外,西方翻译研究还广泛涉及语言学、文学理论、社会学等多学科领域,通过跨学科研究深化对翻译现象的理解。相对而言,中文翻译理论的研究范围相对集中,更强调文学翻译。在中文翻译理论中,文学翻译一直是研究的重要方向,特别是诗歌和小说的翻译。中文学者在文学翻译的研究中强调对原著文学风格和语言风格的保持,注重对翻译过程中的语言形式进行深入分析。此外,中文翻译理论也逐渐拓展到了其他领域,如科技翻译和口译,但相对而言,这些领域的研究还相对较少。值得注意的是,随着全球化的发展,中西方翻译研究的范围逐渐趋于融合。在中文翻译研究中,越来越多的学者开始关注跨文化传播、科技翻译等新兴领域,拓展了翻译研究的广度。同时,西方学者也对中文文学翻译产生了浓厚的兴趣,纷纷投入到对中国古典文学、当代文学的翻译问题的探讨中。这种跨文化的研究趋势为翻译理论提供了更为全面和多元的视角。翻译研究的方法也在中西方存在一定差异。在西方,翻译研究的方法更加多元化,包括社会学、文学理论、语言学、认知科学等多学科方法的融合。研究者常常从多个层面考察翻译现象，力求深入挖掘翻译背后的文化、社会和心理因素。而在中文翻译理论中，文学理论和语言学的影响较为深厚，研究方法相对更为传统，更加强调对语言形式和文学风格的关注。中西方翻译理论在翻译研究的范围上存在着一些显著差异，但随着文化交流的不断深化，两者的研究领域逐渐趋于交汇。这一趋势为翻译理论的发展提供了更为广泛和开放的空间，为解决全球化语境中的翻译问题提供了更为多元的理论支持。

六、理论基础

翻译理论的理论基础在中西方存在明显的差异，这些差异反映了两种文化传统和学术观念对翻译活动的不同认识。在西方翻译理论中，理论基础主要来自于多个学科领域的交叉融合，涵盖了文学理论、语言学、社会学、哲学等多方面的知识。这种多元学科的融合为西方翻译理论提供了更为广泛的理论视野和方法工具。文学理论的影响使西方学者更加关注翻译是作为文学创作的一种延伸，强调译者在翻译中的创造性和主观介入。语言学的观点使西方学者更注重语言形式和对语法结构的分析，关注翻译过程中的语言差异和文化转换。社会学的理论启发使西方学者将翻译置于社会文化的背景中，研究翻译对文化传播的影响。在中文翻译理论中，理论基础更加注重文学理论和语言学的影响。传统的文学批评观念对中文翻译理论产生了深刻的影响，使研究者更关注对原著文学风格和语言风格的忠实保持。同时，语言学的基础使中文翻译理论更注重对语言形式和结构的分析，强调在翻译中保持原著的语法结构和词汇选择。相较于西方翻译理论，中文翻译理论在理论基础上显得相对保守，更注重对传统文学价值和语言形式的继承。在理论基础的塑造上，西方强调翻译作为一门跨学科的学科，需要借鉴多个学科的理论体系。这种综合性的理论基础使西方的翻译理论更具灵活性和开放性，注重在实践中的多元方法。反观中文翻译理论，其理论基础相对更加固化，更依赖于传统文学理论和语言学的框架。这种传统性在一定程度上限制了中文翻译理论的多元发展。随着全球化进程的推进，中西方翻译理论的交流与互鉴日益加深。中文翻译理论逐渐引入西方的研究方法和理论观念，借鉴了更多跨学科的理论体系。西方翻译理论也对中国学者提出的一些独到问题产生了积极的启发作用。这种跨文化的学术交流逐渐使中西方翻译理论的理论基础呈现出一定程度的趋同。中西方翻译理论的理论基础反映了两种文化传统和学科发展的差异。西方强调多学科的交叉融合，注重在实践中的灵活性和开放性，而中文则更依赖于传统文学理论和语言学的基础。随着全球化的发展，这两种传统在一定程度上呈现出趋同，为翻译理论的进一步发展提供了更为广泛和丰富的学术资源。

第三节　翻译对译者的要求

一、语言能力

（一）精通源语言和目标语言

翻译工作对译者的要求之一是要求其精通源语言和目标语言，这不仅仅是对语言的熟练掌握，更包括对语言的深刻理解和运用。精通源语言是译者的基本要求。这不仅仅意味着熟练掌握源语言的语法、词汇和语法结构，更要求译者能够理解文本中的深层次含义、文化内涵以及情感色彩。只有对源语言有深刻的理解，译者才能准确捕捉到原文的精神，并在翻译过程中保持信息的完整性和准确性。对目标语言的精通同样至关重要。译者需要的不仅仅是说一口流利的目标语言，更要求在表达上能够恰如其分地传递原文的意思。这不仅包括词汇和语法的准确运用，还涉及表达方式的恰当选择，确保翻译文本在目标语言中既通顺自然，又能够传达出原文的情感和思想。精通源语言和目标语言也需要译者具备语境感知的能力。语境包括文本所处的历史、文化、社会等方面的环境，译者需要能够准确把握这些背景信息，以便更好地理解并翻译文本。例如，在翻译古典文学作品时，译者需要对当时的社会背景、风俗习惯进行深入的了解，以便更好地还原原文的语境。除了语言方面的精通，译者还需要具备扎实的文学功底。这包括对文学表达方式、修辞手法、文体特点等方面的熟悉。只有对文学的深层次理解，译者才能够更好地把握原文的文学风格，确保翻译不失原著的艺术表达。精通源语言和目标语言是翻译工作中最基本、最关键的要求之一。这不仅仅是一种技能，更是一种综合素养，需要译者具备对语言的敏感性、深刻理解力以及对文本背后文化、历史等方面的全面认知。只有通过不断地学习和实践，才能够真正做到对源语言和目标语言的精通，成为一名优秀的翻译专业人员。

（二）语法和词汇掌握

翻译工作对译者的要求之一是在语法和词汇方面具备出色的掌握能力。这不仅是为了确保翻译文本的准确性和通顺性，更是为了在目标语言中忠实传递原文的信息。语法的准确掌握是译者不可或缺的基本素养。语法是语言的结构规则，是构建语言表达的基石。译者需要对源语言和目标语言的语法规则有深入的了解，例如句子结构、时态、语态等方面。只有具备扎实的语法知识，译者才能够准确理解原文，并在翻译中保持语法结构的一致性，使得译文在语法上通顺自然。词汇的广泛掌握也是对译者的基本要求之一。译者需要具备丰富的词汇量，既包括常用词汇，也包括特定领域的专业术语。通过对各种词汇的灵活运用，译者才能够在翻译中找到最准确、最贴切的表达方式，确保译文更贴近原文的语境和表达意图。语法和词汇的掌握还需要结合语境感知的能力。语境包括文本所处的环境、所讨论的话题、语言风格等，译者需要通过对语境的准确把握，选择恰当的语法结构和词汇，以保证译文更好地呼应原文的含义和风格。在专业领域的翻译工作中，对特定领域的语法和词汇的深入了解更是必不可少的。例如，在科技、法律、医学等领域，专业术语的准确运用对于翻译的精准性至关重要。译者不仅需要在通用语法和词汇上有所熟练，还要了解并精通相关专业领域的语言要求。语法和词汇的掌握是译者在翻译过程中的基础技能。只有具备了这一基础，译者才能够更好地理解原文，准确表达译文，确保翻译的质量和准确性。这需要译者通过不断学习和实践，不断提升自己在语法和词汇方面的水平，以胜任各类复杂的翻译任务。

二、文化理解

（一）深入理解文化背景

翻译工作对译者要求深入理解文化背景，这一要求不仅体现了对语言知识的考验，更关涉到对源语言和目标语言所处文化的深刻认识。深入理解文化背景是确保翻译准确传达原文信息的关键因素之一。语言是文化的反映，不同文化背景下的语言使用往往会带有独特的语境和文化内涵。译者需要对源语言文本所处的文化有深刻的理解，例如历史、社会制度、价值观等方面的内容，以便更好地理解原文作者的意图，准确传达文本中的文化内涵。深入理解文化背景对于解决语言中的文化差异至关重要。不同的文化之间存在着习惯、礼仪、信仰等方面的差异，这些差异在翻译过程中可能导致歧义或误解。译者需要具备辨别和化解文化差异的能力，以确保翻译的准确性和得体性。例如，某些表达方式在不同文化中可能会带有不同的情感色彩，译者需要在这方面有敏感的嗅觉，避免翻译时误传原文的情感。文化背景的理解还涉及习惯用语、文学典故等方面的知识。这些在某种文化中通行的表达方式和引用的典故，可能对其他文化的读者来说并不熟悉。译者需要具备广泛的文学、历史知识，以便在翻译过程中能够巧妙地转换文化元素，使译文更具可读性和可理解性。在商务、法律等专业领域的翻译中，对文化背景的深刻理解更显重要。不同国家和地区的法律制度、商业风俗等方面存在着差异，译者需要了解这些差异，以确保翻译的法律条款或商业文件在目标文化中具有合法性和适用性。深入理解文化背景是一项多方面的任务，需要译者具备跨文化沟通和理解的综合素质。只有通过对不同文化的深刻认知，译者才能够准确把握源语言的文化内涵，巧妙而得体地将其传达到目标语言中，从而确保翻译工作的成功和质量。这需要译者在实践中不断积累经验，拓宽文化视野，以提高自己在文化背景理解方面的水平。

（二）避免文化误解

在翻译工作中，避免文化误解是译者至关重要的责任之一。文化误解可能导致翻译得不准确、不恰当，甚至产生歧义，影响最终的翻译质量。因此，译者需要具备一系列能力和技能，以降低文化误解的风险，并确保翻译的精准和贴切。译者需要深入研究源语言和目标语言所处的文化背景。这包括了解文化的历史、价值观、社会制度、习惯礼仪等方面的内容。通过对文化的全面了解，译者能够更好地理解原文中蕴含的文化内涵，有助于准确把握作者的意图，避免在翻译中失去文化的精确表达。译者需要对比源语言和目标语言之间的文化差异。文化差异可能表现在语言的用法、表达方式、礼仪规范等多个方面。译者需要在翻译过程中敏感地捕捉到这些差异，以避免错误的文化转换。例如，某些表达在源语言中可能是正常的说法，但在目标语言中可能带有贬义或不合适，这就需要译者进行巧妙的调整。译者需要关注文本中可能存在的文化隐喻和象征。有些词汇和表达在某个文化中可能具有特殊的象征意义，而在另一个文化中可能不同。如果译者对这些隐喻和象征缺乏了解，就容易误译。因此，译者需要通过深入研究，了解文本中可能存在的文化象征，以保持翻译的准确性。译者还需要注重对语境的理解。同样的词汇在不同的语境下可能有不同的含义，特别是涉及文化背景的时候。译者需要结合整个文本的语境，理解作者的用词选择和表达意图，以确保翻译不仅符合文化规范，还符合文本的整体语境。译者应当保持开放的心态，愿意学习和纠正错误。文化是一个动态的概念，不同文化之间的差异也可能随时间而变化。译者应当持续关注文化发展的变化，愿意接受用户和专业人士的反馈，以不断改进自己的翻译能力。避免文化误解是翻译工作中的一项重要任务，需要译者具备深厚的文化知识、敏锐的文化观察力和良好的语境理解能力。通过不断的学习和实践，译者能够提高对文化差异的敏感性，最终确保翻译的准确性和质量。

三、专业知识

翻译工作对译者的要求之一是具备丰富的专业知识。这不仅仅是对语言和文化的熟练掌握，更涉及对特定领域的深度理解，以确保翻译内容在专业术语、行业背景等方面的准确性和专业性。对专业领域的深入了解是译者不可或缺的基本素养。不同领域有各自独特的术语、概念和表达方式，而这些内容对于准确翻译至关重要。译者需要熟悉并精通其专业领域的专业术语，了解相关行业的发展趋势、技术进展和常用表达方式，以确保翻译内容能够准确传达出原文中的专业信息。译者需要不断保持对专业知识的更新。许多领域都在不断发展和变化，新的术语、概念和行业趋势层出不穷。译者需要积极参与行业研究，关注最新的专业信息，确保自己的知识体系与时俱进。这种持续学习的态度能够使译者在翻译过程中更好地应对新的挑战，提高其专业水平。译者需要在特定领域具备扎实的背景知识。例如，在医学领域的翻译工作中，译者需要了解人体结构、生理功能、疾病分类等基本医学知识，以确保对医学文献和专业术语的准确理解和翻译；类似地，法律、科技、金融等领域的翻译也要求译者有相应的背景知识；在法律领域，译者需要了解不同国家的法律体系、法规和法律程序，以确保翻译的法律文件符合目标文化的法律规定；在科技领域，译者需要了解最新的科技发展，掌握相关行业的术语和概念，以确保对技术文档的正确翻译。对于涉及专业证书和行业标准的翻译工作，译者还需要了解相关的认证体系和标准规范，以确保翻译的文件符合行业标准，并且能够在专业领域中得到认可。专业知识是译者成功完成专业领域翻译工作的基石。只有具备深刻的专业理解和背景知识，译者才能够在翻译过程中保持高度的准确性和专业性。通过不断学习、持续更新知识，译者就能够不断提升自己在专业领域的翻译水平，成为在特定领域中备受信赖的专业译者。

四、沟通能力

翻译工作对译者的要求之一是拥有卓越的沟通能力。这一能力不仅仅体现在译者与委托方的沟通，还包括对文本背后意图的准确理解以及在语言表达中的精准传递。译者需要具备出色的语言表达能力。清晰准确的表达是翻译工作的基础，译者需要在目标语言中运用准确的词汇和语法结构，以传达源语言中的信息。同时，译者还要注重表达的自然度和流畅度，确保译文在语言上不仅准确无误，还通顺易懂。译者需要具备优秀的阅读理解能力。翻译不仅仅是语言的转换，更是对文本深层次含义的解读。译者需要通过仔细阅读原文，理解其中的逻辑结构、修辞手法、隐喻等元素，以便在翻译中能够准确捕捉原文的语境和作者的意图。在与委托方的沟通中，译者需要具备良好的谈判和解释能力。译者可能需要解释翻译策略、选择特定的表达方式，以及解答委托方可能提出的疑问。因此，译者需要能够以清晰简洁的方式表达自己的观点，同时要能够理解并尊重委托方的需求和反馈，以达成双方的共识。在专业领域的翻译工作中，译者需要具备与领域专家和行业从业者进行有效沟通的能力。这涉及对特定领域的专业术语、行业规范的理解，以确保与相关专业人士的交流更具有准确性和高效性。此外，通过与专业从业者的互动，译者能够更好地理解行业趋势和特殊需求，有助于提高翻译的专业水平。在处理文化差异时，译者的跨文化沟通能力也显得尤为重要。译者需要敏感地感知文化差异，避免因文化差异而产生的误解，确保翻译内容在目标文化中得以正确理解。此时，译者不仅要具备语言的敏感性，还需要理解文化差异的根源，以便在翻译中巧妙而得体地调整表达方式。对于翻译团队而言，协同合作和有效的沟通是成功的关键。译者需要具备团队协作精神，与编辑、校对等其他团队成员进行有效沟通，确保翻译项目的高效进行。通过充分的信息共享和相互协作，团队就能够共同应对翻译中可能出现的问题，提高整体的翻译质量。卓越的沟通能力是一名优秀译者不可或缺的素质。通过良好的语言表达、深入的阅读理解、与委托方和专业人士的有效沟通，译者能够确保翻译的准确性、流畅性，并在跨文化、跨领域的工作中展现出卓越的综合能力。通过不断提升沟通技能，译者能够更好地胜任各类翻译任务，为用户提供高质量的翻译服务。

第四节 文化与翻译的关系

一、语言是文化的表达工具

　　文化与翻译的关系密不可分，而语言作为文化的表达工具在这一关系中扮演着至关重要的角色。语言既是一种沟通工具，更是文化的载体。每一种语言都承载着所属文化的历史、价值观、社会结构和人际关系模式。语言不仅仅是简单的词汇和语法的组合，更是一种文化认同和集体记忆的表达方式。因此，要理解一种语言，就必须深入了解其所属的文化。在翻译过程中，译者不仅要准确传达语言层面的信息，还要捕捉和再现文化的精髓。语言的文化承载体现在每一个词汇的选择、句法结构的形成，甚至是语气和表达方式的差异中。只有通过深刻的文化理解，翻译才能真正地传递原文本所包含的文化信息。文化差异是语言翻译中的一大挑战。每个文化都有独特的语境、习惯和价值观，这使得同一组词在不同文化中可能产生截然不同的涵义。语境在很大程度上受制于文化的影响，因此，在进行翻译时，译者不仅仅需要关注语言的层面，还要深入了解文化的语境。语境的转换不仅包括语言的转换，更包括对文化背景的灵活运用。例如，在中文中，对长辈的称呼充满着尊敬之情，而在英文中直接称呼可能更为普遍。在这种情况下，译者需要适时调整称呼方式，使其更符合目标文化的交际规范，避免语境转换带来的文化冲突。语言的表达方式受制于文化的差异，因此，在翻译中，文化调整是一项必要的工作。有时直译可能无法有效传达原文的文化内涵，因此需要进行意译或文化调整。这要求译者具备一定的创造性，能够在保持准确性的前提下，使译文更加符合目标文化的审美和语言规范。举例而言，中文中的成语和俗语在英文中可能没有直接对应，译者需要巧妙运用类比或者找到目标文化中相似的表达方式，以确保译文既准确又自然。这种文化调整不仅要求译者精通源语言和目标语言，更需要对两种文化的精髓有着深刻的理解。

文学作品更是文化在语言中的精华体现。小说、诗歌、戏剧等文学作品中融入了作者所在文化的思想、情感和价值观。翻译文学作品不仅要传达文字的意义，更需要传递其中所包含的文化内涵和情感。在翻译文学作品时，译者需要成为文学的解读者和创作者。他们不仅要理解原文中的文化元素，还要有足够的文学灵感，以在目标文化中还原原著的艺术表达。这需要译者对于文学、历史、哲学等多个方面都有着广泛的知识基础，以在翻译中保持文学作品的深度和丰富性。

语言不仅仅是一种交流工具，更是文化交流的桥梁。通过语言，人们传递着自己的文化认同、生活体验和思想观念。因此，语言在社会中的功能不仅仅是传递信息，更是构建社会关系、维系社会秩序、传承文化传统的工具。在翻译中，理解语言的社会功能对于准确传达信息至关重要。在一些特定社会语境下的用语和表达方式可能在不同文化中有着巨大的差异。译者需要具备对社会文化的深入理解，以保持翻译的精准度和真实性。语言是一个不断演变的系统，而这种演变往往受到文化的影响。语言的变迁反映了社会的变革、文化的更新和人类思维方式的变化。在翻译中，要理解原文中所蕴含的文化内涵，就需要考虑语言的历史演变过程。有时，一些古老的词汇或者表达方式在当代语境中可能不再适用，但在文学、历史等领域仍然有着重要的意义。译者需要在翻译中巧妙运用当代语言，同时保留原文中的古老文化元素，以实现文化传承的目标。语言作为文化的表达工具在翻译中扮演着关键的角色。文化与语言的交织使得翻译不仅仅是语言的转换，更是文化的传递与交流。译者需要在深刻理解源语言文本的文化基础上，巧妙运用目标文化的语言规范和审美观念，以实现语境的转换、文化的调整和信息的传递。通过这样的努力，翻译可以成为文化交流的桥梁，促进不同文化之间的理解与尊重。

二、文化是语境的基础

　　文化是语境的基础，这一命题在翻译领域中有着深刻的实践意义。语境是语言使用的背景和环境，而文化则贯穿于整个语境的形成和演变过程中。在翻译过程中，理解和应用文化是确保译文贴切、通顺、富有表达力的关键。语境并非孤立存在，而是在文化的影响下逐渐形成。文化为语境提供了共享的认知框架、价值观念和社会规范，为语境的建构提供了基础。例如，在不同的文化环境中，人们对于礼仪、道德、时间观念等有着不同的理解和行为规范，这就构成了语境的文化内涵。在翻译过程中，理解源语言文本所处的文化语境是至关重要的。只有深刻领会原文中蕴含的文化内涵，译者才能够更准确地再现这些内涵，使得译文在目标文化中得以理解和接受。因此，文化为语境的形成提供了丰富的元素，为翻译注入了深厚的文化内涵。不同文化之间存在着差异，这一差异直接影响着语境的形成和理解。在多元文化的全球化时代，翻译工作者必须能够灵活适应不同的文化语境，以确保译文在目标文化中的传播效果。文化差异不仅表现在语言层面，还涉及习惯、信仰、历史观念等多个方面。在处理文化差异时，翻译工作者需要具备跨文化沟通的能力。这包括对于不同文化背景的敏感性，以及在翻译实践中灵活运用文化知识的能力。通过充分理解源语言文本所处文化背景和目标文化的接受水平，译者可以采用更合适的表达方式，使译文更好地适应目标语境。

　　文化内涵对语境的表达方式选择有着直接的影响。在不同文化中，人们对于表达方式的偏好和接受度存在着差异。一些文化可能更注重委婉和间接的表达方式，而另一些文化则更倾向于直截了当的表达方式。这种差异要求译者在选择表达方式时根据文化背景进行巧妙的权衡。举例而言，中文中的褒贬含糊词汇较多，而英文中更倾向于明确的表达。在翻译过程中，译者需要审时度势地选择合适的表达方式，以确保译文不仅能准确传达信息，还能够在目标文化中被接受。这就要求译者具备对于不同文化表达方式的敏感性，能够在表达中融入源文化的独特特点。语境中的歧义是翻译中常见的问题,而文化因素往往是导致歧义的一个重要原因。文化差异可能导致同一词汇在不同文化中有着不同的含义,而翻译的任务之一就是解决这些歧义。因此,理解源文本的文化背景成为解决歧义的关键。在歧义解决过程中,译者需要运用文化知识,进行恰当的语境还原,以防止信息失真。这可能涉及对于文化内涵的深刻理解,以及对于目标文化读者的背景和接受水平的考虑。通过对文化因素的综合分析,译者可以更准确地判断源文本中可能存在的歧义,并采取合适的翻译策略。在这一过程中,文化适应不仅仅是一种技能,更是一种跨文化交流的桥梁。文化与翻译的关系紧密而不可分,而文化在形塑语境中扮演着重要的角色。文化为语境的形成提供了基础,决定了语境的内涵和表达方式。在翻译实践中,译者需要深刻理解文化的作用,运用文化知识来解决文化差异带来的挑战。文化适应、歧义解决、表达方式选择等方面的技能都需要译者具备良好的文化素养,以应对复杂多变的翻译任务。通过在翻译中体现文化适应性,我们能够更好地推动文化的交流与理解,为人类的语言交流搭建更加开放和包容的桥梁。

三、翻译策略受到文化因素的直接影响

文化与翻译之间的关系在翻译策略的选择方面表现得尤为明显。翻译策略是译者在翻译过程中根据不同情境和目标受众的需求而采用的一系列决策和手段。这些策略直接受到文化因素的影响,因为文化决定了语境、习惯、价值观等多方面的特征,进而塑造了翻译过程中的选择和权衡。文化因素对于翻译中对等翻译和意译的选择产生深远影响。对等翻译即尽量保持源语言表达方式和结构,这样做可以更忠实地保留源文本的文化特色。然而,在某些情境下,源文本中的某些表达可能在目标文化中并不常见或不自然。这时,译者可能会选择意译,即用目标文化更习惯的表达方式来传达相似的意思。举例而言,中文中的一些成语和俗语可能在英文中找不到直接的对应,译者需要灵活运用意译策略,以确保译文在目标文化中流畅自然。这就要求译者对于两种文化的表达方式有深入的理解,能够在保持准确性的前提下,使译文更符合目标文化的语境。在专业领域的翻译中,文化调整是一项常见的任务。不同领域可能有着独特的术语、标准和行业规

范，而这些往往深受文化影响。在医学、法律、科技等专业领域的翻译中，译者需要根据目标文化的专业规范，对源文本进行文化调整。在法律文件的翻译中，不同国家的法律体系和法律术语可能存在较大差异，译者需要对目标文化的法律体系有深入的了解，以确保翻译的准确性和合规性。这种专业领域的文化调整要求译者具备跨学科的知识背景，同时能够灵活运用专业术语，以满足目标文化的要求。广告翻译是一个典型的受到社会文化因素影响较大的领域，广告往往依赖于文化符号、社会潮流和群体心理，以吸引目标受众。在广告翻译中，译者需要深入了解目标文化的审美标准、消费习惯和社会价值观，以便更好地传递广告的信息和效果。一些广告词汇、标语可能在不同文化中产生不同的共鸣效果，因此，译者需要选择符合目标文化审美和市场需求的表达方式，甚至可能对广告内容进行重新构思，以确保在目标文化中取得最佳的广告效果。这要求译者对广告学、文化学等多方面的知识有着较为全面的了解。法规和标准在不同文化中可能存在差异，这直接关系到法律文件和专业标准在目标文化中的适用性和合法性。在翻译法规和标准文件时，译者不仅需要熟练掌握源语言和目标语言的法律术语，还需要深入了解不同国家法律体系的文化内涵。举例而言，一些法律概念在不同国家可能有着不同的理解和强调。译者需要根据目标文化的法律体系进行文化调整，以确保翻译的法律效力和合规性。这要求译者具备对法律背后文化因素的敏感性，能够在法规翻译中准确传达文化内涵。

随着全球化的发展，跨文化翻译成为日益重要的领域。文化适应是跨文化翻译中的一项重要策略。译者需要能够理解并尊重不同文化的差异，灵活运用文化知识，以确保翻译在不同文化中的接受度和流畅度。在跨文化翻译中，译者可能需要对目标文化进行深入调研，了解文化习惯、信仰、社会结构等方面的特点。通过对文化的适应，译者可以更好地满足目标文化读者的需求，提高翻译的有效性。这种文化适应能力对于涉及国际合作、商务交流等领域的翻译尤为关键。文化误解是翻译中常见的问题，而避免文化误解是一个复杂而关键的翻译策略。译者需要深入理解源文本和目标文化，避免在翻译过程中出现对文化因素的误读。这可能涉及对文化内涵的细致分析，对文化差异的敏感性以及对目标文化读者的了解。在避免文化误解的过程中，译者可能会选择更为保守的翻译策略，避免采用过于直接或具有歧视性的表达方式。此外，通过与目标文化的读者进行沟通，译者可以获取更多关于文化期望和接受度的信息，以调整翻译策略。这种沟通能力对于提高翻译质量至关重要。翻译策略受到文化因素的直接影响，这一点在翻译的各个领域都有着显著的体现。译者在制定翻译策略时需要深入理解源文本的文化内涵，同时灵活运用目标文化的语境和规范。通过对文化因素的敏感性和适应性，译者能够更好地应对复杂多变的翻译任务，为文化交流搭建更加开放和包容的桥梁。

四、文化敏感性在翻译实践中发挥重要作用

文化敏感性在翻译实践中发挥着极为重要的作用，它是译者理解、处理和传达文本时所需的一种综合素养。文化敏感性不仅包括对源文化和目标文化的深刻理解，还涉及对文化差异的敏感感知和在翻译决策中的巧妙运用。文化敏感性是指译者对源文本和目标文本所处文化环境的敏感感知和理解能力。这种敏感性不仅仅包括对语言层面的把握，更涉及对文化的价值观念、社会习惯、历史传统等多方面的了解。在翻译实践中，文化敏感性是确保译文传达准确、得体、贴切的关键因素。文化敏感性的重要性体现在翻译过程的各个环节。首先，文化敏感性有助于译者深入理解源文本，把握其中蕴含的文化内涵。其次，文化敏感性使译者能够更好地适应目标文化的语境，使译文更贴近目标文化读者的习惯和期望。最后，文化敏感性有助于译者在面对文化差异时灵活运用翻译策略，避免文化冲突，确保翻译的质量和效果。文化敏感性与语境密切相关，因为语境的形成受到文化的深刻影响。在不同文化环境中，同一词汇或表达方式可能具有不同的语境含义。文化敏感性使译者能够在翻译中更细致入微地考虑语境因素，不仅仅关注表面的语言形式，更关注其背后的文化内涵。例如，在一些亚洲文化中，对长辈的尊敬在语境中扮演着重要角色，而在西方文化中，个体的独立性可能更受强调。译者需要通过文化敏感性理解这些差异，灵活调整翻译策略，以确保译文在目标文化中的语境适应性。文化敏感性在这一过程中充当了连接源文本和目标文化语境的桥梁。在翻译实践中，译者在选择表达方式时需要考虑源文本和目标文化之间的文化差异。文化敏感性使译者能够更好地理解不同文化对于表达方式的

偏好，从而在翻译中做出恰当地选择。举例而言，在一些东亚文化中，委婉和间接的表达方式更受欢迎，而在某些西方文化中，直截了当的表达方式可能更为习惯。文化敏感性要求译者在选择表达方式时考虑到这些文化差异，避免因为表达方式的不适当而导致交流的不通畅或不愉快。通过文化敏感性的运用，译者可以更好地满足目标文化读者的接受期望。在文学作品翻译中，文化敏感性更是至关重要。文学作品往往承载着丰富的文化内涵、历史传统和社会观念。译者需要通过文化敏感性深入理解原著的文学价值，同时考虑目标文化读者的背景和接受水平。举例而言，在翻译古典文学作品时，译者可能面临古文的翻译和古代社会制度的理解。文化敏感性要求译者具备对原著时代文化的深入了解，以保持译文对原作的忠实性和还原力。通过文化敏感性，译者能够使目标文化读者更好地理解和欣赏原著的文学之美。

在涉及专业领域的翻译中，文化敏感性同样发挥着关键作用。不同领域可能有着独特的行业术语、标准和文化背景，而译者需要通过文化敏感性适应这些专业要求。例如，在医学领域的翻译中，对于患者隐私的重视在不同文化中可能有所不同。文化敏感性要求译者在专业术语的翻译中考虑到这些文化因素，以确保译文符合目标文化的医疗伦理和法规规定。通过文化敏感性，译者能够更好地融入专业领域，提高翻译的准确性和可信度。随着全球化的深入，跨文化翻译变得愈加重要，而文化敏感性在这一领域中的作用愈发凸显。跨文化翻译要求译者具备深刻的文化理解和灵活运用文化知识的能力，以适应多元的文化背景。在跨文化翻译中，文化敏感性不仅仅是一种技能，更是一种态度。译者需要对不同文化持开放和尊重的态度，通过文化敏感性建立起文化间的桥梁。通过深入了解不同文化的语境、信仰和价值观，译者可以更好地进行跨文化交流，促进文化的理解与和谐。避免文化误解是翻译实践中的一项重要任务，而文化敏感性在这一任务中发挥着不可替代的作用。文化误解可能源于对文化背景缺乏理解，而文化敏感性使译者能够更早地察觉到文化差异可能带来的问题，并采取相应的翻译策略加以解决。通过文化敏感性，译者能够更加敏锐地注意到源文本中可能存在的文化隐喻、习惯用语，或者与特定文化相关的表达方式。在翻译中，译者可以通过解释、调整表达方式或者主动与目标文化读者沟通，避免因文化误解而导致的信息传递不准确或产生不良后果。文化敏感性在翻译实践中扮演着不可或缺的角色。它要求译者不仅要具备深入的文化知识，更需要拥有对文化差异的敏感感知和在翻译决策中的巧妙运用能力。通过文化敏感性，翻译可以更好地实现源文本与目标文化之间的融合，提高翻译的质量、适应性和可接受性。

第二章 英语翻译概述

第一节 英语翻译理论概述

一、传统翻译理论

（一）直译与意译

在英语翻译的传统理论中，直译与意译是两种基本而根本的翻译方法，它们代表了两种截然不同的翻译取向。直译注重对源文本的字面意义的忠实传达，强调在翻译过程中尽可能保持语言结构和词汇的一致性。这种方法追求对源文本的严格还原，力求在目标语言中呈现出与源文本相同的表达和风格。直译的特点之一是对字面意义的坚守。译者以源文本为中心，力求在目标语言中保持尽可能准确的语法结构和词汇选择，以达到对原文的忠实还原。这种方法适用于各种文体，包括文学、科技、法律等领域。直译不仅仅是一种翻译方式，更是对文化保真的一种追求，力求在翻译中保留源文本所蕴含的文化内涵。然而，直译也面临着一系列劣势与挑战。首先，它容易忽略源文本和目标文化之间的文化差异，导致译文在目标文化中难以理解或产生歧义。其次，由于过于强调字面意义的传达，直译可能使得目标语言中的语法结构显得僵硬，不符合该语言的表达习惯。在文学作品的翻译中，直译过度可能使得译文的表达显得不够自然，无法传达作者的文学艺术风格。同时，在涉及专业领域的翻译中，过于直译可能忽视了目标语言中存在的更为通用和自然的表达方式。相对而言，意译作为另一种主要的翻译方法，注重的是在传达源文本的基本意思的同时，适度调整语言结构和表达方式，以使译文更符合目标文化的语境。意译强调在目标语言中达到更自然、通顺、符合语言习惯的表达，使译文更易于理解和接受。这种方法主动面对文化差异，通过灵活的表达方式调整译文，使之更符合目标文化的观念和习惯。在意译的实践中，译者不仅要注重对字面意义的传达，更要关注传达信息的同时使译文在目标语言中更为流畅自然。在文学作品的翻译中，意译更注重保留原著的艺术风格，使译文在表达上更具有文学性。意译追求在翻译过程中更加灵活和创造性的处理，使得译文更符合目标文化的语境和情感传达的需求。直译与意译在传统的英语翻译理论中代表了两种截然不同的翻译取向。直译强调对源文本的忠实还原，追求在目标语言中与源文本相同的表达和风格；而意译注重在传达基本意思的同时，在目标语言中更为流畅和符合语言习惯的表达。这两种方法各有优劣，译者在实际翻译中需要根据具体情境和需求进行选择并巧妙运用，以达到最佳的翻译效果。

（二）文学翻译与非文学翻译

在传统翻译理论中，文学翻译与非文学翻译是两个广泛讨论的领域，它们分别涉及文学作品和非文学领域的翻译实践。文学翻译以文学作品为主要翻译对象，注重传达文学作品的艺术风格、情感和文化内涵。非文学翻译则包括科技、商业、法律等领域，强调对专业术语和实用性信息的精准传达。文学翻译在传统翻译理论中占有独特的地位。它不仅仅是对语言的翻译，更是对文学作品中深层次内涵和艺术表达的转换。文学翻译的目标是在目标语言中还原源文学作品的文学美感，保留原著作者的独特风格和情感体验。这种翻译方法注重对文学作品中语言的精准把握，努力在目标语言中再现原作的艺术之美。文学翻译者需要具备高度的文学素养，并对于文学理论和文学历史有深刻的理解。在翻译文学作品时，译者常常会面对各种文学手法和修辞技巧，需要巧妙地处理语言的音韵、节奏和韵律，以传达原著的审美特质。文学翻译也面临着一系列的挑战。文学作品往往承载着丰富的文化内涵，涉及特定社会、历史和文化背景，因此文学翻译者需要深入了解这些方面，以确保译文能够准确地传达作者的意图。文学翻译要求译者不仅仅能够理解语言层面的意义，还需要把握作者的情感表达和人物塑造，使译文能够传递出与原作相似的情感共鸣。这就要求译者不仅具备文学修养，还要具备对目标文化读者的深刻了解，以确保译文在新的语境中能够引起类似的文学体验。相较之下，非文学翻译更注重对专业术语和实用性信息的传达。在科技、商业、法律等领域，非文学翻译的主要任务是保持信息的准确性和专业性。与文学翻译不同，非文学翻译往往更加注重目标语言的表达方式和专业术语的一致性。非文学翻译者需要具备对特定领域的专业知识，熟悉相关行业术语和标准表达方式。在翻译专业文本时，译者需要确保译文不仅能够准确传达原文的信息，还要符合目标领域的专业规范，以确保翻译的实用性和可接受性。非文学翻译也面临着一些独特的挑战。首先，一些领域的专业术语可能在不同语境中存在差异，因此翻译者需要灵活运用，确保在目标语言中符合专业标准。其次，非文学翻译可能涉及复杂的科技或法律概念，要求译者具备跨学科的知识背景，以更好地理解和传达专业信息。文学翻译与非文学翻译在传统翻译理论中呈现出鲜明的特点和不同的重点。文学翻译强调对文学作品艺术性的保留和再现，注重情感和文化内涵的传达；非文学翻译注重对专业信息的准确传达，要求译者具备专业领域的知识和技能。这两种翻译方法在实践中各有侧重，为翻译者提供了丰富多样的挑战和机遇。

二、现代翻译理论

（一）等效理论

在现代翻译理论中，等效理论是一种重要的翻译观念，旨在通过在源语言和目标语言之间建立某种等效关系，实现跨文化交际中的信息传递和语言表达的一致性。等效理论的核心思想是追求翻译过程中的等效性，即在目标语言中产生与源文本相似的效果，而这种等效并不是单纯的语法和词汇的对应，更涉及文化、语境和交际效果等多层面的因素。等效理论关注语言之间的形式等效。这意味着在翻译中要保持语言结构和词汇的相似性，以确保在目标语言中能够传达出源文本的基本信息和语法结构。例如，翻译者可能会选择与源文本相近的词汇和句式，以在目标语言中还原原著的表达方式。这种形式等效有助于保持译文的准确性和流畅性。等效理论强调文化等效。文化在翻译中起着至关重要的作用，因为不同的文化背景可能导致相同表达方式的不同解读。翻译者在追求等效时，需要考虑到目标文化读者的背景和文化习惯，以确保译文在文化上能够得到接受和理解。这可能涉及对文化特有的隐喻、习语和社会观念的敏感把握，以避免文化差异带来的理解偏差。等效理论强调功能等效。这意味着翻译不仅仅是对语言形式的还原，更是在目标语言中实现与源文本相似的交际功能。奈达（Eugene Nida）在功能对等理论中提出，翻译是为了实现与源文本相似的交际效果，而不仅仅是语言形式上的对应。这要求翻译者在翻译过程中更注重目的语言的语用和交际特点，以确保译文在实际使用中能够达到与原文相近的效果。在等效理论的框架下，翻译者需要在保持语言形式等效的基础上，灵活运用文化适应策略和注重功能等效，以达到整体上的翻译等效。这就要求翻译者不仅要具备深厚的语言功底，还需要对不同文化背景和交际情境有敏锐的洞察力。因此，等效理论强调翻译是一种有机的语言和文化交流过程，而非简单的语言形式替换。等效理论也并非没有争议。一些学者指出，追求过高的等效可能会导致翻译变得过于依赖源文本，失去了在目标文化中创造性表达的机会。在一些情境下，过分追求等效可能会牺牲掉目标语言的自然表达方式。因此，等效理论在实际应用中需要灵活运用，并根据具体情境和翻译目的进行调整。等效理论在现代翻译理论中扮演着重要的角色。通过追求在语言形式、文化和功能等多个层面上的等效，等效理论为翻译提供了一种有机、综合的思考框架，为翻译实践提供了有益的指导原则。

（二）目的论

在现代翻译理论中，目的论是一种重要的翻译观念，强调翻译的目的是为了满足目标语言读者的需求，并通过调整语言和文化表达方式来实现这一目标。与传统翻译理论注重源语言形式等效的观念不同，目的论强调的是在实际交际过程中，译文需要更加贴近目标语言文化和读者的语境，以达到更好的沟通效果。目的论关注语际等效。语际等效强调的是在不同的语际（interlingual）情境中，翻译需要根据不同的文化和语言环境，调整表达方式以满足目标语言读者的交际需求。这包括语法、词汇、句式等方面的调整，以确保译文在目标语言中能够自然而流畅地传达源文本的信息。目的论认为，翻译不仅仅是简单的语言形式的转换，更是在不同文化背景下的跨文化交际过程。目的论注重语用等效。语用等效强调在翻译中需要考虑到不同语境中的交际目的和语言习惯。译者需要了解目标语言社会文化的语用规范，以确保译文在目标语言中能够达到与源文本相近的交际效果。这可能涉及礼貌用语、社交语境中的语言习惯等方面的处理，以便使译文更符合目标语言读者的语用期望。目的论关注交际等效。交际等效认为翻译的最终目标是实现在目标语言社会中与源文本相似的交际效果。译文需要能够引起目标语言读者的共鸣，达到与原著相似的沟通效果。这要求译者在翻译过程中更注重情感、语感和读者的接受度，以确保译文能够在实际使用中产生预期的交际效果。值得注意的是，目的论并不意味着完全放弃源语言形式，而是在保持基本信息的传达的同时，通过合理的调整和变换来适应目标语言文化和读者的期望。目的论强调翻译的灵活性和实用性，使译文更适合在特定语境中被有效使用。目的论也并非一劳永逸的解决方案，因为在实际翻译过程中，可能会涉及不同的翻译目的和读者需求。因此，翻译者需要在实际应用中灵活运用目的论的原则，根据具体情境和翻译任务的要求进行适度调整。目的论在现代翻译理论中为翻译提供了一种更为综合和实用的指导原则。通过关注语际等效、语用等效和交际等效，目的论强调翻译的最终目标是实现在目标语言社会中与源文本相似的交际效果。这为翻译实践提供了更为灵活和实用的指导，使译文更符合实际使用的需求。

（三）文化翻译理论

在现代翻译理论中，文化翻译理论占据着重要地位，强调翻译不仅仅是对语言形式的转换，更是一种文化的传递和交流。文化翻译理论认为，语言是文化的表达工具，因此翻译过程中不可避免地涉及文化的转换、解读和传递。这一理论关注源语言和目标语言之间的文化差异，以及翻译者在这一跨文化交际中的角色与责任。文化翻译理论关注文化差异的挑战。不同文化之间存在着语言、价值观、信仰、社会习惯等多层面的差异，这些差异在翻译过程中可能导致信息的失真或误解。文化翻译理论强调翻译者需要敏感地处理这些文化差异，以确保译文能够在目标文化中被准确理解和接受。这可能涉及对文化特有的隐喻、象征、习语等的处理，以及对文化背景的深入了解。文化翻译理论强调文化中介的作用。翻译者不仅仅是语言的传递者，更是文化的中介者。在翻译过程中，翻译者需要理解源文本所处的文化语境，并通过适当的方式将这一文化信息传递到目标文化中。这包括对文化内涵的准确把握，以及在目标文化中找到合适的语言表达方式。同时，文化认同也是文化翻译的重要方面，翻译者需要考虑到目标文化读者的文化认同，以确保译文在目标文化中具有接受性和可理解性。文化翻译理论认为翻译不仅仅是在语言层面进行的，更是一种跨越文化的交流和理解。这意味着翻译者需要具备跨文化沟通的能力，能够适应不同文化背景下的交际需求。文化翻译理论强调了翻译者在整个翻译过程中的文化中介角色，以及对文化的深刻理解和敏感处理的必要性。文化翻译理论在现代翻译理论中提供了一种更加全面和深入的翻译视角。通过关注文化差异、文化中介的作用、权利关系和文化认同，文化翻译理论为翻译者提供了更为全面的指导，使翻译更符合目标文化的语境和读者的文化期望。这一理论为跨文化交际提供了更为有效和富有创意的翻译策略，推动了翻译研究的深入和发展。

三、当前争议和发展趋势

当前，英语翻译理论面临着一系列争议和挑战，同时也展现出一些明显的发展趋势。这些争议和趋势在推动翻译理论的不断发展和创新的同时，也反映了全球化、数字化等社会背景变迁对翻译领域的影响。争议围绕着翻译的文化性和普适性展开。一方面，一些学者强调翻译的文化特异性，认为翻译不可避免地受到文化因素的影响，应该在特定文化背景下进行理解和研究；另一方面，也有学者主张追求一种普适的翻译理论，认为在全球化的时代，翻译应当超越文化差异，追求更广泛的适用性。这一争议体现了在翻译理论中如何平衡文化差异与全球化趋势的问题。数字化技术对翻译的影响引起了广泛关注。随着机器翻译技术的不断发展，一些人担忧人工翻译的地位可能受到威胁，而另一些人认为机器翻译和人工翻译可以相辅相成。数字化时代带来了大量的文本数据和语料库，这对翻译研究和实践提出了新的挑战和机遇。争议集中在如何更好地整合数字技术，提高翻译效率和质量的同时保持翻译的人文关怀。此外，翻译伦理和职业化问题也成为当前翻译理论的热点。随着全球化交流的增加，翻译者在不同领域扮演着越来越重要的角色，因此翻译伦理问题备受关注。如何处理翻译中的道德和伦理挑战，如何保护翻译者的权益和尊严，是当前争议的焦点之一。与此同时，翻译职业化的发展也引发了关于翻译者培养、认证体系、行业规范等方面的讨论，推动了翻译行业更为健康和专业的发展。发展趋势方面,首先是跨学科研究的兴起。翻译作为一门跨学科的研究领域,正在与语言学、文学、社会学、文化学等学科进行更为紧密的对话和交流。这种跨学科的研究有助于更全面地理解翻译现象,推动翻译理论从多个维度进行深入思考。其次是跨文化交际研究的深入探讨。全球化时代,跨文化交际变得日益频繁,翻译作为跨文化交际的核心环节,其研究不仅关注文本本身,更关注文本背后的文化语境和交际目的。研究者越来越关注翻译在跨文化交际中的角色和影响,使得翻译理论逐渐向更为综合的方向发展。最后是全球翻译研究网络的形成。随着国际合作的加强,翻译研究领域逐渐形成了一个全球性的研究网络。各国翻译学者通过国际学术会议、合作项目等形式加强交流,促进了不同文化背景下的翻译理论的交流与融合。这种全球研究网络的形成为翻译理论的发展提供了更为广阔的视野和更多的合作机会。当前英语翻译理论的争议和发展趋势主要体现在文化性与普适性、数字化技术的影响、翻译伦理和职业化问题等方面。随着全球化和数字化的深入发展,翻译理论将继续面临新的挑战和机遇,这也将推动翻译理论不断创新和发展,更好地适应当今复杂多变的翻译环境。

第二节 英语翻译的性质与分类

一、英语翻译的性质

(一)语言性质

英语翻译的性质是一门复杂而多层次的艺术与科学,其中语言性质是其重要组成部分之一。语言性质涉及了语法、词汇、语音、语调等多个方面,对于翻译者而言,深刻理解和合理应用这些语言性质是保证翻译质量的关键。英语翻译的语言性质是其独特之处,这不仅体现在语言形式的转换上,更体现在对语法、词汇、语音和语调等方面的敏感理解。首先,语法结构在英语翻译中扮演着至关重要的角色。英语与其他语言在句式结构、主谓宾关系等方面存在差异,翻译者需具备深刻的语法知识，以确保翻译的准确性和自然度。例如，英语中的主谓宾语结构与中文的主谓宾结构有时并不对应，翻译者需要在保持语法结构合理性的同时，灵活调整句子的表达方式，使得译文更符合目标语言的语法规范。词汇选择是英语翻译中不可忽视的语言性质之一。英语拥有庞大而灵活的词汇体系，翻译者需要在选择词汇时权衡准确性与表达的生动性。有时一个英语词汇在不同的语境中可能有多种翻译方式，翻译者需要根据上下文和语境因素作出恰当的选择，以确保所选词汇既能传达原文意义，又能贴切地融入目标语言环境。语音和语调是英语翻译中需要特别关注的语言性质。英语具有独特的音韵体系和语音特点，例如元音的发音方式、重音的位置等。翻译者在进行口译或笔译时，需注意保持原文的语音特色，以确保译文在发音上贴近源文本。此外，英语中的语调特点，如降调、升调等，也需要在翻译中得到恰当体现，以使译文在语音层面更具自然感。与语音相关的是语调，即在语音中表达情感、语气等信息的方式。英语中语调的变化对于表达说话者的情感、疑问、肯定等具有重要意义。在翻译中，翻译者需要细致入微地捕捉原文中的语调变化，并在目标语言中通过相应的表达方式予以呈现，以确保译文传达出与原文一致的情感和语气。英语翻译的语言性质不仅仅包括对语法、词汇、语音和语调等方面的准确理解，更需要翻译者在实际操作中具备良好的语感和语言表达能力。在面对不同领域和风格的翻译任务时，翻译者需灵活运用语言性质，以确保译文既能准确无误地传达原文信息，又能在目标语境中自然流畅，贴近读者的语言习惯。这使得语言性质成为英语翻译中既具有挑战性又富有创造性的一个方面。

（二）文化性质

英语翻译的文化性质是其独特之处，体现在对文化背景、社会习惯、价值观念等方面的深入理解和敏感应用。文化性质在翻译过程中起到了桥梁的作用，使得信息在不同文化之间能够得以传递和理解。英语翻译的文化性质在翻译活动中占据着至关重要的地位，因为语言本身不仅仅是一种符号系统，更是文化的表达工具。翻译者需要超越语言形式，深入了解源语言和目标语言所处的文化环境，以更好地传达信息的文化内涵。文化性质的理解不仅仅是对文本表面意义的解读，更是对背后文化因素的敏感洞察。文化性质在翻译中体现为对文化差异的敏感处理。不同的文化具有不同的价值观念、信仰体系、社会结构等，这些因素在语言表达中体现得淋漓尽致。翻译者需要在翻译过程中识别并理解这些文化差异，以避免误解和失真。例如，在英语中可能使用的一些隐喻、比喻、习语，在其他文化中可能无法直接理解，翻译者需要巧妙处理，使其在目标语文化中得以贴切传达。文化性质体现在翻译过程中对文化内涵的准确把握。每种文化都有其独特的历史、传统、艺术、哲学等方面的内涵，这些内涵直接影响了文本的含义和表达方式。翻译者需要通过对源文本的深入理解，挖掘其中蕴含的文化元素，并在译文中予以恰当呈现。例如，英语中可能存在的宗教隐喻，在一些非基督教文化中可能需要通过替代性的表达方式传达。文化性质还在于对文学、历史、艺术等方面的精深理解。特定文化的文学作品、历史事件、艺术风格等都会对翻译产生直接影响。翻译者需要具备广泛的文化知识，以便更好地理解和传达源文本的含义。在文学翻译中，对于不同文学流派、风格的把握将直接影响翻译的质量；在历史性文本的翻译中，对于历史事件、人物的了解将有助于更准确地还原文本的时代背景。文化性质体现在翻译者对于自身文化认同和对目标文化读者的考虑。翻译者需要意识到自身文化背景对翻译的影响，同时还要考虑到目标文化读者的文化背景和接受能力。在翻译过程中，如何在维护源文本文化特色的同时，使译文更贴近目标文化读者的思维方式，是翻译者需要综合考虑的问题。英语翻译的文化性质是一项复杂而精细的工作，要求翻译者具备深厚的文化素养、跨文化交际能力和对多元文化的敏感度。文化性质的综合应用不仅丰富了翻译的层次和内涵，也为信息的传递和文化的交流提供了有力支持。

（三）交际性质

英语翻译的交际性质体现在其作为一种信息传递工具时需要满足有效交流的需求。这一性质要求翻译者在转换语言的同时保持信息的准确性、流畅性，并适应不同文化和语境，以确保目标读者能够理解和接受译文。英语翻译的交际性质是其本质特征之一，突显了翻译作为信息传递媒介的功能。翻译不仅仅是简单的语言替换，更是为了实现有效的跨文化交流和理解。在这个过程中，翻译者需要综合考虑语言、文化、目标读者背景等多个因素，以确保信息在不同语境中的传达具有高度的交际效果。翻译的交际性质要求翻译者在信息传递中保持准确性。

语言是一种精密而复杂的符号系统，翻译者需要确保源语言的信息在目标语言中得以准确传递，避免信息失真和歧义。准确性不仅仅包括对词汇和语法的正确运用，还包括对专业术语、科技名词等的精准翻译，以确保信息的科学性和权威性。流畅性是翻译的交际性质中的重要方面。一篇流畅的翻译不仅仅在语言层面上通顺自然，更在表达和结构上符合目标文体和读者习惯。翻译者需要注意句子的连接和段落的衔接，使译文在语言表达上具有良好的流畅感，以确保目标读者能够更轻松地理解和接受信息。翻译的交际性质还要求翻译者对目标读者的背景和文化进行深入了解。不同的受众可能具有不同的文化背景、语言水平和认知方式，翻译者需灵活调整表达方式，使译文更符合目标读者的理解习惯。这也包括对于目标文化的敏感度，翻译者需要考虑文化差异对表达方式和语境的影响，以确保翻译既符合源文本的意图，又能够在目标文化中引起共鸣。在交际性质的基础上，翻译者还需关注信息传递的效果。有效的翻译不仅仅是语言形式的传递，更是对信息的巧妙呈现。在选择表达方式、调整语气、处理文体等方面，翻译者需要灵活运用交际策略，使译文更具吸引力和说服力，以满足不同交际情境的需求。英语翻译的交际性质要求翻译者在信息传递过程中保持准确性、流畅性，并灵活适应不同文化和读者背景。翻译者应该注重语言表达的精细度，关注目标读者的文化差异，以确保翻译在有效传递信息的同时，能够在跨文化交际中发挥良好的沟通效果。

二、英语翻译的分类

（一）按照用途分类

1. 文学翻译

文学翻译作为英语翻译中的重要领域，涵盖了小说、诗歌、戏剧等多种文学形式。它不仅要求翻译者能够对语言的准确把握，更需要深刻理解和传达作者的文学风格、情感表达以及作品所蕴含的文学内涵。文学翻译作为英语翻译的一个重要分支，承担着传递文学艺术之美、文化内涵之深的使命。按照用途分类，文学翻译是一种具有独特性质的翻译活动，其独特性质主要体现在以下几个方面：文学翻译要求翻译者具备高度的文学修养。翻译文学作品不仅仅是对语言形式的翻译，更是对作者文学风格、意境构建、人物塑造等方面的理解和再现。翻译者需要具备对不同文学流派、时代背景、艺术手法的深入认识，以确保译文既忠实于原著，又能够在目标语言中产生相似的文学效果；文学翻译涉及情感和情感表达的传递。文学作品往往蕴含着丰富的情感和思想，而这些情感和思想的传达需要通过语言的精妙表达。翻译者在处理文学作品时，需要准确捕捉原著中的情感元素，并通过巧妙的语言表达方式，使这些情感在目标语言中得以传达和共鸣；文学翻译要求翻译者具备创造性的翻译能力。文学作品中常常存在着作者特有的修辞手法、隐喻、象征等艺术表达方式，而这些在不同语言文化中可能无法直接翻译。翻译者需要运用创造性的手法，既保持原著的文学艺术效果，又能够使译文在目标语文化中产生类似的美感；文学翻译涉及对文学作品文化内涵的准确理解。不同文化有着不同的历史、传统、价值观等，这些因素直接影响了文学作品的创作和理解。翻译者需要在翻译的过程中深入挖掘原著的文化底蕴，并通过巧妙的翻译手法将其转化为目标文化读者能够理解和接受的形式。文学翻译作为英语翻译的一个重要领域，具有其独特的性质和挑战。它要求翻译者既具备高超的语言功底，又具备深刻的文学理解能力和创造性的翻译技巧。文学翻译的魅力在于能够将不同文化之间的精神沟通和文学交流进行得淋漓尽致，为读者呈现出跨越语言和文化的艺术之美。

2. 商务翻译

商务翻译作为英语翻译领域中的一支重要分支，着眼于商业和经济领域的文件、合同、商务信函等文本的翻译。商务翻译不仅要求对语言的准确把握，更需要翻译者具备对商业知识和专业术语的熟悉程度。商务翻译是英语翻译中一门专门服务于商业领域的翻译形式，其分类主要基于用途，集中在商业文件、合同、商务信函等领域。商务翻译的特殊性质在于其强调准确传达商业信息，注重专业术语和商业用语的精准翻译。商务翻译要求翻译者具备高度的商业素养。商业领域涉及丰富的商业概念、法律条款、经济指标等专业领域的知识，翻译者需要在这些方面有深入了解，以便更好地理解和传达商业文本的真实含义。商务翻译不仅仅是对语言的转换，更是对商业信息的精准传递。商务翻译要求对专业术语的熟悉程度较高。商业领域常常使用大量的专业术语和行业用语，这些术语具有明确定义且在特定语境中使用。翻译者需要准确理解这些专业术语，并在目标语言中使用相应的专业术语，以确保翻译的准确性和专业性。商务翻译在处理商业文件和合同等文本时要求高度的准确性。商业文件中的信息通常是具有法律约束力的，翻译者需要确保在翻译过程中不引起歧义和误解。合同翻译更是要求翻译者精准地传达合同条款，确保各方在不同语言环境中对合同内容的理解一致，以防止潜在的法律风险。商务翻译要求对跨文化交际的敏感性。商业交流往往跨越国际边界，涉及不同文化和商业习惯的交流。翻译者需要理解不同文化之间的差异，确保翻译的文本在目标文化中能够被理解并符合当地的商业风格。商务翻译是英语翻译中一项复杂而专业的任务，要求翻译者具备深厚的商业知识、专业术语的熟悉度以及对跨文化交际的灵活运用能力。商务翻译的准确性和专业性对商业活动的顺利进行具有重要影响，因此商务翻译的重要性在不断凸显。

3.科技翻译

科技翻译作为英语翻译领域的重要分支，主要涉及科学、技术、工程等领域的文本翻译，包括科技论文、专业手册、技术规范等。科技翻译具有高度专业性和技术性，要求翻译者不仅要熟练掌握语言技能，还需深入了解相关领域的专业知识。科技翻译是英语翻译领域中一项极富挑战的任务，其特殊性质主要体现在其高度专业性、技术性和对领域专业知识的深入了解。科技翻译要求翻译者具备丰富的科技专业知识。科技文本通常涉及复杂的科学理论、技术规范、工程细节等，翻译者需要对相关领域有深入的了解，以确保对原文的准确理解和恰当翻译。科技翻译涉及的领域广泛，包括但不限于物理学、化学、生物学、信息技术等，因此翻译者需要在不同领域间有较强的跨学科背景。科技翻译要求翻译者对专业术语的准确掌握。科技领域具有丰富而独特的专业术语，这些术语往往是具有明确定义的，翻译者需要了解并精准运用这些术语，以确保翻译的准确性和专业性。科技术语的误翻可能导致信息错误和误导，因此对术语的准确理解和运用是科技翻译中不可忽视的方面。科技翻译强调对科技发展和趋势的敏感度。科技翻译任务通常涉及最新的科技进展、技术创新等，翻译者需要紧密关注科技领域的动态，了解最新的科研成果和行业趋势。这种敏感度不仅仅有助于更好地理解源文本，也有助于使译文更具前瞻性和实用性。科技翻译要求翻译者具备良好的逻辑思维和表达能力。科技文本通常具有复杂的逻辑结构和专业的思辨性，翻译者需要能够准确理解原文的逻辑框架，并在目标语言中保持相应的结构和条理，以确保译文的清晰和易读。科技翻译是一项对翻译者综合素养要求较高的任务，既需要出色的语言功底，又需要深厚的科技专业知识。科技翻译的特殊性质在于其对专业性和准确性的极高要求，这使得从事科技翻译的翻译者成为科技领域不可或缺的重要角色。

4. 法律翻译

法律翻译是英语翻译领域中的一项重要任务，涉及法律文件、合同、法庭文件等领域的翻译工作。法律翻译具有高度专业性、技术性和对法律体系的深入了解，要求翻译者在语言和法律方面都具备卓越的能力。法律翻译是英语翻译领域中的一门极富挑战性的专业，其独特性质主要表现在高度的专业性、对法律术语的准确运用和对法律体系的深入理解。法律翻译要求翻译者对法律体系的深入了解。不同国家和地区拥有不同的法律体系、法规和法律制度，翻译者需要具备对这些法律体系的熟悉程度。这包括对不同法系（如英美法系、大陆法系等）的了解，以及对于国内外法律体系的比较分析。翻译者需要在翻译过程中保持对法律文本的准确理解，确保法律术语和法律概念在翻译中得以正确表达。法律翻译强调对法律术语的准确运用。法律文件中充斥着大量的法律术语和专业词汇，这些术语往往具有特定的法律含义，不同于日常用语。翻译者需要精准理解这些术语，并在目标语言中找到相应的法律术语，以确保翻译的准确性和法律规范性。误翻法律术语可能导致法律文件的歧义和错误，因此在法律翻译中对术语的准确把握至关重要。法律翻译要求翻译者具备高度的语言技巧。法律文本通常使用繁琐的法律语言，句子结构复杂，逻辑关系严密。翻译者需要具备较强的语言功底，能够准确理解源文法律文本的含义，同时能够在目标语文本中保持相应的法律语言特点。法律翻译的语言风格要求既符合法律规范，又能够保持语言表达的流畅性和清晰度。法律翻译对翻译者的保密责任要求较高。法律文件通常涉及敏感的法律信息和隐私，翻译者需要严格遵守保密协议，确保在翻译过程中不泄露客户的法律机密和敏感信息。法律翻译是一项需要高度专业性和准确性的任务，翻译者需要在法律和语言方面具备卓越的能力。法律翻译的特殊性质使得从业者成为法律领域中不可或缺的关键角色，为法律文本在不同语境中的传达提供了有力的支持。

（二）按照形式分类

1. 口译

口译是英语翻译中的一种形式，它涉及将口头语言从一种语言转换为另一种语言，以满足交际和沟通的需要。口译不同于书面翻译，其特殊性质主要表现在对实时性和即时性的要求，以及对口语表达的灵活运用。口译的独特性质在于实时性和即时性的要求。口译通常在交流过程中即时进行，翻译者需要在听到原文之后迅速产生相应的目标语言表达，以保证信息的及时传递。这要求口译者具备出色的反应速度和快速思维的能力，能够在短时间内准确理解和转换语言，确保译文与源文的实时对应。口译的特殊性质还在于对口语表达的灵活运用。口译不同于书面翻译，更加强调口头语言的自然流畅性和口语表达的真实性。口译者需要能够灵活运用口语表达技巧，处理各种语言现象，如方言、口音、语气等，以确保翻译的口语表达符合交际的需要，更好地传达原文的语境和情感。口译还要求口译者具备良好的跨文化交际能力。口译常常涉及不同文化背景的交流，口译者需要了解并适应不同文化之间的交际习惯和语言风格，以避免文化差异带来的误解和障碍。跨文化交际能力对于口译者而言是至关重要的，它直接影响到口译的成功与否。口译还要求口译者在处理不同领域的口译任务时具备广泛的专业知识。口译涉及医学、法律、商业、科技等多个领域，口译者需要对这些领域有一定的了解，以确保在口译过程中能够准确理解和传达领域专业术语，保证翻译的专业性。口译作为英语翻译的一种形式，具有独特的实时性、即时性和口语表达的特殊性质。口译者需要具备出色的反应速度、灵活的口语表达技巧、跨文化交际能力以及广泛的专业知识，以胜任各种复杂的口译任务。

2. 笔译

笔译是英语翻译的一种形式，它涉及将书面文本从一种语言翻译成另一种语言。与口译不同，笔译具有更多的时间和空间进行反复推敲，但同时也面临着更高的准确性和语言风格保持的要求。笔译是英语翻译中的一种形式，其特殊性质主要体现在对准确性、语言风格的保持以及对文本的深入理解等方面。笔译注重对准确性的追求。相较于口译，笔译具有更多的时间和空间进行翻译工作，因此要求翻译者能够在保证翻译准确性的基础上进行更为深入的思考和推敲。笔译者需要仔细理解原文的含义，并通过精准的语言运用将其转化为目标语言，以确保译文准确传达原文的信息，保持内容的一致性。笔译强调对语言风格的保持。不同的语言和文化有着独特的表达方式和文学风格，翻译者需要在翻译过程中保持原文的语言特色和风格。这要求翻译者在语言运用上具备较高的功底，能够巧妙地处理词汇选择、句式结构等，使译文既忠实于原著，又符合目标语言的文化和语境。笔译要求翻译者对文本的深入理解。翻译者不仅需要理解文本表面的语义，还要深入挖掘其中的文化内涵、隐喻和背后的思想。这对于处理一些涉及文学、哲学、艺术等领域的文本尤为重要，翻译者需要通过深入思考和解读，使译文更贴近原文的意境和表达方式。笔译者需要具备广泛的背景知识。由于笔译涉及不同领域和专业的文本，翻译者需要在不同领域具备一定的专业知识，以便更好地理解和翻译领域特有的术语和表达方式。笔译作为英语翻译的一种形式，具有对准确性、语言风格的保持和对文本深入理解的独特要求。翻译者需要在深入理解原文的基础上，通过精湛的语言技巧和广泛的专业知识，将文本转化为目标语言，以实现信息的传递和文化的交流。

第三节　英汉翻译的基本方法与技巧

一、直译与意译的平衡

英汉翻译中直译与意译的平衡是一项关键任务，翻译者需要根据具体语境和翻译目的，在保留原文意义的基础上，适度调整表达方式，使译文更符合目标语言的语言习惯和文化背景。英汉翻译中直译与意译的平衡是一项复杂而关键的任务。直译强调对原文的忠实还原，致力于保留原文的结构和表达方式；而意译则注重传达原文的意思，通过灵活运用语言使译文更符合目标语言的语言习惯和文化背景。在具体翻译实践中，翻译者需要灵活运用这两种方法，以确保最终译文既准确传达原文的信息，又自然流畅，贴合目标语言的语言特点。直译作为翻译的基本原则，强调对原文的忠实还原。直译时，翻译者力图保持原文的句法结构、词序和语言风格，尽可能避免对原文信息的加工和改变。这种方法在一些特定的场合尤为重要，例如法律文件、科技说明书等领域，因为这些文本要求译文必须与原文一一对应，不容有失。直译有助于保留原文的严谨性和专业性，使得译文更加可靠，适用于需要准确度较高的领域。在实际翻译中，过度的直译有时会导致译文生硬、不自然，不符合目标语言的表达习惯。因此，意译作为直译的补充，强调对原文意思的传达，而非机械地对应原文的语法结构。在进行意译时，翻译者可以通过调整句式、词汇，甚至改变表达方式，使得译文更贴合目标语言的表达习惯，使得读者更容易理解和接受。意译常常在文学、广告、社科等领域得到广泛应用，因为这些领域更加注重译文的流畅性和感染力，而不仅仅是信息的传达。在实际翻译中，直译与意译并不是非此即彼的关系，而是需要灵活运用的两种方法。在某些情境下，可能需要更强调对原文的忠实还原；而在另一些情境下，则更注重对目标语言读者的传达效果。在进行直译时，翻译者要确保对原文信息的准确传达，避免对原文的误解和歪曲；而在进行意译时，则需要更深入地理解原文的含义，确保在传达意思的基础上，使译文更符合目标语言的语言特点。在处理习惯用语、文化隐喻等方面，尤其需要翻译者巧妙运用直译和意译的平衡。有时，直译能够使得目标语言读者更好地了解源语言文化的独特表达方式，但如果过于生硬，可能会让读者产生困惑。而在这种情况下，适度的意译能够更好地帮助读者理解，促使他们更好地接受和体验源语言文化的内涵。在处理修辞手法时，直译与意译的平衡也显得尤为重要。某些修辞手法，如比喻、拟人等，在直译时可能会失去原文的生动性和表达力。在这种情况下，适度的意译可以帮助翻译者更好地保留原文的修辞效果，使译文更富有感染力。英汉翻译中直译与意译的平衡，是翻译者需要在实际工作中不断摸索和磨练的技能。通过灵活运用这两种方法，翻译者可以更好地应对各种翻译挑战，创造出既准确又通顺、贴切的译文，实现源语言和目标语言之间的有效沟通。

二、对等翻译与调整表达

英汉翻译中的对等翻译与调整表达，是翻译者需要灵活运用的两种基本方法。对等翻译注重保持原文结构和用词，力求与原文一致；而调整表达则强调根据目标语言的语法和表达习惯，对原文进行结构和用词的适度调整，以使译文更自然流畅。对等翻译与调整表达是英汉翻译中的两种基本方法，翻译者在实践中需要根据具体情境和翻译目的，来灵活运用这两种方法，以确保最终译文既保持原文的准确性，又贴合目标语言的语境和文化。对等翻译作为翻译的基本原则，强调保持原文的结构和用词，力求与原文一致。这种方法在一些特定的场合尤为重要，如法律文件、科技说明书等领域，因为这些文本要求译文必须与原文一一对应，不容有失。对等翻译有助于保留原文的严谨性和专业性，使得译文更加可靠，适用于需要准确度较高的领域。例如，对于一些专业领域的术语和技术性文字，对等翻译能够确保译文与原文在语法和用词上的一致性。在医学、法律、科技等领域，对等翻译有助于保持专业性，使得译文更容易被专业人士理解。这对于确保文本的准确性和专业性至关重要。

对等翻译并非在所有情境下都是最合适的选择。在一些文学、艺术和广告等领域，对等翻译可能会显得过于生硬，难以传达原文的情感和表达方式。因此，在实际翻译中，翻译者需要根据不同的文体和情境，灵活运用调整表达的方法。调整表达是指根据目标语言的语法和表达习惯，对原文进行适度调整，使译文更自然流畅。这种方法在文学、广告、社科等领域得到广泛应用，因为这些领域更注重译文的流畅性和感染力，而不仅仅是信息的传达。通过调整表达，翻译者可以更好地使译文符合目标语言的表达习惯，来增强译文的可读性和吸引力。例如，在文学作品的翻译中，调整表达可以帮助翻译者更好地传达原文的文学风格和情感色彩。文学作品往往包含丰富的修辞手法、隐喻和象征，通过调整表达，翻译者能够更好地保留这些文学元素，使译文更具有文学性和艺术性。在广告翻译中，调整表达可以帮助翻译者更好地适应目标市场的文化和消费习惯。广告通常使用生动、有趣的语言，通过调整表达，翻译者能够使译文更符合目标受众的口味和审美观念，提高广告的传播效果。对等翻译与调整表达是英汉翻译中两种基本而重要的方法。对等翻译强调原文的结构和用词，适用于专业领域和对准确性要求较高的场合；而调整表达注重使译文更符合目标语言的语法和表达习惯，适用于更为注重文学性和表达感染力的场合。在实际翻译中，翻译者需要根据具体情境，来灵活运用这两种方法，以实现翻译的最佳效果。

三、注意文化差异

英汉翻译中注意文化差异是至关重要的，因为语言背后蕴含着丰富的文化内涵。文化不仅影响词汇和表达方式，而且还深刻影响了人们的思维方式、习惯和社会观念。因此，在翻译过程中，翻译者需要敏感地捕捉文化差异，以确保译文既准确传达原文的意思，又符合目标语言读者的文化认知和接受习惯。英汉翻译中，文化差异是一个不可忽视的重要因素。语言是文化的表达工具，因此在翻译过程中，翻译者需要深刻理解源语言和目标语言的文化差异，以确保译文既忠实于原文的意思，又能够适应目标语言的文化环境。文化差异在词汇和表达方式上表现得尤为明显。同一概念在中英两种文化中可能有不同的表达方式，甚至存在一词多义或一义多词的情况。翻译者需要在准确传达原文信息的基础上，选择最符合目标语言文化语境的表达方式。例如，中文中的"礼尚往来"翻译成英文可能选择"reciprocity"或"mutual courtesy"，但具体选择要根据具体语境和表达需要。文化差异还表现在言语风格和表达方式上。不同的文化有着独特的语言风格，包括正式与非正式、直接与间接、歌颂与谦逊等方面的差异。在进行翻译时，翻译者需要根据文本的性质和情感色彩，选择最贴切的语言风格。例如，一封商务信函可能需要采用更正式、礼貌的语言，而一篇散文可能更适合采用自然、生动的语言风格。在应对文化差异时，翻译者需要具备跨文化交际的能力。这包括对两种文化的深入了解，以及对其中一种文化的文化内涵有敏感的把握。了解两种文化的历史、传统、价值观等，有助于翻译者更好地理解文本，并在翻译时避免对原文文化内涵的误解。在这个过程中，翻译者需要保持学习的心态，时刻更新自己的文化知识，以适应社会的发展和变化。在实际翻译中，特别是涉及文学、历史、宗教等领域的文本时，翻译者要更加注重文化因素的考虑。例如，在翻译古典文学作品时，要了解当时的社会背景、文学风格，以更好地还原作者的原意。

在涉及宗教文本时，要对相关的宗教教义和文化传统有一定的了解，以确保翻译的准确性和尊重性。英汉翻译中要注意文化差异是确保翻译质量的关键之一。翻译者需要通过广泛学习和实践，不断提高自己的跨文化交际能力，以更好地完成翻译任务。只有深入了解两种文化的内涵，翻译者才能在跨文化传播中发挥更大的作用，从而促进两种文化之间的理解和交流。

四、保持篇章结构

在英汉翻译中，保持篇章结构是确保译文整体通顺、一气呵成的关键。篇章结构不仅包括句子与段落的组织，还涉及上下文的衔接、逻辑的连贯以及整体的布局。翻译者在保持篇章结构时需要综合考虑语法、语境和文体，以确保译文既忠实于原文的思路，又能够自然地融入目标语言的表达方式。在英汉翻译过程中，保持篇章结构的一致性是确保译文通顺、连贯、符合语用习惯的关键因素之一。篇章结构不仅涉及语法和句法层面的组织，而且更关乎上下文的衔接、段落的划分以及整体的布局。翻译者在处理篇章结构时需精准地理解原文的逻辑框架，并在译文中灵活运用语言手段，使之在目标语言环境中能够达到相似的效果。保持句子结构的一致性是篇章结构中的重要方面。在英语和汉语中，句子结构的形式有所不同，例如英语强调主谓宾结构，而汉语在注重主谓宾的基础上添加修饰成分。在翻译过程中，翻译者需要对原文句式进行恰当的还原，以确保译文句子的结构与原文相符，不至于因结构不当而导致读者理解上的困扰。上下文的衔接对于篇章结构的保持至关重要。在翻译过程中，翻译者需要理解上下文的内在联系，确保译文能够流畅地延续原文的语境。这包括对于代词的恰当使用、词汇的连贯运用以及逻辑关系的合理展现。通过细致入微的处理，翻译者能够使译文在语境中呼应原文，实现上下文的衔接，使读者能够顺畅理解整个篇章。段落的合理划分和组织也是篇章结构中需要重点考虑的问题。不同语言和文体对于段落的划分标准有所不同，翻译者需要根据原文的段落逻辑，灵活运用目标语言的段落组织方式。在处理段落过渡时，使用合适的连接词和过渡短语是确保篇章结构连贯性的有效手段，有助于读者更好地理解和接受译文。篇章结构的保持还需要考虑到整体的布局和逻辑关系。这包括确保主题的明确呈现、论据的有序展开以及结论的得当总结。翻译者需要在目标语言中找到恰当的表达方式，以使篇章的层次结构清晰，信息传递更加有力。在处理逻辑关系时，使用适当的连接词和引导性短语有助于构建逻辑链条，使得篇章结构更为紧凑和连贯。在实际翻译中，特别是涉及学术、科技、法律等专业领域的文本时，篇章结构的准确还原显得尤为重要。这类文本通常具有严密的逻辑结构和明确的信息层次，翻译者需要精确理解原文的论证脉络，以确保译文在结构上能够保持相似的条理性。同时，也需要注意到专业领域在篇章结构上的独特规律，使得译文更符合领域内的专业习惯。在处理文学作品时，翻译者需要更为注重情感表达和文学效果。篇章结构的处理不仅关乎逻辑上的衔接，更涉及对作者语言风格和修辞手法的理解。通过巧妙处理篇章结构，翻译者能够更好地保留原文的文学品味，使译文在情感上更加丰富和引人入胜。保持篇章结构在英汉翻译中具有重要的意义。翻译者需要在保持语法结构一致性的基础上，注重上下文的衔接、段落的组织以及整体结构的布局。通过细致入微的处理，翻译者能够实现对原文篇章结构的精准还原，使译文在目标语言环境中能够保持原文的逻辑脉络和表达效果。这既需要对两种语言的深刻理解，也需要翻译者在实践中不断提升对篇章结构的把握能力。

五、注重语体和语调

在英汉翻译中，注重语体和语调是确保译文贴合原文风格、情感和表达方式的重要方法。语体体现了文本的形式特征，而语调则关乎语言的音调、语气和情感色彩。翻译者在注重语体和语调时，需要细致入微地把握原文的语感，灵活运用目标语言的表达方式，以确保译文既能准确传达原文的意思，又能够与目标语言读者产生共鸣。在英汉翻译中，注重语体和语调是确保译文贴合原文风格、情感和表达方式的关键方法之一。语体是指文本所采用的语言形式和风格，而语调则涉及语言的音调、语气和情感色彩。翻译者在处理语体和语调时，需要敏感地捕捉原文的语感，巧妙运用目标语言的表达方式，使译文既保留原文的特色，又能够在目标语言环境中产生相似的效果。注重语体是翻译中的一项基本原则。不同的文体具有不同的语言特点，如正式文体通常使用较为严谨的词汇和结构，而非正式文体则更注重口语化和自然流畅。在翻译过程中，翻译者需要根据原文所属的文体，选择恰当的语言风格和表达方式。例如，一篇学术论文的翻译应该保持严谨、专业的语体，而一篇散文的翻译则可以更注重文学性和感染力。语调是影响翻译效果的重要因素。语调涉及语言的音调、语气和情感表达，对于准确传达原文的情感色彩和作者态度至关重要。在翻译时，翻译者需要敏感地捕捉原文的语调，同时灵活运用目标语言的表达方式，使译文在语气和情感上与原文相符。例如，原文中使用的幽默、严肃或感人的语调，翻译者需要在译文中通过选择合适的词汇和表达方式予以还原。在实际翻译中，不同领域和类型的文本往往采用不同的语体和语调。例如，在商务文件中，使用正式、规范的语体是必要的；而在文学作品中，可以更加注重表达作者独特的语调和情感。翻译者需要根据具体的翻译任务，灵活运用语体和语调的转换，以适应不同领域和文本类型的要求。考虑到英汉两种语言的差异，翻译者在注重语体和语调时还需注意文化因素的影响。不同文化对于语体和语调的偏好存在差异，翻译者需要在保持原文风格的基础上，考虑到目标语言读者的文化习惯。例如，在英文中较为直接、幽默的表达方式可能与汉语中的更为含蓄、委婉的表达方式存在差异，翻译者需要在语言的选择上进行灵活调整，以确保译文在目标文化中能够更好地被接受。在处理文学作品时，翻译者需要特别注重保留原文的文学风格和作者独特的语调。文学作品往往包含丰富的修辞手法、象征意义和情感表达，翻译者需要通过对原文的深刻理解，巧妙运用目标语言的表达方式，使译文既忠实于原作的艺术特色，又能够引起读者共鸣。注重语体和语调是英汉翻译中中确保译文贴合原文风格、情感和表达方式的重要方法。翻译者需要在处理不同文体和语境的文本时，灵活运用语言手段，保持语体的一致性，捕捉并还原原文的语调，使译文在目标语言中能够产生相似的文学效果。这既需要对两种语言的深刻理解，也需要翻译者在实践中不断提升对语体和语调的把握能力。

第四节　英语翻译基本问题的阐述

一、语言难题

　　语言难题在英语翻译中是一个根本性的挑战，直接影响着翻译质量的高低。首先，英语与其他语言之间存在明显的语法、词汇和结构差异，这使得译者在翻译过程中需要深刻理解并妥善处理这些差异。语法结构的不同可能导致在目标语言中需要重新构建句子，确保语法的准确性和自然度。此外，英语中的词汇使用和表达方式也可能在其他语言中没有直接对应。因此，译者需要在同义词的选择上谨慎而准确，以保持原文的精确性。多义词在英语翻译中也是一个常见的问题。英语中许多词汇具有多重含义，而在不同的上下文中可能有不同的解释。因此，译者需要具备深厚的语境分析能力，以确保选择的翻译词汇能够准确传达原文的意思。对于这些多义词，译者还需要在目标语言中找到最合适的表达方式，以避免歧义和误解。此外，语言难题还涉及虚词和冠词的使用问题。英语中冠词的使用相对较为丰富，而在一些其他语言中，冠词使用的方式可能完全不同。这就需要译者在翻译时注意准确表达虚词和冠词的概念，以确保目标语言中的表达不仅准确，而且符合语言的惯例。音韵和语音差异也是语言难题的一部分。英语的发音和语音特点在其他语言中可能没有直接对应，这就需要译者在翻译中权衡语音的影响，力求保持语音的流畅性。此外，英语中的口语和书面语之间存在明显差异，对于一些表达形式，译者需要灵活运用口语和书面语的转换，以确保翻译的自然度和适用性。在实际的英语翻译过程中，这些语言难题需要译者综合运用语言学、文学理论，以及跨文化交际的知识。通过深入理解源语言和目标语言的语言特性，译者可以更好地应对这些难题，确保翻译成果既忠实于原文的含义，又具有流畅、自然的语言表达。克服语言难题需要译者对语言的敏感性和创造性的巧妙运用，以达到准确翻译和传达文本内涵的目的。

二、文化难题

文化难题在英语翻译中占据着重要地位，是翻译过程中一个极具挑战性的方面。翻译不仅仅是语言的转换，更涉及文化之间的交流与传递。文化差异包括但不限于价值观、社会习惯、历史传统等多个方面，这些差异对于译者来说是一个需要敏感把握的复杂网络。

首先，不同文化的价值观可能导致某些表达在另一个文化中产生误解。英语中的一些习惯用语、谚语或文化特定的引用可能在其他语境中无法直接翻译，因为它们根植于英语社会的特定文化历史和传统。译者需要通过深入理解两种文化的差异来找到相对等的表达方式，以确保翻译的准确性和自然度。

其次，社会习惯的不同也是文化难题中一个重要的方面。英语国家与其他地区可能存在不同的社交礼仪、礼貌用语、以及人际关系的处理方式。译者在翻译过程中需要敏锐地把握这些差异，避免因文化误解而产生不必要的歧义，以确保翻译结果符合目标文化的语境和习惯。

文化历史的差异也是文化难题的一个重要维度。英语中可能存在涉及特定历史事件、传统节日等的表达方式，而在其他语境中这些表达可能毫无意义或带有不同的涵义。译者需要了解两种文化的历史发展，以便正确理解和传达这些文化元素。文化中的象征、隐喻和比喻等元素也是文化难题的体现。英语中的一些修辞手法可能在其他文化中没有对应之物，或者需要通过更加生动的表达方式来转译。这要求译者具备丰富的文学修养和文化敏感度，以捕捉和传达文本中的文化内涵。在面对文化难题时，译者需要超越语言的层面，深入挖掘两种文化的底层含义和象征，以确保翻译既忠实于原文的文化内涵，又能够在目标文化中产生相应的共鸣。解决文化难题需要译者具备跨文化交际的能力，要能够理解和尊重不同文化的差异，并通过巧妙而准确的表达来实现文本的成功传达。文化难题的解决不仅仅是语言的问题，更是对文化背景的深刻理解和应用。

三、语体与文体问题

语体与文体问题是英语翻译中不可忽视的基本难题，涉及语言的形式和风格的转换。语体指语言的使用方式，包括正式语体和非正式语体，而文体则涉及文本的风格，包括新闻报道、学术论文、文学作品等不同的文学形式。在语体问题上，英语中存在正式和非正式两种语体，这取决于不同的语境和受众。正式语体通常在正式场合、商务文件、学术论文等地使用，而非正式语体则更贴近口语，常见于日常交流和非正式文体的文本中。翻译时，译者需要根据原文的语体特征和目标受众来选择合适的语体，以确保译文在风格上与原文一致，同时能够适应目标文化的语言规范。文体问题涉及文本的不同表达形式，这包括新闻报道、学术论文、文学作品等。每种文体都有其独特的语言风格和结构特点。在翻译时，译者需要了解原文所属的文体，然后根据目标文化的文体规范选择合适的翻译方式。例如，学术论文可能要求更加正式、严肃的语言，而文学作品则可能更注重保留原著的文学风格和情感表达。语体与文体问题的挑战在于确保翻译既忠实于原文的语言特点，又符合目标文化的语言规范和文体要求。这要求译者具备深刻的文学修养和跨文化交际的能力。在处理语体问题时，译者需要仔细分析原文中使用的语言风格和表达方式，以找到最合适的翻译策略。在处理文体问题时，译者需要考虑目标文化中相应文体的习惯表达方式，来确保翻译的流畅性和接受度。语体与文体问题直接影响翻译的质量和表达效果。译者需要在保持忠实翻译的基础上，灵活运用不同的语体和文体，以实现原文与译文在风格和形式上的有效对应。这需要译者对语言和文化的深刻理解，以及对翻译策略的灵活运用。

四、时态和语态问题

时态和语态问题在英语翻译中占据着关键位置，直接影响翻译的准确性和自然度。时态涉及动词所表示的时间，而语态涉及动词的主动和被动形式。解决时态和语态问题需要译者深入理解源语言和目标语言的时态和语态体系，以确保翻译文本在时态和语态上能够准确传达原文的意思。在时态问题上，英语中的时态较为灵活，包括过去时、现在时、将来时等多种时态形式。然而，其他语言的时态系统可能与英语存在较大的差异，有些语言可能没有相应的时态形式。因此，译者在翻译过程中需要考虑如何准确而灵活地转换时态，以保持翻译文本的语法准确性和语义一致性。特别是在涉及时间先后、同时性等复杂时间关系的表达时，译者需要善于运用各种时态形式来准确地传达原文的时间信息。时态转换不仅仅是对动词形式的简单替换，还需要考虑上下文的语境和动作的发展顺序，以确保翻译的逻辑和流畅性。另一方面，语态问题涉及动词的主动和被动形式。英语中的语态划分为主动语态和被动语态，而有些语言可能没有被动语态，或者其被动形式的表达方式与英语有所不同。译者需要根据原文的语态特点和目标文化的语言规范，灵活运用主动和被动语态，以确保翻译文本在语态上既准确又自然。处理时态和语态问题还需要考虑上下文的连贯性和语境的影响。时态和语态的选择不仅受到单一句子内的限制，还受到上下文的影响。在长篇翻译中，译者需要确保整个文本在时态和语态上的一致性，以避免因为时态和语态的不连贯而影响整体的语言流畅性。时态和语态问题在英语翻译中是复杂而且重要的方面，其关系到翻译文本的时空表达和语法准确性。译者需要通过深入学习和实践，掌握不同语境下时态和语态的变化规律，以应对各种翻译挑战，确保翻译成果既保持原文的语法结构，又符合目标语言的时态和语态规范。时态和语态问题的解决需要译者具备高度的语言敏感性和跨文化沟通能力，以确保翻译的精准和流畅。

五、上下文的考虑

上下文的考虑在英语翻译中是一个至关重要的基本问题，其直接关系到翻译文本的准确性、通顺性和传达效果。上下文不仅仅包括单一句子的语境，还包括整个段落、篇章以及更广泛的文本环境。译者需要深入理解原文的上下文信息，以确保译文能够全面而准确地传达原文的含义。在翻译中，对上下文的敏感性表现在多个层面。首先，对于单一句子而言，译者需要考虑句子内各个元素的关系，以确保翻译的成分结构、语法关系与原文一致。此外，译者需要理解并准确把握各个词汇在特定语境中的含义，避免因为忽略上下文而产生歧义或误导。在更大的范围内，翻译过程中要对整个段落或篇章的语境进行全面把握。这包括了解段落的逻辑结构、论证线索以及句子与句子之间的关系。保持上下文的一致性是确保翻译流畅性的重要因素，译者需要通过综合考虑上下文信息，使译文在整体结构上与原文保持一致。文本的上下文还包括了解作者的意图、论述背景、以及所涉及的专业领域等方面。理解作者意图对于准确传达原文的信息至关重要，因为有时候一个表面上简单的句子可能携带着深层的文化、社会或者学科内的隐含信息。这就要求译者有足够的文化素养和专业知识，能够在翻译过程中还原并传达作者原始的意图。对于专业领域的翻译来说，上下文的考虑更显得重要。不同领域有着专业术语、行业规范和特定表达方式，译者需要了解并准确应用这些专业性的语言元素。这不仅要求译者具备深厚的专业知识，而且还需要通过充分了解上下文，确保专业术语和表达在整个文本中的一致性和连贯性。上下文的考虑也牵涉到跨文化交际的层面。文化背景、社会风俗、习惯用语等因素都是上下文的一部分，而不同文化背景的读者对同一段文字可能有不同的理解。因此，译者在翻译时需要充分考虑目标文化的接受者，并适应其语境，以确保翻译文本在新的文化环境中能够被准确理解。上下文的考虑是英语翻译中不可或缺的基本问题。译者需要以细致入微的态度，对文本的各个层面进行全面而且深入的理解。只有在充分考虑上下文的情况下，翻译才能更好地保持原文的意义，使译文更贴近原意，同时适应目标文化的语境。

第三章 跨文化交际论述

第一节 跨文化交际相关概念界定

一、文化

文化是一个极为复杂而广泛的概念,它涵盖了人类社会的方方面面,包括语言、价值观、信仰、习惯、艺术、科技、社会结构等多个层面。在跨文化交际的背景下,理解文化是至关重要的,因为它是人们思维方式和行为模式的基石,也是沟通和交往的载体。文化是人类共同的精神财富,是一代代人传承下来的宝贵遗产。每个文化都拥有独特的语言体系,其通过语言传递着人们的思想、情感和知识。语言不仅仅是一种交际工具,更是文化认同和传承的重要方式。通过语言,人们表达对世界的看法、对价值观的坚持,形成独特的文化共同体。文化是一种塑造个体认知和行为的力量。人们在特定文化环境中成长,接受特定的价值观和道德规范,形成独特的文化认知模式。这种模式影响着个体的思考方式、问题解决方法以及与他人的互动方式。因此,理解文化不仅仅是理解一组抽象的规范,更是理解个体在特定文化中形成的独特心理结构。文化是人际关系和社会组织的基础。不同文化中,人们对于家庭、友谊、爱情等关系的看法和处理方式可能存在巨大的差异。一些文化注重集体主义和群体利益,强调家庭和社会的纽带;而另一些文化更强调个体的独立和自主。这些观念对于人际交往、社会组织和制度建设都产生深远的影响。文化还涉及艺术、宗教、风俗习惯等方面。不同文化对于美的追求、宗教信仰的体系、日常生活中的礼仪等都有独特的表达方式。这些方面的差异不仅体现了文化的多样性，也为人们提供了更丰富多彩的生活体验。在跨文化交际中，对文化的敏感性和理解能力显得尤为关键。首先，人们需要意识到文化差异的存在，而不是将自己的文化标准简单地套用到其他文化。其次，理解文化的本质需要深入挖掘文化中蕴含的历史、宗教、哲学等方面的内涵，而不是仅仅停留在表面的符号和行为上。最后，人们需要培养一种跨文化的交际能力，包括适应性、灵活性、尊重他人差异的态度，以实现在不同文化背景下的有效沟通。文化是人类社会的灵魂，是人们思考和行动的基础。在跨文化交际中，对文化的理解和尊重是建立稳固人际关系、解决文化冲突、促进全球合作的关键。通过深入探讨文化的多维度特征，我们能够更好地把握人类社会的丰富多彩，并能更好地推动跨文化交际领域的研究和实践。

二、跨文化交际

跨文化交际是一项复杂而且至关重要的社会活动，涉及不同文化之间的信息传递、意义构建和价值观念的交流。在这个全球化的时代，人们日益频繁地面临与不同文化背景的个体和群体进行交往的挑战。理解和应对跨文化交际的复杂性对于促进文化多样性的尊重、缓解文化冲突、建立全球化视野都具有重要意义。

跨文化交际的核心是文化差异。文化差异体现在语言、价值观、行为规范、社会结构等多个层面，构成了不同文化群体的独特身份。语言是文化传承和交际的重要媒介，而不同文化的语境、词汇和语法结构的差异常常导致误解和沟通困境。此外，文化的非语言符号，如肢体语言、面部表情、目光接触等，也在跨文化交际中扮演着至关重要的角色。跨文化交际涉及高度复杂的文化认知和适应过程。文化认知是个体对文化差异的感知和理解，包括对他者文化的认同和理解自身文化的深度。文化适应则是个体在跨文化环境中，调整自己的思维方式和行为，以更好地融入新文化。这一过程既是一个认知的挑战，也是一个情感和心理调适的过程。跨文化交际中常常涌现出文化冲突。文化冲突是由于文化差异引起的价值观、行为方式等方面的不一致，可能导致误解、沟通障碍以及群体之间的紧张关系。解决文化冲突需要敏感性、开放性和尊重对方文化的态度。同时，跨文化交际中还可能面临文化同化和文化相对主义的问题，即在新文化中是否保持原有文化特色或是完全融入新文化，以及是否存在一种文化相对主义的立场。跨文化交际还需要跨文化沟通能力的支持。这种能力包括语言能力、非语言交际能力、文化敏感性、解决问题的能力等。在全球化背景下，这些能力对于国际商务、国际合作以及国际组织中的成员具有重要价值。跨文化沟通能力的提升不仅需要个体的努力，而且也需要社会和教育体系的支持和培养。在跨文化交际的背景下，文化的理解和尊重是构建和谐人际关系的基石。通过深入挖掘文化的多层次内涵，人们能够更好地理解不同文化间的共通性和独特性，促使文化间的相互尊重和学习。同时，透过跨文化交际的实践，个体能够丰富自己的视野，增强自身的文化适应力和沟通能力，提升在多元文化环境中的竞争力。跨文化交际是一个既具有挑战性又充满机遇的领域。在这个过程中，个体和社会都需要付出努力，以建立一个更加包容、理解和融洽的全球社会。通过对文化差异的深入探讨和理解，我们能够更好地应对跨文化交际中的各种挑战，从而促进文化的多元共存和共同发展。

三、文化差异

文化差异是跨文化交际中一个至关重要的概念，指的是不同文化之间在价值观、信仰、语言、行为规范等方面存在的多样性。这种多样性是由于受到历史、地理、宗教、社会制度等多种因素的影响，形成了各具特色的文化模式。理解文化差异对于建立有效的跨文化沟通、避免误解和文化冲突，以及促进文化多元共融具有重要意义。文化差异体现在语言层面。不同文化拥有独特的语言体系、词汇和语法规则，这直接影响到人们的思维方式和表达习惯。例如，一些文化可能更注重直接而清晰的表达，而另一些文化则更倾向于含蓄和间接的表达方式。语言的差异不仅仅体现在词汇的选择上，还涉及口音、语速、语调等方面，这些因素都可能导致跨文化交际中的理解障碍。文化差异表现在价值观和信仰上。不同文化对于家庭、社会秩序、人际关系等方面的看法存在显著不同。例如，一些文化强调个体的独立和自主，注重个人权利和自由；而另一些文化则更强调集体主义，重视群体利益和社会和谐。在宗教信仰方面，不同文化的宗教体系也对人们的价值观产生深远的影响，从而引发文化差异。文化差异还显现在行为规范和社会习惯上。在日常生活中，不同文化对于礼仪、礼貌、时间观念等方面存在着明显的差异。举例而言，一些文化可能更注重准时和效率，而另一些文化则可能更强调灵活性和人际关系。在沟通中，不同文化可能对于目光交流、身体动作、握手礼仪等有着不同的理解和期待，这些微妙的差异也可能导致跨文化交际中的误解和不适应。文化差异还涉及社会结构、教育体制、生活方式等多个层面。不同文化中的家庭结构、社会等级、职业期望等方面的差异都会影响到个体的身份认同和行为选择。教育体制的不同，也会影响到人们的认知模式和学习方式。生活方式方面，饮食习惯、着装风格、休闲娱乐等方面的不同，也构成了文化差异的一部分。在理解文化差异的同时，需要注意到文化并非静态不变的，而是在不断演变和互动中的动态体系。文化差异并不意味着优劣，而是呈现出多元共存的状态。在跨文化交际中，个体需要具备文化敏感性，既要尊重他人文化，又要保持对自身文化的认同。尊重和理解文化差异是建立和谐人际关系、推动国际合作的基础。文化差异是跨文化交际中不可忽视的一个方面，它涉及多个层面的差异，包括语言、价值观、信仰、行为规范等。理解文化差异需要超越表面现象，深入挖掘背后的历史、社会和心理因素。在全球化的时代，加强对文化差异的理解，培养跨文化交际的能力，是推动文化多元共融、促进全球交流与合作的关键一环。

四、文化冲突

文化冲突是在跨文化交际中经常面临的一种现象，它源于不同文化背景下的价值观、信仰、行为规范等方面的差异，可能导致交往双方之间的矛盾、误解甚至紧张关系。理解文化冲突的本质，寻求解决之道，对于促进文化多元共存和构建更加和谐的国际社会至关重要。文化冲突的产生是由于文化差异引发的。不同文化对于相同事物的看法和处理方式存在差异，这种差异可能涉及言语表达、行为习惯、社会观念等多个层面。例如，在一些文化中，直接表达个人意见被视为坦率和诚实，而在另一些文化中，这可能被解读为冒犯和不尊重。这样的差异容易在交流中引发误解，成为文化冲突的根源。文化冲突可能因为文化认知不足而加剧。个体对于他者文化的了解程度直接影响到交流的顺畅程度。缺乏对他者文化的深入了解，可能导致对其言行的误读，甚至是对其价值观的错误理解。文化认知不足可能使个体产生刻板印象，将他者简单地归类为某种文化特征，而忽视了个体差异性，这也是文化冲突的一种表现。文化冲突的解决需要双方具备文化敏感性和沟通技巧。文化敏感性涉及对文化多样性的尊重和接纳，个体需要以开放的心态面对不同文化的存在，并努力理解其背后的历史和社会因素。沟通技巧方面，双方需要注意言辞的选择、非语言交流的表达，以及对于他者观点的尊重，通过互相学习和妥协来缓解潜在的文化冲突。文化冲突的解决也需要通过建立互信关系和共享共同目标来实现。在跨文化交际中，双方如果能够共同明确交往的目的和期望，就有助于消解彼此之间的不安和误解。建立互信关系能够降低文化冲突的爆发可能性，为建设积极合作的基础奠定坚实基础。同时，文化冲突的解决也需要社会层面的支持和引导。国际组织、政府机构以及教育体系等都可以通过促进文化交流、提倡文化教育，为个体提供更多理解和接纳不同文化的机会。在国际关系中，也可以通过多边合作、文化交流活动等方式，促进各国之间的理解和友好合作，从而减缓文化冲突的发生。在理解文化冲突的过程中，重要的是要意识到文化的多样性是人类社会的一种丰富资源，而不是一种障碍。通过适应性、开放性和尊重他者的态度，个体能够更好地适应跨文化交际的环境。同时，通过推动文化交流、加强国际合作，整个社会能够更好地迎接文化多元性的挑战，构建更加和谐、包容的世界。

五、文化适应

文化适应是指个体在跨文化交际过程中，调整自己的思维方式、行为模式和价值观，以更好地融入新文化环境的过程。这是一种主动的、动态的适应性行为，其要求个体在面对文化差异时保持开放、灵活，并具备学习和调整的能力。文化适应不仅仅关乎个体在新文化环境中的生存，更涉及在不同文化中建立积极的人际关系、参与社会活动以及实现个体自身发展的目标。文化适应需要个体具备文化敏感性。这包括对文化差异的认识和理解，以及对他人文化的尊重和接纳。文化敏感性涉及对语言、非语言符号、社会规范等方面的灵敏感知，使个体能够更好地理解并适应新文化环境。个体需要超越刻板印象，深入挖掘不同文化背后的历史、价值观念等因素，从而更好地适应新文化。文化适应要求个体具备灵活性和开放性。在新文化环境中，个体可能会面临与原有文化习惯不同的社会规范、行为方式等挑战。灵活性使个体能够调整自己的行为和思维方式，适应新的环境要求。同时，开放性意味着个体对新观念、新价值观的接受和尝试，而不是固守已有的信念。开放的心态有助于更好地理解他人，拓展自己的认知边界。文化适应需要个体具备学习和适应的能力。新文化环境中的知识、技能、价值观可能与个体原有的经验和认知有所不同，因此个体需要愿意学习新事物，并能够通过学习不断调整自己的行为和思维方式。适应能力包括对新环境的迅速适应、问题解决的能力以及对于变化的灵活处理，使个体能够更好地融入新文化环境。文化适应还涉及建立积极的人际关系。在新文化中，个体需要主动与他人沟通，建立友好的关系网络。这不仅有助于个体在新文化环境中更好地生存和发展，也有助于促进文化交流和理解。积极的人际关系可以成为个体适应新文化的支持系统，提供情感上的支持和社会上的支持。文化适应也是一个渐进的过程，可能会经历不同的阶段，包括初始阶段的文化冲击、逐渐的文化适应和最终的文化融合。在初始阶段，个体可能会感到对新文化的不适应，甚至产生一些负面情绪，这是正常的过程。逐渐的文化适应阶段，个体通过学习、体验和社交等方式，逐渐适应新文化环境。最终的文化融合阶段，个体可能能够在新文化和原有文化中找到平衡，形成一种新的文化认同。文化适应是跨文化交际中的一项复杂而重要的过程。它要求个体具备文化敏感性、灵活性、开放性、学习和适应的能力，同时需要建立积极的人际关系。文化适应的成功不仅对于个体在新文化环境中的生存和发展至关重要，而且也有助于促进文化的多元共融和全球社会的和谐发展。通过加强文化适应的培养和实践，我们可以更好地迎接跨文化交际的挑战，从而促使个体更好地适应和融入多元文化的世界。

六、文化同化与文化相对主义

文化同化与文化相对主义是跨文化交际中两种不同的态度和取向。文化同化指的是在跨文化环境中，个体倾向于完全接受新文化，放弃或淡化原有文化特色，使自己更好地融入新文化。相对主义则强调不同文化都有其相对合理的一面，主张在不同文化中保持自己的独特性，而不是简单地将一种文化标准套用到其他文化。这两种取向在跨文化交际中反映了不同的文化观念和适应策略。文化同化常常体现为个体在新文化环境中放弃原有文化特色，努力融入新文化。这可能表现为学习新语言、接受新的行为规范、接受新的价值观等。文化同化的个体通常试图适应新文化的社会期望，以减少与当地居民的差异，使自己更容易被接受。文化同化并非总是一种单向的、被动的过程。在一些情况下，个体可能会将原有文化与新文化相融合，形成一种新的、独特的文化认同。这种情况下，文化同化并不意味着完全舍弃原有文化，而是在新文化的基础上创造了一种更为综合和包容的文化身份。相对主义的观点则强调文化的相对性和平等性。文化相对主义认为，每种文化都有其内在的合理性，不能用一种文化的标准来衡量其他文化。个体在跨文化交际中应该保持开放的心态，尊重他人文化，同时保持对自己文化的认同。这种取向强调文化的多样性，主张在文化差异中寻求共通点，以建立互相尊重的关系。相对主义也可能使个体过于固守自己的文化，不愿意接受其他文化中的积极因素，从而产生一种文化闭塞的现象。在实际跨文化交际中，个体往往不是绝对地选择文化同化或文化相对主义，而是根据具体情境和个体偏好灵活地选择和调整。有时，文化同化可能是为了更好地适应新环境，以获得更多的机会和资源；而有时，文化相对主义可能更适合在多元文化的环境中建立平等、互相尊重的关系。在理解文化同化与文化相对主义时，关键在于平衡。个体需要在尊重他人文化的同时保持对自身文化的认同，实现文化适应的同时维护文化多元性。跨文化交际中的成功往往建立在这种平衡之上，个体需要不断地调整和学习，以适应多样性的文化环境。最终，通过文化同化和文化相对主义的有机结合，可以建立更加包容和丰富的跨文化交际模式，从而促进全球社会的共同发展。

第二节 跨文化交际意识与能力

一、文化敏感性与意识

跨文化交际意识与能力中的文化敏感性与意识，是个体成功适应多元文化环境的关键因素。文化敏感性是指个体对不同文化的存在和差异有敏锐的感知和认识，而文化意识是在交际中意识到文化对于沟通的深远影响。这两者相辅相成，对于建立积极的跨文化关系和有效的沟通至关重要。文化敏感性是跨文化交际中的基石。个体需要具备对于不同文化元素的感知和敏感性，包括语言、价值观、行为规范等。文化敏感性使个体能够识别和理解他人文化的独特之处，从而避免因为文化差异而产生误解和冲突。这需要个体具备开放的心态，愿意接触和了解不同于自己的文化。文化意识是文化敏感性的延伸，是对文化在交际中作用的深刻理解。文化意识包括对于语言、非语言符号、社会规范等文化因素如何影响沟通的认知。个体需要意识到文化不仅仅是表面上的差异，更涉及深层次的价值观、信仰体系等。文化意识有助于个体更有针对性地调整自己的沟通方式，以适应不同文化环境。在实际应用中，发展文化敏感性和意识的途径包括：通过阅读、学习，以及参与文化交流活动，个体可以获取更多有关不同文化的信息。这种学习有助于拓展视野，培养对于多元文化的敏感性。实地体验不同文化是培养文化敏感性的有效途径。通过旅行、居住或参与文化交流项目，个体能够深刻地感受到文化的多样性，从而增强对于文化的敏感性。与来自不同文化背景的人进行开放、诚恳的对话，分享彼此文化的经验和观点，有助于促进文化敏感性的培养。个体需要自我反思，识别并纠正可能存在的文化偏见。这种自我意识有助于打破刻板印象，减少对他人文化的误解。学习其他语言是培养文化敏感性的重要途径之一。语言是文化的一部分，通过学习语言，个体能更好地理解文化内涵。文化敏感性和意识的发展需要时间和持续努力。个体应该保持谦逊的态度，愿意不断学习和调整自己的观念。此外，个体还需意识到文化敏感性是一个动态的过程，因为文化是不断演变和互动的，适应不同情境和新的文化要素是文化敏感性的一部分。文化敏感性和意识的培养对于各个领域都至关重要。在商业、政治、教育等多领域的国际交往中，文化差异往往是影响合作成效的关键因素。通过加强文化敏感性和意识的培训，个体不仅能够更好地融入跨文化环境，也有助于促进国际合作与理解，从而推动全球社会的共同繁荣。在这个全球化的时代，具备良好的文化敏感性和意识是每个人都应该努力发展的关键能力。

二、语言能力

　　跨文化交际中的语言能力是一个至关重要的因素，对于建立有效的跨文化沟通和促进文化交流具有决定性的作用。语言是文化传承的媒介，不仅仅是信息传递的工具，还承载着文化的价值观、历史、传统等方面的内涵。因此，具备良好的语言能力是实现文化适应和成功跨越语言障碍的基础。语言能力不仅包括熟练运用语言的基本技能，还需了解语言背后的文化内涵。每一种语言都是一种独特的文化表达方式，其中蕴含着特定社会的习惯、信仰、礼仪等元素。因此，跨文化交际者应当在语法、词汇的基础上，深入理解语言所代表的文化背景，以避免在沟通中出现文化误解。语言能力在跨文化交际中体现在对于语境的灵活运用。不同的文化具有不同的语境规则，相同的词语在不同的文化环境中可能会有截然不同的涵义。因此，具备良好的语言能力需要个体能够敏感地把握语境，避免产生歧义，提高信息传递的准确性。例如，在一些文化中，直接表达意见可能被视为冒犯，而在另一些文化中可能被看作坦率。语言能力还涉及对于口音、语速、语调等语音特征的适应性。在跨文化交际中，个体可能会面对各种各样的口音和语音差异，这对于理解对方的表达和表达自己的思想都提出了挑战。良好的语言能力使得个体能够更容易地适应不同的语音环境，增进交流的顺畅度。另一个重要的方面是多语言能力的培养。在当今全球化的背景下，许多人可能需要同时使用多种语言进行交流。具备多语言能力不仅能够带来更广泛的人际交往和职业机会，而且有助于个体更好地理解不同文化的思考方式和价值观。多语言能力培养可以通过学习外语、参与语言交流项目、语言交换等途径实现。语言能力的培养需要注重实践和实际运用。仅仅掌握语法和词汇是不够的，个体还需要在实际的交际场景中不断练习和应用。这可以通过参与跨文化团队、参加语言角、参与文化活动等方式来实现。实际应用不仅有助于提高语言流利度，而且还能够使个体更加灵活地运用语言来应对各种情境。在企业和组织层面，提高员工的跨文化语言能力也是关键的竞争优势。跨国公司、国际组织以及各类国际性活动都需要具备跨文化交际能力的人才。因此，企业可以通过提供语言培训、文化交流项目、国际实习等方式，来帮助员工培养更强的跨文化语言能力，从而推动国际合作和业务发展。跨文化交际中的语言能力是实现文化适应和成功沟通的关键要素。它要求个体不仅要掌握语言的基本技能，而且更要了解语言背后的文化内涵，适应不同的语境和语音特征。通过培养良好的语言能力，个体能够更加自如地在跨文化环境中交往，以促进文化理解与合作，实现更加有效和深入的跨文化交际。

三、非语言沟通能力

跨文化交际中，非语言沟通能力是一项至关重要的技能，它包括身体语言、面部表情、眼神交流等多个方面。在不同文化间，非语言信号的解读可能存在较大的差异，因此个体需要具备敏感的观察力和灵活的应变能力，以确保有效的跨文化交际。身体语言是非语言沟通的重要组成部分。不同的文化对于身体语言的解读方式可能截然不同。一些文化可能更注重身体姿态和手势的运用，而另一些文化可能更强调面部表情。因此，个体需要学会在不同文化环境中灵活运用身体语言，以传递自己的情感、态度和意图。例如，一些文化可能认为直视对方是一种尊重的表达方式，而在另一些文化中可能被视为过于直接或挑战性。面部表情在非语言沟通中扮演着至关重要的角色。不同的文化对于笑容、眉毛的举止、眼神等表情的解读方式存在很大的差异。有些文化可能更倾向于通过面部表情来表达情感，而另一些文化可能更为保守或控制情感的外露。因此，个体需要学习在不同文化情境下适应并理解不同的面部表情，以准确地把握对方的情感和意图。眼神交流是非常重要的一种非语言沟通方式。在一些文化中，直视对方可能被视为自信和尊重的表现，而在另一些文化中可能被解读为挑战或不尊重。了解文化中眼神交流的规范，可以帮助个体在交际中更好地调整自己的眼神表达，来避免引起误解。例如，在亚洲文化中，避免过于直视对方的眼睛可能被视为尊重的表现。个体还需关注语调和音量等声音方面的非语言因素。在一些文化中，高亢的语调可能被视为兴奋和友好，而在另一些文化中可能被认为是失礼或过于激动。因此，个体需要了解并适应不同文化中对于声音的敏感度和接受程度，以确保自己的语调和音量在跨文化交际中不会引起误解。在培养非语言沟通能力时，个体可以采取一系列措施。注意观察不同文化环境中的人们如何运用身体语言、面部表情和眼神交流。通过观察学习，个体可以更好地理解文化差异，从而提高敏感性。参与跨文化交流项目，亲身体验不同文化间的非语言沟通方式。这有助于个体更全面地了解非语言信号在不同文化中的作用。参加跨文化培训课程，学习不同文化中非语言沟通的规范和习惯。这有助于提高个体的文化敏感性和适应能力。通过学习其他语言，个体能够更深入地了解不同文化中的沟通方式，提高在跨文化环境中的语言和非语言沟通能力。在实际交际中，个体需要不断反思自己的非语言表达方式，并根据反馈及时调整。这有助于不断优化个体的沟通效果。在组织和企业层面，重视非语言沟通能力的培养可以提高团队的跨文化合作效果。为员工提供有关非语言沟通的培训，使其能够更好地理解和运用不同文化中的非语言信号，有助于降低跨文化交际中的误解和冲突。非语言沟通能力是跨文化交际中不可忽视的重要组成部分。通过深入理解和适应不同文化中的非语言规范，个体可以更好地融入跨文化环境，以促进文化交流与理解，从而实现更加有效和和谐的跨文化沟通。

四、文化冲突解决能力

跨文化交际中的文化冲突解决能力，是确保有效沟通和建立良好关系的关键因素。文化差异往往是跨文化交际中产生冲突的根本原因，而个体需要具备适应、理解和解决这些冲突的能力。文化冲突解决能力包括对文化差异的认知、冲突管理的技能，以及在不同文化环境中构建共享价值观的能力。文化冲突解决能力的核心在于对文化差异的认知和理解。个体需要深入了解参与文化冲突的各方文化的特点、价值观、信仰等方面的差异。这种认知不仅仅是对差异的表面理解，更要涉及文化背后的深层次因素。例如，不同文化对于时间观念、权威观念、群体关系等方面可能存在根本性的不同，而这些差异容易引发潜在的冲突。冲突管理的技能是文化冲突解决能力的重要组成部分。个体需要学会识别文化冲突，并具备有效的沟通、协商和调解技能。这包括倾听他人的观点，表达自己的看法，寻求共同点，并找到解决问题的方法。在跨文化环境中，传统的冲突解决方式可能不适用，因此个体需要具备灵活性和创造性，以找到更适合文化背景的解决途径。建立共享的价值观和文化框架也是文化冲突解决的重要策略。个体可以通过共同的目标、利益、价值观等方面找到文化上的共鸣点，从而减少文化冲突的发生。

这可能涉及建立共同的文化规范、协商一致的行为准则，以及在文化差异中发现共同的价值。在培养文化冲突解决能力时，可以采取以下措施。通过接受关于不同文化背景和价值观的培训，个体可以更好地了解文化差异，提高文化冲突解决的认知水平。在团队中引入不同文化背景的成员，促使团队成员更多地接触和理解不同文化，同时也为解决潜在的文化冲突提供机会。设立导师制度，让有经验的成员帮助新成员适应和理解团队的文化，从而减少潜在的冲突。创建一个鼓励开放、坦诚沟通的氛围，使个体更容易表达自己的看法，来减少文化冲突因为沟通不畅而产生的可能性。在团队或组织层面，共同制定文化规范，让团队成员参与其中，以建立共同的价值观和行为准则。在组织和企业层面，重视文化冲突解决能力的培养有助于提高团队的协同效率和创造力。跨国企业和国际组织更需要具备强大的文化冲突解决能力，以促进不同文化团队的协同合作，实现全球化战略的成功实施。文化冲突解决能力是跨文化交际中的重要技能，它需要个体具备对文化差异的深刻认知、冲突管理的技能，以及构建共享价值观的能力。通过培养这一能力，个体可以更好地适应跨文化环境，促进文化交流与合作，实现更加有效和和谐的跨文化沟通。

五、文化适应力

文化适应力是跨文化交际中至关重要的一项能力，它涵盖了个体在新文化环境中调整自己的行为、价值观和思维方式的能力。在全球化的今天，不同文化之间的交流变得更加密切，因此文化适应力不仅是一个个体成功融入新环境的关键，也是组织和企业成功开展国际业务的重要因素。文化适应力要求个体具备对新文化的敏感性和开放性。这包括对新文化的积极探索和学习态度，愿意了解当地的风俗习惯、价值观念、社会规范等。透过开放的视角，个体能够更好地理解新文化的独特之处，从而避免因为误解而产生文化冲突。文化适应力需要个体具备灵活的认知和行为调整能力。新文化环境可能存在许多不同于个体原有文化的元素，包括语言、社交规范、工作方式等。个体需要能够迅速适应并调整自己的行为，以更好地融入新文化，避免因为不适应而造成沟通困难和工作不顺畅。文化适应力还要求个体能够处理文化冲突和文化差异。在不同文化之间，很可能出现观念上的分歧或者价值观上的冲突。具备文化适应力的个体应当具有良好的冲突解决技能，能够通过有效的沟通和协商，减少潜在的文化冲突，并找到共同的理解点。文化适应力强调的还包括对于个体自身文化背景的自我认知。了解自己的文化背景对于适应新文化至关重要。个体需要认识到自身文化的影响，以及在新文化环境中可能会面临的挑战。这种自我认知有助于个体更有针对性地调整自己的行为和态度，提高适应性。在培养文化适应力时，可以采取以下措施。在个体进入新文化环境之前，提供相关的文化培训，使其对新文化有一定的了解，并增强适应力。鼓励个体参与文化交流活动，亲身体验和感受不同文化的特点，以促进对新文化的适应。在新文化环境中，建立相应的支持体系，包括导师、同事、朋友等，提供情感和信息上的支持，降低适应过程中的压力。在组织中倡导开放、包容的文化，鼓励个体分享自己的文化背景和经验，以促进相互之间的理解和适应。个体需要定期反思自己在新文化环境中的表现和感受，及时调整自己的适应策略，不断提高文化适应力。在企业和组织层面，注重文化适应力的培养有助于建设更加多元化和包容性的工作环境。具备文化适应力的员工更容易适应国际业务的需要，提高在不同文化环境中的工作效率，对于企业的国际化战略具有重要意义。文化适应力是跨文化交际中的关键要素，它要求个体具备对新文化的敏感性、灵活性、冲突解决能力和自我认知。通过培养文化适应力，个体能够更好地融入新文化，建立积极的跨文化关系，为个人和组织在全球化时代的成功发展打下坚实基础。

六、跨文化沟通能力

跨文化沟通能力是在多元文化背景下有效交流的关键能力，它涉及语言、非语言、文化意识、文化敏感性等多个方面。在当今全球化的环境中，各种文化相互交融，个体和组织需要具备高水平的跨文化沟通能力，以确保合作、理解和共融。语言是跨文化沟通的基础。个体需要具备足够的语言技能，不仅包括流利的口头表达和书面表达，还需要理解不同文化中语言的含义和语境。跨文化沟通者应当能够适应不同文化环境中的语言变化，包括口音、方言、语速等，以确保信息的准确传递。非语言沟通在跨文化交际中占据重要地位。姿态、面部表情、眼神交流等非语言信号可能在不同文化中有截然不同的解读。个体需要敏锐地观察和理解这些信号，以避免误解和冲突。良好的非语言沟通能力有助于传递更准确的情感和意图，提升沟通效果。文化意识和文化敏感性是跨文化沟通能力的核心。个体需要了解并尊重不同文化的价值观、信仰、社会习惯等，同时具备自我文化的认知。这种文化意识有助于理解他人的观点，从而减少文化冲突的发生。文化敏感性则要求个体能够适应不同文化环境，来灵活调整自己的行为和言辞，以更好地适应跨文化交际的要求。跨文化沟通还涉及对于不同文化背景下的沟通风格和规则的了解。某些文化可能更注重正式的沟通方式，而另一些文化可能更倾向于直接而亲密的表达方式。个体需要学会在不同文化中选择合适的沟通方式，以确保信息的传达既有效又尊重文化差异。在跨文化沟通能力的培养中，可以通过参与跨文化培训课程，个体可以获取关于文化差异、沟通技巧等方面的知识，提高对不同文化的理解。参与国际交流项目、旅行等活动，亲身体验不同文化，加深对文化差异的认识，提升跨文化适应能力。学习其他语言有助于个体更好地理解和融入不同文化，同时提高在多语言环境中的交际能力。在组织中倡导开放、包容的沟通氛围，鼓励成员分享各自文化的特色，促进跨文化交流。个体在跨文化沟通中需要不断反思自己的表现，从经验中学习，及时调整自己的沟通策略，不断提高沟通的效果。在企业和组织层面，建设具有高水平跨文化沟通能力的团队是提高全球竞争力的关键。企业可以通过培训、文化交流项目、国际团队建设等方式，提高员工的跨文化沟通能力，促进国际业务的顺利开展。跨文化沟通能力是在多元文化环境中实现有效交流的重要能力。通过培养语言技能、非语言沟通能力、文化意识和敏感性等方面的技能，个体能够更好地适应不同文化环境，建立更加良好和谐的跨文化关系。在这个全球化的时代，具备高水平的跨文化沟通能力不仅是个体成功的关键，而且也是组织和企业在国际舞台上取得成功的基石。

七、全球意识

　　全球意识是指个体具备在全球范围内理解和适应多元文化环境的能力。在当今社会，全球化的趋势使得个体和组织更频繁地接触到不同文化、价值观和观念。具备全球意识的个体能够更好地理解全球性问题、进行跨文化交际，并在国际舞台上更为成功地展开合作。全球意识要求个体具备对全球性问题的敏感性和洞察力。全球性问题涵盖了气候变化、经济发展、人权、社会公正等多个方面，这些问题的解决需要全球范围内的协同合作。具备全球意识的个体能够更全面地了解这些问题的本质，理解各个国家和文化对这些问题的看法，从而更好地参与到全球性议题的讨论和解决中。全球意识要求个体具备跨文化交际和合作的能力。在全球范围内，个体可能会面临不同文化、语言、信仰和价值观的多元性。具备全球意识的人能够更好地适应这种多元化，并能够在跨文化环境中进行有效的沟通和合作。这包括了语言能力、文化敏感性、跨文化沟通技巧等方面的能力。全球意识强调个体对全球多元性的尊重和包容。在全球范围内，不同的文化和群体都有其独特的贡献和价值。具备全球意识的个体能够超越地域差异，尊重和理解不同文化的差异，建立开放、包容的心态。这有助于减少文化冲突，促进不同文化之间的理解与合作。文化适应力是全球意识的一部分，它要求个体在不同文化环境中能够迅速适应、理解和融入。在全球范围内，个体可能需要在不同国家和地区之间频繁移动，因此文化适应力成为实现全球意识的关键。个体需要能够理解不同文化的社会规范、礼仪、价值观，以确保在新的文化环境中能够顺利工作和生活。在全球意识的培养过程中，可以通过学校课程、培训课程等方式，为个体提供全球性问题的知识，增强对全球事务的关注和理解。提供跨文化培训，帮助个体更好地适应和理解不同文化，来培养跨文化合作的技能。鼓励个体参与国际交流项目，亲身体验和感受不同国家和文化的特色，以加深对全球多元性的认知。学习多种语言有助于个体更好地沟通和交流，提高在多语言环境中的适应性。在组织中建立具有多元文化背景的团队，促进成员之间的文化交流与合作。在企业和组织层面，重视全球意识的培养对于推动国际化战略、提高全球竞争力至关重要。企业可以通过建设国际化的团队、开展全球性项目、提供全球性培训等方式，培养员工具备更强大的全球意识，使其在国际舞台上更为成功。全球意识是在全球化时代个体成功的重要因素。通过深入理解全球性问题、具备跨文化沟通和合作的能力，以及尊重和包容多元文化的态度，个体能够更好地适应和参与到全球化的潮流中，为自身和社会做出更有意义的贡献。

第三节　跨文化交际之语言交际

一、语言水平和表达方式

跨文化交际中的语言水平和表达方式是至关重要的要素，涉及个体在不同文化环境中如何选择适当的语言水平和表达方式，以确保信息的准确传达、避免误解和促进良好的跨文化关系。语言水平在跨文化交际中扮演着决定性的角色。个体需要评估对方的语言水平，并据此调整自己的表达方式。在与非母语者的交流中，使用过于复杂或专业的词汇可能导致理解困难，因此个体需要灵活运用语言，采用清晰简明的表达方式。此外，对于母语者而言，了解对方的语言水平也有助于避免过度简化表达，确保信息传递的充分性和准确性。表达方式的选择同样至关重要。在跨文化交际中，个体需要注意语境和对方的文化习惯，以决定何时使用正式或非正式的表达方式。在一些文化中，强调礼貌和正式的表达方式可能更为重要，而在另一些文化中，更直接而亲密的表达方式可能更受欢迎。因此，个体需要灵活运用不同的表达方式，以适应不同的文化背景。在提高语言水平和表达方式的能力时，可以通过参与文化敏感培训，个体可以了解不同文化中的语言使用规范和习惯，以增强对文化差异的理解，从而有针对性地提高在跨文化交际中的语言水平。不断提升自己的语言水平，包括扩展词汇量、学习常用表达方式和短语，以更灵活地运用语言。通过参与跨文化交流项目、国际实习等方式，亲身体验和感受不同文化中的语言使用，提高适应不同文化的能力。与母语者建立语言伙伴关系，进行语言交流，不仅可以提高语言水平，还能更深入地了解对方文化中的表达方式和语言使用。阅读和听力是提高语言水平的有效途径，通过接触不同语境下的语言使用，个体可以更好地理解并适应不同文化的表达方式。在跨文化交际中，语言水平和表达方式的提升有助于建立更加有效和良好的跨文化关系。个体需要不断地反思和调整自己的语言使用，以确保在不同文化环境中能够进行顺畅的交流。同时，团队和组织也可以通过提供相关的培训和资源，帮助员工提高跨文化交际中的语言水平和表达方式的灵活性。在企业和组织层面，注重语言水平和表达方式的培养有助于建设更具国际竞争力的团队。企业可以通过组织文化交流活动、提供语言学习资源、建设多元文化的工作环境等方式，促进员工的跨文化交际能力的全面提升。语言水平和表达方式在跨文化交际中扮演着至关重要的角色。个体需要具备灵活的语言运用能力，理解并尊重不同文化的表达方式，以实现更加有效和和谐的跨文化沟通。

二、语境的理解

在跨文化交际中，语境的理解是确保有效沟通和文化融合的关键要素。语境不仅仅是语言的背景，更涵盖了文化、历史、社会背景等多个方面。深刻理解语境有助于避免误解，提升跨文化交际的成功率，促进不同文化之间的相互理解与尊重。语境的理解要求个体关注文化的多元性。每个文化都有其独特的传统、价值观、信仰体系等，这些元素影响着人们的思维方式和语言表达。理解文化语境有助于识别和理解文化间的隐含规则，从而更好地理解对方的言辞所蕴含的深层含义。历史和社会背景对于语境理解至关重要。不同历史时期和社会环境中的事件会对人们的观念和表达方式产生深远的影响。通过了解对方所处的历史和社会背景，个体能够更准确地把握对方的表达含义，从而消除因为历史文化差异而引起的误解。在跨文化交际中，语境理解也需要考虑不同地区和国家之间的差异。即便是在相同语言环境下，不同地区的文化差异也可能导致语境的变化。例如，英语在美国与英国的使用方式和语境就存在一些微妙的差异，需要个体对这些差异有敏感的洞察力。语境理解还涉及口音和发音的问题。不同地区和文化中的口音可能会对语言的理解产生影响。在跨文化交际中，个体需要适应不同文化中的口音和发音，以确保信息的准确传递。语境的理解在跨文化交际中扮演着至关重要的角色。通过深入了解对方文化、历史和社会背景，个体可以更全面地理解对方的表达，避免误解和沟通障碍。跨文化交际中的成功取决于个体对语境的敏感性和适应性，这也是实现文化融合和建立良好关系的关键要素。

三、礼仪用语和语言习惯

在跨文化交际中，礼仪用语和语言习惯是决定交际成败的重要因素。这涉及如何在不同文化背景下使用适当的礼貌语言、表达方式和语言风格，以建立积极的跨文化关系。礼仪用语和语言习惯的理解有助于减少误解，进而增进对方之间的尊重和理解。礼仪用语在不同文化中具有不同的要求。一些文化强调正式和客套的表达方式，例如在交往中使用敬语和尊称。在这些文化中，礼貌用语是表达尊重和友好的方式，而在另一些文化中，更加直接而简洁的表达方式可能被视为更加真诚。因此，个体需要在跨文化交际中灵活运用礼仪用语，根据对方文化的期望调整自己的表达方式。语言习惯涉及在特定文化中通用的语言表达方式。这可能包括问候语、告别语、感谢的方式等。了解和尊重这些语言习惯有助于在跨文化交际中建立融洽的关系。在一些文化中，使用适当的问候语是社交场合中的基本礼仪，而在另一些文化中可能更注重非正式的友好表达。个体需要敏感地把握这些差异，以避免因为语言习惯上的误解而引发不必要的矛盾。对于礼仪用语和语言习惯的理解还需考虑到社交场合的不同。在正式的商务交际中，礼仪用语可能更加注重正式和规范的表达方式。而在休闲的社交场合，更为随意和亲切的表达方式可能更为受欢迎。因此，个体需要灵活运用不同的礼仪用语和语言习惯，以适应不同场合的要求。在跨文化交际中，礼仪用语和语言习惯的理解还需要考虑到性别和社会地位等因素。在一些文化中，对于不同性别或社会地位的人使用不同的表达方式是常见的。个体需要对这些差异有足够的敏感性，以确保自己的表达既得体又尊重文化差异。礼仪用语和语言习惯在跨文化交际中扮演着至关重要的角色。个体需要理解不同文化对于礼仪和语言的期望，以确保自己的表达方式符合文化的要求，避免因为礼仪用语和语言习惯的差异而引起不必要的误解。在积极的跨文化交际中，尊重对方的文化礼仪和语言惯例是建立良好关系的基础，其有助于促进文化之间的相互理解。

四、语言的尊重和敏感性

在跨文化交际中，语言的尊重和敏感性是维系良好关系、避免误解的至关重要的方面。这涉及对不同文化中的语言使用方式、词汇选择以及表达风格的理解和尊重。语言的尊重和敏感性有助于建立互信，从而促进文化之间的和谐交流。语言的尊重涉及对不同语境中的语言使用方式的理解和接纳。不同文化中，对于正式与非正式、直接与间接的语言表达都有着不同的看法。在一些文化中，强调正式的表达方式是对尊重的一种体现，而在另一些文化中则更注重直接而亲切的交流风格。个体需要理解并尊重对方的语言偏好，以确保交流方式符合文化期望。语言的敏感性要求个体注意避免使用可能被认为冒犯或歧视的词汇和表达方式。在跨文化交际中，一些词汇可能在另一种语境下带有贬义，因此个体需要避免使用可能引起误解或冒犯的语言。对于敏感话题，如宗教、种族、性别等，更需要谨慎选择语言，以确保对方不受冒犯。语言的尊重和敏感性还体现在对语音、口音和发音的理解上。在跨文化交际中，个体可能会面对不同地区和文化的口音，理解对方的发音和语音习惯是建立有效沟通的关键。对方的口音不应成为误解和歧视的源头，而是应该被视为语言多样性的一部分。在使用第二语言进行交流时，尤其需要对对方的语言水平保持尊重和包容。对于非母语者，可能存在一些语法结构、词汇使用上的不准确，个体需要以开放的心态对待，并在交流中表现出耐心和理解。语言的尊重和敏感性在跨文化交际中，是维系良好关系和有效沟通的基础。尊重对方的语言选择、表达风格和口音，避免使用冒犯性的词汇，是建立相互尊重和理解的关键。在敏感话题上的避险和对于非母语者的理解，有助于创造一个开放、包容的沟通环境。在企业和组织层面，注重语言的尊重和敏感性对于建立多元文化的工作环境至关重要。组织可以通过提供培训、倡导文化尊重的价值观，促使团队成员在跨文化交际中更加注重语言的尊重和敏感性，从而提升团队的合作效率和凝聚力。语言的尊重和敏感性是跨文化交际中不可或缺的要素。只有通过理解、尊重和体谅对方的语言差异，才能够在跨文化交际中建立起真正积极、融洽的关系。

五、语言选择

在跨文化交际中，语言选择是至关重要的，直接影响着信息的传达和跨文化交际的效果。语言选择不仅仅是对于使用何种语言的问题，还包括在同一语言下的不同方言、口音、表达方式等的选择。语言选择的恰当性能够促进文化之间的理解，而不当的选择则可能导致误解和沟通障碍。语言选择涉及使用何种语言进行交际。在多语言社会或国际交往中，个体需要在不同语境中灵活运用多种语言。语言的选择可能受到多方面因素的影响，包括参与者的语言能力、文化习惯、社会背景等。正确选择语言有助于确保信息的准确传达，避免因为语言障碍而引起的误解。即便在使用同一语言的情况下，不同地区和文化中的方言和口音也可能存在差异。个体需要在交际中灵活运用标准语言和方言，理解并适应对方的语言习惯，从而确保信息传递的准确性。在一些文化中，方言可能被视为亲近和友好的表达方式，而在另一些文化中可能需要更加正式和标准的语言表达。语言选择还包括对于文化特定的表达方式、口头禅以及俚语的运用。了解并正确使用这些文化特定的语言元素，有助于更好地融入文化，建立更为亲近的关系。然而，个体需要注意避免使用可能在对方文化中产生负面影响的表达，以避免引发误解或冒犯。在国际商务、文化交流等领域，语言选择也涉及正式和非正式表达方式。在正式的商务场合中，使用正式的语言表达方式是尊重对方的一种方式。而在休闲的社交场合中，则非正式和亲切的表达方式可能更为适宜。因此，个体需要在不同场合中灵活运用语言，从而符合文化期望，建立积极的交流氛围。语言选择在跨文化交际中是至关重要的。个体需要理解和尊重不同文化中的语言使用规范，避免因为语言选择上的误解而导致沟通障碍。在全球化的今天，语言选择的适应性和灵活性对于促进国际合作、文化交流具有重要意义。通过正确的语言选择，可以建立更加融洽和有效的跨文化关系，推动文化的交流与融合。

六、非母语交际

在跨文化交际中，非母语交际是一项复杂而关键的任务，涉及个体如何有效地使用非其母语进行沟通。非母语交际不仅仅是简单的语言学习问题，更包括文化差异、语境理解和适应等多个方面的挑战。个体在非母语环境中的语言表达方式直接影响着沟通的成功与否，以及是否存在文化之间的理解与尊重。非母语交际需要个体克服语言障碍。非母语者可能会面临词汇选择、语法结构、发音等方面的挑战，而这些因素都会影响到信息的准确传达。因此，个体需要不断提升自己的语言水平，通过学习、练习和实践，逐渐克服语言层面上的障碍，使自己能够更为流利和准确地运用非母语进行交际。非母语交际还需要关注文化差异。语言和文化是密不可分的，因此在使用非母语进行交际时，个体需要了解目标文化的语境、价值观、礼仪等因素，避免因为文化差异而引发误解。理解对方文化的语言习惯，有助于更好地适应和融入非母语环境。非母语交际中的语境理解也是至关重要的。语境涉及言外之意、隐含含义等方面，这在不同文化之间可能有着很大的差异。个体需要敏感地理解语言背后的文化蕴含，以避免因为语境的误解而产生沟通障碍。逐渐培养对语境的敏感性，可以使个体更好地适应非母语环境，并提高交际的有效性。在非母语交际中，个体还需要克服可能出现的心理障碍。由于语言不是母语，个体可能会感到紧张、不自信，这可能影响到表达的流畅性和自信度。因此，培养积极的语言学习态度和自信心，可以更好地应对非母语交际的挑战。在企业和组织层面，注重非母语交际的支持和培训是十分重要的。提供语言学习资源、文化培训以及建立跨文化交流的平台，可以帮助员工更好地适应和融入非母语环境，促进团队的多元化和协作。非母语交际是一项需要综合考虑语言、文化、心理等多个因素的任务。通过不断提升语言水平、了解文化差异、培养语境敏感性以及克服心理障碍，个体可以更好地应对非母语环境中的交流挑战，促进跨文化交际的成功和有效性。

第四节 跨文化交际之非语言交际

一、肢体语言

　　肢体语言是一种深刻且丰富的非语言交际形式,它在跨文化交际中扮演着关键的角色。肢体语言包括手势、姿势、面部表情、眼神交流、身体动作等多种元素,这些元素构成了一个复杂的沟通网络,传递着情感、意愿、态度和文化背景等信息。在跨文化交际中,深刻理解和适应对方的肢体语言,是建立良好关系和有效沟通的关键。手势作为肢体语言的一部分,在不同文化中可能有截然不同的含义。一些手势在一个文化中可能是友好的表达方式,但在另一个文化中可能会被视为不尊重。例如,举手可能在某些文化中表示同意或提问,但在另一些文化中可能被解读为冒犯。因此,在跨文化交际中,个体需要对手势的文化差异有敏感性,学会避免因为手势误解而引发不必要的矛盾。姿势在跨文化交际中有着深远的影响。身体的姿势可以传达出个体的自信程度、尊重态度以及情感状态。在某些文化中,直立的姿势被视为自信和尊重的表现,而在另一些文化中可能更注重谦逊和谨慎的姿态。适应对方文化对姿势的期望,有助于建立积极的跨文化关系。面部表情是跨文化交际中非常重要的一部分,因为它直接传递出个体的情感和态度。不同文化对于面部表情的解读存在显著的差异。一些文化可能更为直接而明显地表达情感,而另一些文化可能更为含蓄。因此,了解对方文化对于面部表情的期望,有助于更准确地理解对方的意图和情感。眼神交流在肢体语言中占有独特的地位,因为眼神直接传达出对方的注意力、诚意和自信。在一些文化中,直视对方的眼睛被视为坦诚和自信的表现,而在另一些文化中可能被解读为威胁或冒犯。适应对方文化对于眼神交流的期望,有助于建立相互尊重的交际环境。身体动作的速度和幅度也受到文化差异的影响。在某些文化中,较慢而小幅度的动作可能被视为冷静和成熟,而在另一些文化中可能更强调灵活和大幅度的动作。因此,灵活运用身体动作,根据对方文化的期望进行调整,有助于在跨文化交际中建立更为融洽的关系。在触摸和拥抱方面，文化差异也是显著的。在一些文化中，触摸和拥抱被视为亲密和友好的表达方式，而在另一些文化中可能被看作是侵犯个人隐私的行为。因此，在跨文化交际中，个体需要敏感地运用触摸和拥抱，避免因为文化差异而引发不适和误解。肢体语言在跨文化交际中扮演着不可替代的角色。了解和适应对方的肢体语言，不仅有助于准确传达信息，还能促进文化之间的理解和尊重。在全球化的背景下，培养跨文化肢体语言的敏感性和适应性，是建立持久、积极跨文化关系的关键。通过有效运用肢体语言，个体可以在跨文化交际中更好地展现自己，促进文化间的互动与合作。

二、面部表情

在跨文化交际中，面部表情是一种深刻而重要的非语言交际方式，承载着情感、态度和意愿等丰富信息。面部表情在不同文化中有着独特的解读，因此，深入理解和适应对方的面部表情对于建立良好的跨文化关系至关重要。面部表情作为情感的传达工具，在不同文化中可能有着截然不同的含义。一些文化可能更注重直接而明显的表情，而另一些文化可能更为保守或含蓄。在一些亚洲文化中，示意微笑并不总是表示愉快，有时候可能是一种礼貌的表达，而在一些西方文化中，微笑通常被解读为友好和愉快。因此，在跨文化交际中，个体需要了解对方文化对于面部表情的解读方式，以避免因为误解而引发不必要的困扰。面部表情与尊重文化差异紧密相连。某些文化可能更强调表达情感，而在另一些文化中，对于情感的表达可能更为内敛。比如：在一些中东文化中，情感表达可能更为严谨，而在一些拉丁美洲文化中，可能更注重直接而热情的表达。因此，在跨文化交际中，个体需要灵活运用面部表情，以符合对方文化的交际期望，促进沟通的顺畅进行。面部表情还与社交场合和个体关系有关。在某些文化中，面部表情可能受到社交礼仪的影响，例如在正式场合下可能更加注重面部表情的庄重和表达的合适性。同时，个体之间的关系也可能影响面部表情的表达方式，亲近的关系可能更容易表现出真诚和亲切的表情。眼神交流是面部表情中的一个重要组成部分，对于跨文化交际具有特殊的意义。在一些文化中，直视对方的眼睛被视为坦诚和自信的表现，而在另一些文化中可能被解读为威胁或冒犯。了解对方文化对于眼神交流的期望，有助于更好地适应和融入跨文化环境。在面对不同文化的面部表情时，跨文化交际者需要培养对微表情的敏感性。微表情是短暂而微弱的面部表情变化，通常能够更真实地反映出个体的真实情感。在某些文化中，微表情可能被强调为更为重要的交际信号，因此，对微表情的敏感性在跨文化交际中显得尤为重要。面部表情是非常重要的非语言交际方式，在跨文化交际中扮演着不可或缺的角色。了解并尊重对方文化对面部表情的期望，运用恰当的面部表情，有助于建立积极的跨文化关系，减少误解和沟通障碍。透过面部表情蕴含的丰富信息，个体可以更好地理解对方，促进文化间的深入交流与理解。

三、眼神交流

在跨文化交际中，眼神交流是一种丰富且复杂的非语言交际方式，承载着情感、信任、尊重和沟通意图等多层次的信息。不同文化对于眼神交流的解读存在显著差异，因此深入理解和适应对方的眼神交流方式至关重要。眼神交流在不同文化中扮演着不同的"角色"。在一些文化中，直视对方的眼睛被视为坦诚、自信和尊重的表达方式，而在另一些文化中，直视可能被解读为威胁、挑战或冒犯。例如，在一些亚洲文化中，人们可能更倾向于避免直接的眼神交流，将其视为对方的尊重和礼貌。因此，在跨文化交际中，个体需要了解对方文化对于眼神交流的习惯，以避免因为文化差异而引发误解。眼神交流与信任的建立密切相关。在一些文化中，通过直视对方的眼睛，可以传递出自信、坦诚和真诚的信息，从而建立起信任的基础。然而，在另一些文化中，过于直接的眼神交流可能被解读为过于自信或冒犯，反而会破坏信任。因此，在跨文化交际中，个体需要适应对方文化对于信任建立的眼神交流方式，以更好地促进良好关系的形成。眼神交流还与权力和社会地位有关。在一些文化中，直视上级的眼睛可能被视为不敬或挑战权威，而在另一些文化中，这可能被视为对上级的尊重和关注。因此，在不同的文化环境中，个体需要了解并适应对方文化对于眼神交流的权力和社会地位的解读方式，以维护良好的社交秩序。眼神交流在表达情感和意图上也有着重要作用。在一些文化中，通过眼神交流可以传达出愿意沟通、感兴趣或者是愉快的信息，而在另一些文化中，可能更注重其他非语言方式的表达，眼神交流并不被赋予同等的重要性。因此，在跨文化交际中，个体需要敏感地理解对方文化中眼神交流的情感和意图的表达方式，以确保信息的准确传达。在商务和社交场合中，眼神交流也可能受到礼仪和规矩的影响。在一些文化中，通过眼神交流表示关注和尊重，而在另一些文化中，可能更注重口头表达或其他方式的沟通。因此，在跨文化商务交际中，个体需要了解并尊重对方文化中的礼仪规范，以确保沟通的顺利进行。眼神交流是跨文化交际中不可忽视的非语言交际方式。个体需要通过观察、学习和适应，培养对方文化中眼神交流的敏感性，以减少误解和沟通障碍。适应对方文化中的眼神交流方式，有助于建立更为良好和深入的跨文化关系，促进文化之间的理解与交流。

四、空间观念

在跨文化交际中，空间观念是一种重要的非语言交际方式，涉及个体之间在物理空间中的相对位置和距离，同时也涉及个体对于私人空间和公共空间的不同看法。不同文化对空间的理解和利用存在显著的差异，因此在跨文化交际中，理解和尊重对方的空间观念显得尤为重要。私人空间的观念在不同文化中有着截然不同的界定。一些文化可能更注重个体之间的亲密接触，例如在拉丁美洲和地中海地区，人们可能更倾向于靠近、握手、拥抱等亲密的身体接触。而在一些亚洲文化中，个体之间的私人空间可能更加重要，过于亲密的接触可能被视为侵犯隐私。因此，在跨文化交际中，个体需要对对方文化中对私人空间的期望有清晰的认识，从而避免因为个体空间观念的冲突而引发误解或不适。公共空间的利用也受到文化的影响。在一些文化中，人们可能更愿意在公共空间进行开放的讨论和交流，例如在美国和澳大利亚等西方文化中。而在一些东亚文化中，人们可能更倾向于在私人空间内保持谨慎和克制，公共空间被视为更为正式的场合。在跨文化交际中，了解对方文化对公共空间的利用方式，有助于更好地融入对方的社交环境，避免因为规矩和礼仪的不同而引起尴尬。不同文化对于个体之间的空间距离有着不同的期望。在一些文化中，个体之间的身体接触可能更为接受，而在另一些文化中可能更注重个体之间的独立性和私人空间。这种空间距离的观念在不同社交场合中也可能有所不同，但在正式的场合可能更强调保持一定的距离，而在非正式的场合可能更为宽松。因此，在跨文化交际中，个体需要对对方文化中对于身体空间的期望进行灵活的理解和调整。空间观念还与文化中的社会地位和权力关系有关。在一些社会结构较为平等的文化中，个体之间的空间距离可能相对较小，更加强调平等和亲近。而在一些社会结构较为垂直的文化中，可能更注重身体空间的层次和权力关系。因此，在跨文化交际中，个体需要了解对方文化中社会地位和权力关系对于空间观念的影响，以避免因为不适当的身体空间距离而引发社交问题。空间观念作为非语言交际的一个重要方面，在跨文化交际中起到至关重要的作用。个体需要通过观察、学习和适应，灵活运用不同文化中对于空间的理解和利用方式，以减少误解和提升交际效果。适应对方文化中的空间观念，有助于建立更为积极和深入的跨文化关系，促进文化之间的相互理解和合作。

五、时间观念

在跨文化交际中，时间观念是一种深刻且重要的非语言交际方式，涉及个体对于时间的感知、利用以及对时间的态度。不同文化对于时间的理解和对待存在显著差异，因此在跨文化交际中，理解和尊重对方的时间观念显得尤为关键。时间观念在不同文化中的界定存在显著差异。一些文化可能更强调准时，对时间的把握更为精准，例如在德国和瑞士等文化中，迟到可能被视为不尊重他人。而在一些拉丁美洲和非洲的文化中，人们可能更倾向于以灵活的方式对待时间，强调人际关系和即时的交往。因此，在跨文化交际中，个体需要了解对方文化中对于准时和宽松的时间观念的态度，以避免因为时间观念的冲突而引发误解或冲突。时间观念与个体之间的社会地位和权力关系密切相关。在一些社会结构较为平等的文化中，时间可能更为弹性，人们更注重彼此之间的平等和协商。而在一些社会结构较为垂直的文化中，时间更为有序，强调社会规范和权威性。在跨文化交际中，个体需要了解对方文化中社会地位和权力关系对于时间观念的影响，以更好地适应和融入对方的社交环境。不同文化对于未来、现在和过去的关注程度也存在差异。一些文化可能更注重未来，强调计划和远见；而另一些文化可能更注重现在，强调即时的享受和当下的体验；还有一些文化可能更注重过去，强调历史、传统和经验的积累。在跨文化交际中，个体需要了解对方文化中对于时间维度的关注点，以更好地理解对方的价值观和行为习惯。同时，时间观念还涉及对待时间的态度，包括对待时间的紧迫感和对待任务的重视程度。在一些文化中，人们可能更强调高效、迅速地完成任务，对时间的利用更为紧凑；而在另一些文化中，人们可能更注重慢节奏的生活方式，对时间的利用相对宽松。在跨文化交际中，了解对方文化中对待时间的态度，有助于个体更好地适应对方的工作和生活方式。时间观念在跨文化交际中扮演着至关重要的角色。了解并尊重对方文化中的时间观念，有助于建立更为积极和深入的跨文化关系，减少误解和提升交际效果。通过观察、学习和适应，个体可以更好地理解对方的时间观念，促进文化之间的相互理解和合作。

六、服饰和外貌

在跨文化交际中，服饰和外貌是一种直观且重要的非语言交际方式，承载着文化、身份、社会地位等多层次的信息。不同文化对于服饰和外貌的要求和解读存在显著的差异，因此在跨文化交际中，理解和尊重对方的服饰和外貌观念显得至关重要。服饰在不同文化中扮演着不同的角色。在一些文化中，服饰被视为身份和社会地位的象征，人们可能通过穿着来展现自己的职业、阶层、宗教信仰等。而在另一些文化中，服饰可能更为注重个体的个性和审美，强调自由和创意。因此，在跨文化交际中，个体需要了解对方文化中对于服饰的期望，以避免因为穿着不当而引发误解或不适。外貌与文化中的审美标准有着紧密的联系。不同文化对于身材、肤色、面容特征等有着不同的审美观念。在跨文化交际中，个体需要敏感地理解对方文化中的审美标准，以避免因为外貌差异而引发不必要的矛盾。服饰和外貌还与社交礼仪和场合有关。在正式场合，人们可能更注重着装的庄重和得体，而在非正式场合则可能更为注重舒适和随意。在一些宗教场合，可能有特定的着装规定，需要个体尊重和遵守。因此，在跨文化交际中，了解对方文化中的社交礼仪和场合对服饰和外貌的要求，有助于更好地融入对方的社交环境。服饰和外貌还与个体的身份认同和群体归属感有关。在一些文化中，特定的服饰可能代表着宗教信仰、民族文化等身份认同。同时，某些群体可能通过相似的穿着方式来表达集体认同感。在跨文化交际中，个体需要敏感地理解对方文化中群体和身份认同对服饰和外貌的影响，以避免因为对方身份的误读而引发不必要的误解。服饰和外貌是跨文化交际中不可忽视的非语言交际方式。透过服饰和外貌的选择，个体传递着丰富的文化信息，展示了自己的身份和价值观。通过观察和了解对方文化中的服饰和外貌观念，个体可以更好地适应对方社交环境，促进文化之间的相互理解和尊重。在全球化的今天，培养对服饰和外貌的跨文化敏感性，有助于建立更为积极和深入的跨文化关系。

第四章 跨文化交际中的英语翻译

第一节 文化认知与跨文化交际的关系

一、文化认知的定义

文化认知是指个体对自身所处文化的深刻理解和对其他文化的敏感感知。它涵盖了人们对文化内涵、价值观、信仰、历史、社会习惯等方面的认知,不仅包括个体在特定文化环境中的社会化过程,也包括对于不同文化间关系的体察和理解。文化认知的形成是一个渐进的过程,通常通过社会互动、教育、文化体验等途径逐渐积累和深化。文化认知涵盖了对自身文化的认知。个体在成长过程中通过家庭、学校、社会等渠道接受了自己文化的影响和教育,形成了对于本土文化的认知。这包括了对于本族群、本国家或地区的历史、传统、语言、价值观等方面的理解。通过这样的社会化过程,个体逐渐融入自身所处的文化,形成了一种根深蒂固的文化认同感。文化认知也牵涉到对其他文化的敏感感知。个体在跨文化交往中,通过接触、交流、学习等方式,逐渐对其他文化的特点、差异和共通点有所了解。这包括了对不同民族、宗教、语言和地域的文化特征的敏感感知。通过对外文化的积极学习和体验,个体应该能够更加客观、包容地看待不同文化,形成一种文化相对主义的观念,避免对他者文化的刻板印象和误解。文化认知同时还包括对于文化内涵的深刻理解。文化是一种共同体验,其中包含了人们对于生活、死亡、人际关系、权威、道德规范等方面的共同认知和共享观念。通过对这些核心概念的认知,个体能够更好地理解文化的根本价值,从而更好地适应和融入特定文化环境。文化认知还涉及对文化的历史和演变的理解。了解文化的历史渊源，能够帮助个体理解文化内涵的深层次逻辑和形成原因。同时，文化是一个不断演变和发展的过程，对文化的变迁和演化有所认知，能够更好地把握文化的动态特征，理解文化传承的重要性。在跨文化交际中，文化认知是成功沟通的关键。具备良好文化认知能力的个体能够更好地理解和尊重他人的文化，从而减少文化冲突，促进文化之间的相互理解。此外，文化认知还有助于拓展个体的视野，提高个体的文化智商，使其更适应多元的文化环境，以更好地参与国际化的社会交往。文化认知是个体对自身和他人文化的深刻理解，是构建有效跨文化交流的基石。通过对文化内涵、历史、差异等方面的认知，个体能够更全面、更深入地理解文化的多样性，进而形成更开放、包容、理解的跨文化交际态度。

二、文化认知对跨文化交际的影响

（一）理解文化差异

文化认知在跨文化交际中起着至关重要的作用，其对理解文化差异的影响不仅涉及语言、习惯、价值观等方面，还关乎人际关系、冲突解决和文化适应等多个层面。文化认知有助于个体更深刻地理解语言差异。语言是文化的重要组成部分，不同文化对语言的使用和解读存在差异。文化认知使个体能够更好地理解特定文化中的语境、隐喻、比喻等语言元素，从而减少因语言差异而引起的误解。例如，某些文化中可能对于表达感情采用含蓄的方式，而在另一些文化中可能会更直接地表达感情，文化认知使个体能够更准确地解读和运用语言，从而更好地融入跨文化交际中。文化认知帮助个体理解不同文化的社会习惯和行为规范。每个文化都有其独特的社会规范和行为准则，对于个体来说，了解并尊重这些规范是建立良好人际关系的关键。文化认知使个体能够识别并理解在不同文化中什么被认为是礼貌的行为，什么是被接受的社交习惯。例如，在一些亚洲文化中，尊重长辈被视为极为重要的价值，而在某些西方文化中，个体可能更注重个体间的平等和独立。文化认知可以帮助个体识别这些差异，提高在不同文化背景中的社交技能。文化认知对于解决跨文化冲突至关重要。文化差异可能引发不同的看法、期望和价值观念，从而导致潜在的冲突。文化认知使个体能够更理解冲突的根源，明白不同文化中的行为可能具有不同的含义。通过深刻的文化认知，个体能够采取更有效的沟通和解决策略，从而减少文化冲突的发生。例如，在一场跨文化会议中，不同文化对于时间观念的差异可能导致会议安排的不同理解，文化认知使个体能够更好地协调和解决类似的问题。文化认知有助于个体更好地适应新文化环境。在跨文化交际中，个体可能会置身于新的文化背景中，文化认知使个体能够更快速、更有效地适应新的社会规范、行为方式和价值观等。通过对目标文化的深入了解，个体能够更自如地应对不同的社交场合，避免因为文化差异而感到尴尬或不适应。文化认知对于促进文化共享和文化学习也具有积极的影响。通过深入的文化认知，个体能够更好地参与文化的交流，分享各自的文化特色和经验。文化认知使个体具备更广泛的文化视野，能够更好地理解全球多元文化社会的发展趋势，加深对于人类文明多样性的尊重和认同。文化认知对于理解文化差异在跨文化交际中的重要性不可忽视。通过深入的文化认知，个体能够更准确地解读语言和行为，更有效地解决潜在的冲突，更顺利地适应新文化环境，最终促进不同文化之间的有效沟通和相互理解。这种深刻的文化认知是构建和谐多元文化社会的基石。

（二）尊重和接纳多样性

文化认知在跨文化交际中对尊重和接纳多样性产生了深远的影响，它涉及对不同文化背景的理解、尊重和欣赏。文化认知使个体能够更深刻地理解和尊重不同文化的独特之处。通过对文化内涵、价值观、习惯等方面的认知，个体能够更全面地理解其他文化的丰富性和多样性。这种深刻的理解有助于个体形成一种包容的心态，能够从更宽广的角度看待世界，避免将自己的文化标准过度强加于他人。文化认知培养了个体的文化敏感性，使其更加敏锐地察觉和理解不同文化之间的微妙差异。文化敏感性涉及对于文化细微之处的敏感，包括语言使用、社交礼仪、价值观念等方面的差异。文化认知使个体能够更好地感知到这些细微的文化差异，从而避免对他人的误解和刻板印象，形成对多样性的真实尊重。文化认知促使个体在跨文化交际中展现出更强的灵活性。了解到不同文化之间存在的差异后，个体能够更加灵活地调整自己的言行举止，以适应不同文化环境。这种灵活性不仅表现在语言使用上，还涉及个体对于非语言交际、社交规范等方面的灵活应变，使得交流更加顺畅和自然。文化认知有助于个体更积极地寻求文化共通之处，促进文化之间的融合。尽管文化之间存在差异，但通过文化认知，个体能够更好地发现共通的价值和兴趣点，从而建立共同的语言和共鸣。这种寻找文化共通之处的过程不仅有助于降低文化冲突的发生，还促进了文化交流的深度和广度。最重要的是，文化认知培养了个体的文化智慧，使其能够更全面地理解和处理跨文化交际中的复杂性。文化智慧包括对文化多元性的敏感、对文化差异的理解、对不同文化交流策略的熟练运用等。文化认知培养了这种综合性的文化智慧，使个体在面对多样性时能够更加从容、自信地应对。文化认知对于尊重和接纳多样性在跨文化交际中的影响是深远而积极的。通过深入的文化认知，个体能够建立起尊重和接纳多元性的态度，形成对文化多样性的真实理解。这种多元性的尊重不仅有助于降低文化冲突，还促进了文化之间的和谐共处，为建设更加包容和平等的全球社会奠定了基础。

三、文化认知对文化适应和冲突解决的作用

（一）文化适应需要文化认知

文化认知在文化适应过程中发挥着关键作用，它是个体更好地理解、融入并适应新文化环境的基础。文化适应是在跨文化环境中能够灵活、积极地适应新文化的过程，而文化认知是实现文化适应的前提和支持。文化认知使个体能够深入了解新文化的特征和内涵。通过对新文化的历史、价值观、社交规范等方面的认知，个体能够更全面地理解新文化的本质。这种深刻的文化认知有助于个体更好地适应新文化，因为它不仅仅关注表面的文化差异，还关心其背后的文化逻辑和思维方式。文化认知培养了个体对于新文化中语言使用的敏感性。语言是文化的重要组成部分，通过对新文化语境的认知，个体能够更好地理解新文化中的语言表达方式、隐喻和比喻等。这种语言敏感性是文化适应的重要因素，因为它有助于个体更有效地进行交流，减少因语言差异而可能产生的误解。文化认知使个体能够更好地理解新文化的社会习惯和行为规范。新文化中可能存在着与原文化中不同的社交规范，例如在不同场合的礼仪、人际关系的处理方式等。通过文化认知，个体能够更好地把握新文化中这些规范，避免在社交互动中出现不必要的尴

尬和误解。文化认知培养了个体对于新文化中非语言交际的理解。新文化中的非语言信号，如肢体语言、面部表情等，可能与个体熟悉的文化存在差异。文化认知使个体能够更敏感地察觉到这些差异，更好地理解非语言信号的含义，从而更自如地参与到新文化中的社交场合。文化认知还有助于个体理解新文化中的社会结构和权力关系。在不同文化中可能存在不同的社会层级和权力分配方式，文化认知使个体能够更好地理解新文化中的组织结构、领导风格等方面的特点。这种理解有助于个体更好地融入新的社会环境，避免因为对于社会结构的不理解而引发的冲突。文化认知对于调适心态、提高情绪稳定性也具有积极作用。在文化适应的过程中，个体可能会面临各种挑战和压力，文化认知使个体更理性地看待文化冲突和适应过程中的困难，从而帮助其更好地应对压力，提高适应性。文化认知对于文化适应的作用是多方面的，它不仅关注于对于文化差异的深入理解，还包括对于语言、社交规范、非语言信号等方面的灵活运用。文化认知为个体在跨文化环境中的适应提供了有效的认知基础，能够帮助个体更好地适应和融入新文化，以形成更积极、开放的跨文化适应态度。

（二）文化认知促进冲突解决

文化认知在文化适应和冲突解决过程中发挥着重要的作用，尤其是在多元文化环境中，个体需要通过深刻的文化认知来理解并解决潜在的文化冲突。文化认知有助于个体识别文化冲突的根源。通过深入了解不同文化的价值观、信仰、社会规范等方面，个体能够更准确地分析和识别文化冲突的起因。文化认知使个体能够意识到冲突可能源于文化差异，而非个体行为的敌意和无理取闹。这种识别文化冲突根源的能力为后续的解决提供了基础。文化认知培养了个体的文化敏感性，使其更容易察觉到文化冲突的迹象。文化敏感性是对于文化细微之处的敏感，包括语言、非语言交际、社交礼仪等方面的敏感。文化认知使个体能够更早地发现文化冲突的信号，从而在冲突升级之前采取及时的干预和解决措施。文化认知提升了个体的文化解释能力。文化解释能力是指在面对文化冲突时，个体能够理解不同文化之间行为和观念的差异，并采用一种包容的态度对待这些差异。通过文化认知，个体能够更好地解释他人的行为，并意识到这些行为可能受到文化因素的影响。这有助于避免过于主观或偏见地对待文化差异，为冲突解决提供理性和客观的基础。文化认知培养了个体的文化沟通技能，促进了有效的跨文化交流。在文化冲突解决的过程中，沟通是至关重要的一环。文化认知可以使个体更了解不同文化中有效的沟通方式和策略，帮助他们更好地表达自己的观点，理解他人的意图，从而降低冲突的激化程度，促进有效的解决。最重要的是，文化认知促进了跨文化的共同理解和尊重。通过对文化的深入认知，个体能够更好地理解不同文化的价值体系和信仰，并且形成对多元文化的尊重和包容态度。这种尊重是冲突解决的基础，使得各方更愿意妥协、寻求共同点，而非陷入僵局。文化认知在文化适应和冲突解决中扮演着关键角色。通过深入的文化认知，个体能够更好地理解文化差异的根本原因，并培养文化敏感性和解释能力，提升沟通技能，从而更有效地解决跨文化环境中的冲突。这种深刻的文化认知是实现和谐共处、促进文化交流的重要基石。

第二节 跨文化交际与英语翻译

一、语言的文化嵌入性

跨文化交际与英语翻译中，语言的文化嵌入性是一个至关重要的概念。语言不仅仅是信息传递的工具，更是文化的载体，它反映着社会、历史、价值观等多方面的文化因素。语言作为文化的表达工具，承载着丰富的文化信息。每一种语言都反映了其所属文化的独特特征，包括文化的价值观、传统、历史、社会结构等。在跨文化交际中，理解语言的文化嵌入性对于准确把握对方的意图和情感至关重要。例如，一些表达方式在某个文化中可能被视为礼貌，而在另一个文化中可能显得过于直接，因此理解语言背后的文化含义是避免误解的关键。语言的文化嵌入性在英语翻译中对于保持原文的文化特色和意境至关重要。翻译不仅仅是将词语一对一地转换，更是一种文化的传递。在翻译的过程中，译者需要考虑如何有效地传达原文中所包含的文化内涵，保持原文的情感色彩和修辞风格。只有深刻理解语言与文化之间的紧密联系，译者才能更好地在目标语言中还原原文的文化意义。语言的文化嵌入性影响了跨文化交际中的语境理解。不同文化中对于语言的使用和理解存在差异,即便是相同的词汇,也可能在不同的语境中有不同的涵义。在进行跨文化交际时,了解语境对于准确理解对方的表达是至关重要的。语言嵌入了特定文化的语境,而理解这一点有助于更准确地把握对方的意图,以避免产生误解。语言的文化嵌入性对于构建信任和建立有效沟通至关重要。在跨文化交际中,对方使用的语言和表达方式可能受到其文化背景的影响,因此了解这种文化嵌入性可以帮助个体更好地理解和尊重对方的沟通方式,以促进双方之间的良好关系。在英语翻译中,同样需要注意目标文化的接受范围,避免原文的文化元素在翻译中引发误解或不当的反应。语言的文化嵌入性在促进文化交流和互相学习方面发挥了积极作用。通过深入理解不同文化中语言的差异和共通之处,人们能够更好地进行跨文化交流,促进文化间的相互理解。在英语翻译中,译者通过在不同文化之间穿梭,促进了文学、科技、商业等领域的跨文化传播,有助于各国文化的交流与融合。语言的文化嵌入性是跨文化交际与英语翻译中的核心概念之一。了解并尊重语言背后的文化特色,是有效沟通、避免误解、促进文化交流的关键。在全球化的今天,对于语言与文化之间关系的深刻认识对于构建跨文化的理解桥梁至关重要。

二、文化差异对翻译的挑战

跨文化交际与英语翻译中,文化差异对翻译构成了重要的挑战。文化不仅仅体现在语言表达方式上,还深刻地影响到思维模式、价值观念、历史背景等多个方面。不同文化背景下的语言结构和语法规则的不同给翻译带来了挑战。每种语言都有其独特的语法结构和表达方式,因此在翻译过程中需要克服语法差异,以确保目标语言的表达既符合语法规则,又能传达源语言的意思。例如,中文强调时间的顺序,而英文更注重动作的主语,这就需要在翻译中进行灵活转换。文化差异导致了词汇和短语的多义性。一个词在不同文化中可能有不同的含义,甚至在相同文化中的不同语境中也可能发生语义转变。这使得翻译者在选择合适的翻译词汇时需要考虑到文化因素,避免出现歧义。例如,英文中的"privacy"在中文中翻译成"隐私",但在某些文化背景中,"隐私"可能没有那么强调。文化差异使得翻译者需要考虑到目标受众的文化背景。在翻译时，不仅要保留原文的意义，还需要根据目标文化的特点进行调整，以确保翻译结果更好地被目标受众理解和接受。这包括使用目标语言中更贴近文化的表达方式、采用符合目标文化价值观的措辞等。文化差异也表现在修辞和比喻的使用上。不同文化对于修辞手法和比喻的接受度有很大的差异，有些比喻在某个文化中可能通俗易懂，但在另一个文化中可能引起误解。因此，翻译者需要具有深厚的文化底蕴，以便在翻译中灵活运用修辞手法，使其在目标文化中具有相似的效果。最重要的是，文化差异对于情感色彩和社会文化背景的传递构成了翻译的一大挑战。有些情感、社会文化现象在不同文化中具有不同的涵义和表达方式。翻译者需要通过深入了解源语言和目标语言文化的社会背景，来确保翻译结果能够准确地传达原文中的情感和文化内涵。文化差异在跨文化交际与英语翻译中产生了复杂而深远的影响。翻译者需要超越语言层面，深入理解源语言和目标语言的文化特色，灵活运用翻译策略，以确保翻译的准确性和通顺性。解决文化差异带来的挑战，不仅需要翻译者具备卓越的语言技能，还需要其具备深刻的跨文化理解和文化敏感性。这样的综合素养才能够有效地应对文化差异对于翻译工作的复杂影响。

三、文化敏感性与翻译能力

在跨文化交际与英语翻译中，文化敏感性是翻译者必备的重要素养之一。文化敏感性涉及对不同文化背景的理解、尊重和适应，是确保翻译在传递信息的同时还保留文化内涵的关键。文化敏感性在翻译中扮演了深刻理解源语文本和目标语文本文化差异的角色。翻译不仅仅是语言的转换，更是文化的传递。文化敏感性使翻译者能够敏锐地捕捉到不同文化之间的细微差异，包括语言的表达方式、社交礼仪、价值观念等方面。只有通过深入了解文化，翻译者才能更准确地理解原文中所包含的文化内涵，以确保这些内涵能够被恰当地传达到目标语言中。文化敏感性要求翻译者在选择词汇和表达方式时考虑到文化的多样性。不同文化中，相同的词汇可能有不同的含义，而相同的意思可能需要使用不同的表达方式。文化敏感性使翻译者能够更全面地考虑这些差异，从而避免直译的陷阱，选用更符合目标文化习惯和语境的表达方式。这有助于确保翻译结果既准确，又贴切。

文化敏感性对于处理文化冲突至关重要。在翻译过程中，翻译者可能面临不同文化价值观念之间的冲突，这可能涉及敏感的话题、文化敏感性等方面。文化敏感性使翻译者能够更加理解并尊重原文中的文化立场，同时在翻译时适度调整，以避免冲突升级，促进跨文化交际的和谐。文化敏感性也在促使翻译者更好地理解目标受众的文化特点。了解目标文化的背景、价值观、社会习惯等方面，有助于翻译者更好地调整翻译策略，以确保翻译结果更贴近目标受众的文化认知和习惯，提高翻译的接受度和可理解性文化敏感性在构建跨文化的信任和理解方面发挥了积极的作用。通过展现对其他文化的尊重和理解，翻译者能够更好地与目标受众建立联系，从而促进文化交流的深度和广度。这种信任和理解是跨文化交际与翻译成功的基础，文化敏感性为翻译者搭建了连接不同文化之间的纽带。文化敏感性与翻译能力相互交织，是翻译过程中至关重要的因素。只有通过对不同文化的深刻理解和尊重，翻译者才能更好地应对文化差异带来的挑战，以确保翻译在准确传递信息的同时保持文化的多样性。文化敏感性不仅提升了翻译的专业水平，还为跨文化交际的成功打下了坚实的基础。

四、语境和语言表达的关系

跨文化交际与英语翻译中，语境和语言表达的关系是一个至关重要的议题。语境不仅仅包括言外之意，还涉及文化、社会、历史等多层面的因素。语境在跨文化交际中起到了桥梁的作用。语境是指言语产生和理解的具体背景，包括说话者和听众之间的关系、场合、时间、地点等因素。不同的语境会对同一句话产生截然不同的理解。在跨文化交际中，了解并准确把握语境是至关重要的，因为不同文化背景下的语境可能存在较大差异。例如，一句看似简单的问候在正式场合和非正式场合可能需要使用不同的表达方式，而这种差异就涉及了语境的变化。语境对于翻译的质量有着直接的影响。翻译不仅仅是单纯的语言转换，更是文化的传递。语境中蕴含着深刻的文化内涵，而翻译者需要在理解源语言的基础上，准确地还原语境中的文化背景和社会因素。这包括了解在某一语境下特定表达方式的含义、情感色彩等，以确保翻译结果不仅仅在语法上正确，更在文化上正确。语境的理解涉及非语言因素的考虑。非语言因素包括肢体语言、面部表情、眼神交流等，这些因素在语境中起到了重要的补充和调节作用。在跨文化交际和英语翻译中，理解这些非语言因素对于准确把握语境至关重要。例如，一个表面上的赞美可能通过说话者的面部表情或语调中透露出的信息而获得真实含义。语境还与文化的时间观念紧密相连。不同文化对于时间的看法可能存在较大的差异，这在语境中体现得尤为明显。一些文化更注重时间的准时性，而另一些文化可能更注重灵活性和情感的表达。在跨文化交际和英语翻译中，理解这种文化时间观念对于准确把握语境和表达方式至关重要。语境的把握对于建立有效沟通和建立信任至关重要。在交流中，理解语境能够帮助个体更好地明白对方的意图，避免误解和冲突。对于翻译而言，通过对语境的深入理解，翻译者能够更好地传达原文中的语气、情感色彩等，使翻译结果更加贴切和富有表达力。语境和语言表达的关系在跨文化交际与英语翻译中至关重要。理解语境不仅仅是对语言现象的理解，更是对文化、社会、非语言等多个层面的深入把握。在实际应用中，对语境的敏感性是有效沟通和准确翻译的关键，且有助于建立跨文化交际中的互信基础。

五、非语言交际和翻译

跨文化交际与英语翻译中，非语言交际是一个重要而复杂的议题。非语言交际包括肢体语言、面部表情、眼神交流等多个方面，而这些元素在跨文化环境中可能存在着巨大差异。非语言交际是跨文化交际中信息传递的重要手段之一。在人际交往中，非语言元素往往比语言本身更具有直观性和表达力。肢体语言、面部表情和眼神交流能够传达情感、意图和态度，起到了言语所不能及的作用。在跨文化交际中，了解并准确地理解对方的非语言信号对于建立有效的沟通至关重要。而在翻译中，翻译者需要通过深入了解源语文化和目标语文化的非语言交际习惯，来确保翻译结果能够传达原文中的情感和语境。非语言交际在英语翻译中对于还原原文的情感色彩和修辞风格至关重要。许多情感和意图往往通过非语言元素进行传递，这对于翻译者来说是一个巨大的挑战。在翻译过程中，翻译者需要通过对原文进行深入的情感分析，理解其中蕴含的非语言信号，并巧妙地运用目标语言的表达方式来还原原文的情感色彩。这要求翻译者不仅具备卓越的语言能力，更需要对文化背景和非语言交际的细微之处有深入的了解。非语言交际也对翻译中的文化差异产生了影响。不同文化对于肢体语言、面部表情的理解和使用存在着差异，有的文化可能更强调表达感情，而有的文化可能更注重保持冷静和保持面子。在翻译过程中，翻译者需要充分考虑这些文化差异，以确保翻译结果既忠实于原文的非语言表达，又能够符合目标文化的习惯和期望。非语言交际在跨文化交际与英语翻译中对于建立互信和解决文化冲突具有积极作用。通过准确理解和运用非语言元素，有助于翻译者在不同文化之间建立信任，增进双方的理解。在解决文化冲突时，非语言交际的巧妙运用也能够起到化解误解、平息紧张局势的作用。非语言交际与翻译密切相连，在跨文化交际中发挥了至关重要的作用。翻译者需要通过对非语言交际的深入理解，灵活运用目标语言的表达方式，来确保翻译结果能够传达原文的情感和语境。同时，对文化差异的敏感性也是成功翻译的关键，通过帮助翻译者在非语言交际的细微之处取得平衡，促进跨文化交际的顺利进行。

六、全球化背景下的英语翻译

在全球化背景下，英语翻译变得愈发重要，其成为促进不同文化间交流的纽带。全球化带来了经济、社会和文化的紧密联系，英语作为一种国际通用语言，其翻译在跨文化交际中发挥着至关重要的作用。全球化背景下的英语翻译扮演了桥梁的角色。全球化使得各国之间的交流更加频繁，而英语作为一种全球性的语言成为了交流的媒介。英语翻译连接着不同语言和文化，促使信息能够跨越语言障碍，被更广泛地传播。通过翻译，各国能够分享知识、文化和技术，推动全球化进程。全球化背景下的英语翻译承担了文化传承的责任。在全球化的浪潮中，不同国家的文化面临着交融和碰撞。英语翻译通过将原文的文化内涵传递到目标语言中，来帮助人们更好地理解和尊重其他文化。翻译不仅仅是语言的转换，更是文化的传递，它促进了文化的多样性和共生。全球化背景下英语翻译推动了国际商务的繁荣。商业交往是全球化的重要组成部分，而英语作为国际商务沟通的主要语言，其翻译在推动国际贸易、投资和合作方面发挥着关键作用。通过翻译，企业能够更好地理解和适应不同国家的商业文化，并建立起更紧密的商业联系。

全球化也催生了大量的跨国组织和国际合作项目，英语翻译在这一过程中扮演了沟通的纽带。通过翻译，不同国家的专业人士能够协同工作，共同解决全球性的问题，并推动科研、医疗、环保等领域的进步。英语翻译为国际社会的合作提供了必要的语言支持。全球化背景下的英语翻译面临着新的挑战和机遇。信息传播的速度和广度加快，翻译需要更快速、准确地完成。同时，随着技术的进步，机器翻译和人工智能也开始崭露头角，为翻译提供了新的工具和方法。在这一背景下，翻译者需要不断提升自己的专业水平，善于运用新技术，以更好地适应全球化时代的需要。全球化背景下，英语翻译在促进文化交流、推动商务合作、支持国际合作等方面发挥着不可替代的作用。随着全球化的不断深化，英语翻译将继续成为连接不同文化和推动全球合作的重要力量。翻译者应该以更开放的心态面对挑战，不断提升自己的综合素养，为全球化时代的语言沟通做出更大的贡献。

第三节　跨文化思维模式差异与翻译

一、语言和概念的关联性

在跨文化翻译中，语言和概念的关联性是一个至关重要的方面。不同文化中，语言与概念的关系可能存在显著差异，这涉及语言如何直接反映、塑造和表达人们的思维方式。不同文化的语言可能以不同的方式与概念相连。一些文化可能更加直接，强调清晰而直截了当的表达，语言与概念之间的关联性较为紧密。相反，另一些文化可能更倾向于使用比喻、隐喻和间接表达，其语言与概念之间的关联性可能更加隐晦。这种差异要求翻译者在处理语言和概念时，不仅要考虑表面的语法和词汇，更需要理解背后所隐含的文化思维模式。语言和概念的关联性在一定程度上反映了文化中人们对于逻辑结构和概念传达的重视程度。一些文化可能更注重逻辑的推理和因果关系，其语言与概念的关联性更强。而在另一些文化中，语言与概念的关联性可能更加依赖于具体的语境，更强调语境的重要性。翻译者需要理解这种关联性的差异，以避免在翻译中引入不适当的逻辑结构，同时保留原文中概念的完整性。跨文化翻译中的语言和概念的关联性差异会直接影响到信息的传递效果。如果翻译者未能准确理解源语言中语言与概念的关系，可能会导致信息的失真或误解。因此，翻译者需要具备敏锐的文化洞察力，深入挖掘原文中语言和概念的内在联系，以确保翻译结果能够准确而贴切地传达原文的意图。语言和概念的关联性也涉及文化中对于抽象概念和具体事物的处理方式。有些文化可能更偏向于抽象和理论性的表达，而另一些文化可能更注重实际和具体的描述。在翻译过程中，翻译者需要注意保留原文中对于抽象概念和具体事物的表达方式，以确保翻译结果在语感和文化层面的一致性。语言和概念的关联性在跨文化翻译中扮演着至关重要的角色。翻译者不仅仅需要关注表面的语法和词汇，更要深入理解文化中语言与概念的深层联系。通过灵活运用翻译策略，翻译者能够更好地传达原文中的思维方式，以确保信息在跨文化背景下得到准确而有效的传递。

二、个体主义与集体主义

跨文化思维模式中的个体主义与集体主义的差异是深刻影响跨文化翻译的因素之一。个体主义强调个体独立、自由和个人权利，而集体主义注重群体的整体性、互依和集体责任。这两种思维模式的差异不仅在文化层面体现，也直接影响到语言表达和交际方式。个体主义和集体主义对于表达观点和意见的方式有着显著影响。在个体主义文化中，个体更倾向于直接表达个人看法，强调独立思考和独创性。相反，在集体主义文化中，可能更注重通过集体共识和团队协作来达成一致。在跨文化翻译中，翻译者需要敏感地捕捉原文中蕴含的个体主义或集体主义的元素，并在翻译中保持相应的语气和态度。个体主义和集体主义对于关系的态度存在差异。在个体主义文化中，人们更强调独立性，个人关系可能更加灵活有弹性。而在集体主义文化中，关系可能更加固定和稳定，个体的行为往往受制于群体的期望。在翻译中，翻译者需要理解原文中关系的呈现方式，并确保翻译结果符合目标文化对于关系的理解。个体主义和集体主义在强调权利和责任方面存在差异。在个体主义文化中，个体的权利和责任更强调个体的自由和独立。相反，在集体主义文化中，个体的权利和责任通常与群体的整体利益紧密相连。在翻译中，翻译者需要准确表达原文中个体主义或集体主义价值观，以确保信息的传递不失准确性。个体主义和集体主义对于对待成功和失败的态度也有所不同。在个体主义文化中，成功和失败可能更加个体化，成功可能被强调为个人的努力和能力的体现。而在集体主义文化中，成功和失败可能更多地与群体的成就或失误相联系。在翻译中，翻译者需要理解并传达源语文化中对于成功和失败的态度，以确保信息的传递符合文化背景的期望。个体主义与集体主义的思维模式差异对于跨文化翻译提出了挑战。翻译者需要敏感地捕捉原文中所蕴含的文化价值观，避免在翻译过程中引入与原文不符的文化因素。通过深入理解文化背景，翻译者能够更好地传达原文中个体主义或集体主义的思维方式，并确保信息在跨文化传递中得到准确而有效地表达。

三、时间观念

跨文化思维模式中的时间观念差异对翻译产生了深远的影响。不同文化对时间的看法和运用在语言表达和交际方式上表现出显著的差异。在一些文化中，时间被视为线性、可度量的资源，强调准时和高效；而在另一些文化中，时间可能被视为循环、相对的，更注重人际关系和活动的过程。线性时间观念与循环时间观念的差异影响到对于过去、现在和未来的态度。在线性时间观念中，时间是一条单一的线，强调未来的计划和目标。而在循环时间观念中，时间被视为循环重复的，更强调过去的经验和现在的活动。在翻译中，翻译者需要理解原文中对时间的态度，避免在翻译中引入与原文不符的时间元素。不同文化中对于准时的要求存在差异。在一些文化中，准时被视为尊重他人和高效的表现，而在另一些文化中，人际关系和活动的流程可能更为重要，时间更为灵活。在翻译中，翻译者需要根据文化差异调整对时间的描述，以确保翻译结果符合目标文化对于准时的期望。对等待的容忍度也反映了时间观念的差异。在一些文化中，等待可能被视为浪费时间，强调迅速完成任务。而在另一些文化中，等待可能被视为正常的、可接受的，人们更注重与他人的互动。在翻译中，翻译者需要在表达中准确传递源语文化中对等待的态度，以避免误导目标文化的读者。时间观念差异还涉及未来计划、时间安排的方式以及对待时间的紧迫感。在一些文化中，未来计划和时间安排可能更为详细和提前确定。而在另一些文化中，对待时间可能更为灵活，更注重活动的流程和人际关系。在翻译中，翻译者需要准确理解原文中对未来的描述，以确保翻译结果能够在目标文化中得到理解和接受。时间观念差异对跨文化翻译提出了挑战，翻译者需要敏感地捕捉原文中所蕴含的时间观念，并根据目标文化的习惯和期望进行调整。通过深入了解文化差异，翻译者能够更好地传达原文中对时间的看法，以确保信息在跨文化传递中得到准确而有效的表达。

四、逻辑推理与语境依存

跨文化思维模式中的逻辑推理与语境依存的差异对翻译造成重要的影响。逻辑推理强调直接的因果关系和清晰的逻辑结构，而语境依存注重言外之意、隐含信息和具体语境下的理解。这两者在思维方式和表达方式上的差异不仅反映在文化层面，也直接影响到语言翻译的准确性。逻辑推理强调清晰的逻辑结构和因果关系，其表达方式可能更加直截了当和直接。相反，语境依存更注重言外之意和信息的隐含，在表达上可能更加含蓄和间接。在跨文化翻译中，翻译者需要识别原文中逻辑推理和语境依存的特征，并在翻译中保持相应的表达方式，以确保信息的传递既准确又符合目标文化的语言规范。逻辑推理与语境依存的差异体现在信息的组织和呈现上。在逻辑推理中，信息可能按照严谨的逻辑顺序进行组织，强调因果关系和逻辑推断。而在语境依存中，信息的组织可能更依赖于具体的语境，更注重信息的联想和延伸。在翻译过程中，翻译者需要根据源语文化和目标语文化的差异，调整信息的组织方式，以确保翻译结果既准确又自然。逻辑推理与语境依存在论证和说明方面的差异影响到文本的说服力和可理解性。在逻辑推理中，说服力可能更依赖于逻辑的合理性和证据的充分性。而在语境依存中，说服力可能更依赖于语境中的隐含信息和文化共享的认知。在翻译中，翻译者需要准确传达原文中的说服力元素，同时考虑目标文化的语境和认知，以保持说服力的有效性。逻辑推理和语境依存的差异也涉及对于事实和观点的处理方式。在逻辑推理中，强调客观事实和逻辑推断，其更注重论证的客观性。而在语境依存中，事实和观点的界限可能更加模糊，它更注重主观感受和社会文化的影响。在翻译中，翻译者需要理解并传达原文中事实和观点的边界，以避免歧义和混淆。

五、表达情感的方式

传跨文化思维模式中的表达情感的方式差异对翻译产生了深远的影响。不同文化中，人们对于表达情感的方式、强调的情感成分以及对于情感表达的开放度存在显著差异。这直接影响到语言表达和交际方式，同时也对翻译提出了挑战。不同文化对于情感表达的开放度存在显著差异。一些文化可能更加开放和直接地表达情感，强调真实和直率。而在另一些文化中，情感表达可能更加保守和含蓄，人们更注重维持面子和社会和谐。在翻译中，翻译者需要准确把握原文中的情感开放度，以确保翻译结果在目标文化中能够得到理解和接受。不同文化对于情感的强调成分存在差异。有些文化可能更注重表达情感的直接性和强烈性，强调个体内在感受的真实性。相反，有些文化可能更注重情感的控制和调节，强调社会规范和群体的平衡。在翻译中，翻译者需要理解原文中情感表达的强调成分，以确保翻译结果能够传达相同的情感色彩。不同文化中对于情感的外显和内隐有着不同的态度。有些文化更注重情感的外显，通过言语和行为直接表达内在感受。而在另一些文化中，情感可能更多地通过非言语的方式表达，人们更注重非语言的沟通。在翻译中，翻译者需要理解原文中对于情感外显和内隐的处理方式，并在翻译中予以妥善呈现。不同文化对于情感表达的文化规范和社交期望也存在差异。在一些文化中，人们可能更倾向于公开表达情感，强调个体的真实感受。而在另一些文化中，人们可能更注重情感的控制，并遵循一定的社交规范。在翻译中，翻译者需要了解并传达原文中对于情感表达的文化规范，以确保翻译结果不违反目标文化的社交期望。表达情感的方式差异对于跨文化翻译构成了重要的影响因素。翻译者需要敏感地捕捉原文中情感表达的文化特点，灵活运用翻译策略，以确保翻译结果能够在目标文化中得到准确而恰当的理解。通过深入了解文化差异，翻译者能够更好地传达原文中的情感，为翻译的成功奠定基础。

六、对待权威和社会等级

跨文化思维模式中对待权威和社会等级的差异对翻译产生了深远的影响。不同文化对于权威的看法和社会等级的重视程度存在显著差异，这直接影响到语言表达和交际方式。不同文化中对待权威的态度存在差异。在一些文化中，人们可能更注重尊重和遵循权威，强调社会等级的稳定和秩序。相反，在另一些文化中，个体可能更倾向于质疑权威，强调平等和个人自由。在翻译中，翻译者需要理解源语文化中对权威的态度，并在目标文化中选择相应的表达方式，以确保信息的传递不受文化差异的干扰。社会等级在不同文化中的重视程度也存在差异。在一些社会中，社会等级被视为稳定和必要的，人们可能更注重社会地位的象征和维护。而在另一些社会中，强调平等和机会公平，人们可能更倾向于挑战社会等级的制度。在翻译中，翻译者需要了解并传达原文中对社会等级的态度，以确保翻译结果与目标文化的社会价值观相符。不同文化中对于权威的表达方式存在差异。在一些文化中，表达对权威的尊重可能更为直接，通常使用敬语和正式的措辞。而在另一些文化中，人们可能更注重平等和亲近，表达方式可能更为随和和轻松。在翻译中，翻译者需要根据文化差异调整表达方式，以确保翻译结果既准确又符合目标文化的语言风格。对待权威和社会等级的态度也涉及决策方式和组织结构。在一些文化中，决策可能更加集中在权威人物手中，组织结构更为垂直。而在另一些文化中，决策可能更注重团队合作和共识，组织结构更为水平。在翻译中，翻译者需要理解原文中对待权威和组织结构的描述，以确保翻译结果能够在目标文化中得到理解和接受。对待权威和社会等级的思维模式差异对于跨文化翻译造成了挑战。翻译者需要敏感地捕捉原文中的文化价值观，灵活运用翻译策略，以确保翻译结果能够在目标文化中得到准确而有效的传达。通过深入了解文化差异，翻译者能够更好地处理权威和社会等级之间的文化差异，为翻译的成功提供基础。

第四节　跨文化交际中的英汉词汇、句式与语篇翻译

一、跨文化交际中的英汉词汇翻译

（一）文化内涵的转化

跨文化交际中，英汉词汇的翻译涉及文化内涵的转化，这一过程既复杂又关键。文化内涵的转化在英汉词汇翻译中扮演着重要的角色，涉及两种语言和文化之间的深刻理解和转换。词汇中的文化内涵反映了人们对于特定概念的理解和文化认知。例如，英语中的"freedom"（自由）和中文的"自由"在表面上的翻译是对应的，但其中的文化内涵可能有所不同。在西方文化中，"freedom"强调个体权利和自主，而在中文中，"自由"可能更加强调社会的宽松和人际关系的自由度。在翻译过程中，翻译者需要理解源语文化和目标语文化对于"自由"的理解，以便准确传达文化内涵。一些词汇可能在一种文化中具有独特的象征意义，而在另一种文化中可能没有直接对应的概念。在翻译时，翻译者需要寻找目标文化中最贴切的表达，同时解释并转化文化内涵，使得读者能够理解并感受到原文中所蕴含的深意。一些词汇可能在不同文化中有着不同的使用频率和重要性。例如，英语中的"individualism"（个人主义）在西方文化中有着强烈的文化内涵，而在中文中，对于集体和个体的关系可能更加注重平衡。在翻译时，翻译者需要注意词汇的选择，以确保选用的词汇能够准确传达文化内涵，同时考虑到目标文化的价值观和语境。一些词汇可能在不同文化中产生文化冲突。在翻译时，翻译者需要敏感地处理这种文化内涵的转化，以避免引起误解或文化冲突。文化内涵的转化在英汉词汇翻译中是一个复杂而关键的过程。翻译者需要具备深刻的文化理解和语言功底，通过恰当的选择和解释，来确保翻译结果既准确传达源语文化的内涵，又能够在目标文化中引起正确的理解和共鸣。通过深入了解文化差异，翻译者能够更好地应对英汉词汇翻译中的文化挑战，为跨文化交际提供更精准的语言桥梁。

（二）语境适应

跨文化交际中英汉词汇翻译的一个关键方面是语境适应。语境适应涉及在翻译过程中考虑和调整词汇的使用，以确保翻译结果在目标语言中自然流畅，符合语境要求。以下是对语境适应在英汉词汇翻译中的影响和重要性的详细论述：

语境适应在英汉词汇翻译中至关重要，因为它直接关系到翻译结果是否能够在目标文化中产生理解，并避免歧义和不自然的表达。语境适应需要考虑目标语言的语境和习惯表达方式。在英语中，有一些表达方式可能在中文中没有直接对应，或者有着不同的表达习惯。翻译者需要根据目标文化的语境和表达习惯，选择最为贴切、自然的词汇，以确保翻译结果在目标语言中不引起不必要的困扰。语境适应需要考虑词汇在不同语境下的变化。有些词汇可能在正式场合和非正式场合中有着不同的用法，或者在专业领域和日常用语中存在差异。在翻译时，翻译者需要根据原文的语境选择相应的词汇，并确保它在目标文化中的使用是合适和通顺的。语境适应也涉及对于词语、成语和习惯用语的处理。这些表达方式在不同语境下可能有着特殊的含义，而直译可能导致理解的误差。在翻译时，翻译者需要考虑到这些特殊表达的文化内涵，选择目标文化中最合适的表达方式，以确保翻译结果能够传达原文的语境和情感。语境适应还需要考虑到目标读者的语言习惯和接受度。不同的文化和群体可能对于表达方式有着不同的偏好，翻译者需要根据目标受众的背景和期望，来调整词汇的选择，以确保翻译结果能够更好地迎合目标读者的口味和理解水平。语境适应在英汉词汇翻译中扮演着至关重要的角色。通过深入了解文化和语言差异，翻译者能够更好地应对语境的挑战，并确保翻译结果既准确传达原文的含义，又能够在目标文化中产生自然流畅的效果。通过巧妙处理语境适应，翻译者能够搭建起一座更为通畅的跨文化交流的桥梁。

二、跨文化交际中的英汉句式翻译

（一）语法结构调整

在跨文化交际中，英汉句式翻译涉及语法结构的调整，这是确保翻译结果在目标语言中流畅自然的关键。语法结构调整在英汉句式翻译中具有重要的作用，因为英语和汉语有着不同的语法规则和结构，翻译者需要通过调整句子的结构，以确保翻译结果在目标文化中既能够保持原文的意思，又能够符合目标语言的语法规范。英语和汉语在主谓宾结构、时态和语态等方面存在差异。在翻译过程中，翻译者需要根据目标语言的语法规则，调整句子的结构，使之更符合目标语言的表达习惯。例如，英语中的主谓宾结构较为直接，而汉语可能更注重修辞和表达方式的多样性，因此在翻译时，翻译者可能需要通过调整句子的结构，使之更贴近目标文化的表达风格。英语和汉语在主、被动结构的使用上存在一些差异。英语中主动语态的使用较为普遍，而汉语中可能更注重使用被动语态来强调动作的承受者。在翻译时，翻译者需要根据原文的语境和强调的重点，调整句子的语态结构，以确保翻译结果能够更好地传达原文的意思。英语和汉语在时态和语气的使用上也存在差异。英语中对于过去、现在和未来时态的划分相对明确，而汉语中可能更注重上下文的语境来表达时间关系。在翻译时，翻译者需要考虑到时态的表达方式，灵活运用目标语言的时态规则，以确保翻译结果不仅准确，而且自然流畅。英语和汉语在修辞手法和表达方式上也存在一些差异，如英语中的倒装句、强调句等。在翻译时，翻译者需要根据文化背景和表达需求，调整句子的结构，以确保翻译结果能够在目标文化中产生正确的语感和表达效果。语法结构调整在英汉句式翻译中是一个综合性的任务，需要翻译者具备深刻的语言学和文化学素养。通过灵活运用语法规则和调整句子结构，翻译者能够更好地应对英汉语言差异，并确保翻译结果在跨文化交际中能够传递原文的思想和情感，同时适应目标文化的语言规范。

（二）主被动态调整

在跨文化交际中，英汉句式翻译涉及主被动态的调整，这一过程需要翻译者根据两种语言的语法规则和文化差异，灵活运用语法结构，以确保翻译结果既保留原文的意义，又能够自然地融入目标语言的表达方式。主被动态调整在英汉句式翻译中是至关重要的，因为英语和汉语在主被动态的使用上存在一些显著差异。翻译者需要在保留原文意图的基础上，灵活调整句子结构，以符合目标文化的语法规范和表达习惯。英语中主动语态的使用较为普遍，而汉语中可能更注重使用被动语态来强调动作的承受者。在翻译时，翻译者需要根据原文的语境和强调的重点，调整句子的语态结构，以确保翻译结果在目标语言中产生自然的语感。例如，英语中的句子"The teacher explained the lesson"可以翻译为"这节课被老师解释了"，调整语态结构使得翻译结果更符合汉语的表达方式。主被动态调整还涉及对语境的理解和对于重点的把握。在一些情况下，为了保持句子的自然流畅，翻译者可能需要调整句子的语态，使强调的对象更为突出。例如，英语中的句子"The decision was made by the committee""可以翻译为"决定是由委员会做出的"，通过调整为被动语态，突出强调决定是由委员会做出的。主被动态调整还需要考虑到目标语言的语法规则和文化背景。一些表达在汉语中可能更适合使用主动语态，而在英语中则更适合使用被动语态。在翻译时，翻译者需要具备深刻的文化理解，选择合适的语态结构，以确保翻译结果在目标文化中既准确又自然。主被动态调整还需要考虑到信息的传递效果。有时候，通过调整语态结构，可以使得翻译结果更为清晰和直观。翻译者需要在保留原文信息的同时，确保翻译结果在目标语言中能够达到更好的表达效果。主被动态调整是英汉句式翻译中的一个关键步骤。通过在语法结构上的灵活调整，翻译者能够更好地应对英汉语言差异，并确保翻译结果在跨文化交际中能够传递原文的思想和情感，同时适应目标文化的语法规范。

（三）语气和语调的转换

在跨文化交际中，语气和语调的转换是英汉句式翻译中的一个重要方面。语气和语调不仅与语言的音调有关，还涉及对于说话者情感、意愿和态度的表达。语气和语调的转换在英汉句式翻译中至关重要，因为不同的语言和文化对于表达情感、意愿和态度的方式存在差异。翻译者需要通过灵活运用语言工具，来确保翻译结果在目标语言中不仅能够传达原文的信息，还能够准确表达原文中的语气和语调。语气的转换涉及对于情感和意愿的传达。在英语中，通过使用特定的词汇、语法结构和语调，使说话者可以传达出不同的情感，如愉快、惊讶、愤怒等。在翻译时，翻译者需要根据原文的情感色彩，选择合适的词汇和表达方式，以确保翻译结果在目标文化中产生相似的情感效果。例如，英语中的一句感谢语句"Thank you so much!"可以翻译为"非常感谢！"，通过调整语气，传达出说话者的真诚感激之情。语调的转换涉及对于说话者态度和语言表达的强调。在英语中，通过强调某些词汇、使用反问句或感叹句等方式，可以使语句更加生动有趣，或者强调说话者的观点。在翻译时，翻译者需要注意原文中的语调特点，选择合适的表达方式，以确保翻译结果能够表达出相似的语感。例如，英语中的一句强调句"It's absolutely amazing!"可以翻译为"真是太棒了！"，通过强调和加重语气，表达出说话者的强烈赞叹之情。语气和语调的转换还需要考虑到目标文化的语言表达惯例。不同文化可能对于表达情感、意愿和态度有着不同的偏好和规范。在翻译时，翻译者需要考虑到目标文化中的语言使用规范，调整语气和语调，以使翻译结果更符合目标文化的交际方式和口味。语气和语调的转换还需要翻译者对原文的深刻理解和对目标文化的敏感性。通过准确把握原文中的情感、意愿和态度，翻译者能够更好地转换语气和语调，使翻译结果更富有表现力和情感共鸣。语气和语调的转换是英汉句式翻译中的一项关键任务。通过在语言表达上的巧妙调整，翻译者能够更好地应对跨文化交际中的语感差异，确保翻译结果不仅保留原文的意思，还能够在目标文化中产生相似的情感和表达效果。

三、跨文化交际中的英汉语篇翻译

（一）篇章结构调整

在跨文化交际中，英汉语篇翻译中的篇章结构调整是至关重要的，因为不同语言和文化之间存在着不同的表达方式和篇章结构。篇章结构不仅关乎到文章的逻辑关系，还涉及信息的组织和传达。篇章结构调整在英汉语篇翻译中至关重要，因为它直接关系到文章的信息传达效果和读者的理解。翻译者需要根据原文的篇章结构，灵活调整句子和段落的组织，以适应目标语言的表达习惯和读者的文化背景。英汉语在篇章结构上存在一些差异，如段落的组织方式、句子的连接手段等。在翻译时，翻译者需要理解原文的篇章逻辑，确保信息在翻译结果中的组织方式符合目标文化的写作规范。例如，英语中的逻辑连接词如"however""therefore"等，其在汉语中可能需要通过改变句子结构或使用适当的连接词来表达，以确保篇章结构的连贯性。篇章结构调整需要考虑到目标读者的阅读习惯和理解能力。不同文化中读者对于篇章结构的期望和习惯可能存在差异,翻译者需要在调整结构时考虑到目标文化的接受度。例如,一些文化更倾向于在文章开始时先提出主题,而另一些文化则可能更喜欢通过引入故事或引用来激发读者兴趣。翻译者需要在篇章结构上进行灵活调整,以满足目标读者的阅读习惯。篇章结构调整还需要关注到修辞手法和语法结构的差异。有些语法结构在不同语言中可能有不同的表达方式,而某些修辞手法在文化之间的表达效果也可能存在差异。翻译者需要在篇章结构调整的过程中,深入理解原文的修辞手法,并选择合适的方式在目标语言中表达,以确保翻译结果既保留原文的风格,又适应目标文化的表达需求。篇章结构调整也需要考虑到文章的语境和目的。不同的文章可能有不同的写作目的,如说明、描述、论证等,对应的篇章结构也会有所不同。翻译者需要根据文章的语境和目的,调整结构以使之更符合目标语言的表达需求。篇章结构调整是英汉语篇翻译中不可忽视的一个环节。通过深入理解原文的篇章结构和修辞特点,灵活运用目标语言的表达方式,翻译者能够更好地应对篇章结构上的挑战,确保翻译结果既保留原文的信息和风格,又能够在目标文化中产生相似的效果。

(二)信息层次的处理

在跨文化交际中的英汉语篇翻译中,信息层次的处理是一个关键任务。信息层次涉及如何组织、安排和呈现文章中的信息,以确保读者在目标文化中能够准确理解原文的内容。信息层次的处理在英汉语篇翻译中至关重要,因为不同语言和文化对于信息组织的方式存在一定的差异。所以翻译者需要在保留原文信息的同时,灵活调整句子和段落的结构,以适应目标语言的表达规范和读者的文化背景。信息层次的处理涉及段落的组织和句子之间的连接。在英语中,通常使用主题句来引导段落,并通过逻辑连接词汇实现句子之间的衔接。在汉语中,段落的引导可能更注重于上下文的逻辑关系,而逻辑连接词的使用可能相对较少。因此,在翻译时,翻译者需要根据目标语言的表达方式,调整段落的组织结构,以确保信息在目标文化中的清晰传达。信息层次的处理还涉及修辞手法和语法结构的调整。不同文化中对于修辞手法的使用和语法结构的偏好可能存在一些差异。在翻译时,翻译者需要理解原文中的修辞手法,选择合适的方式在目标语言中表达,以确保信息传达的效果不受影响。例如,在英语中使用的排比和对仗结构,在汉语中可能需要采用其他形式来传达相似的修辞效果。信息层次的处理需要关注到篇章的整体结构和逻辑关系。不同语言和文化中，读者对于篇章结构的期望和习惯可能存在一些差异。翻译者需要在调整结构时考虑到目标文化读者的接受度，以确保翻译结果在目标语言中具有良好的流畅性和连贯性。信息层次的处理还需要翻译者对于原文语境和用词的深刻理解。通过准确把握原文中的信息层次，翻译者能够更好地传达原文的思想和意图，使得翻译结果在目标文化中更容易被理解和接受。信息层次的处理是英汉语篇翻译中不可或缺的一环。通过深入理解原文的信息组织方式和修辞手法，灵活运用目标语言的表达方式，翻译者能够更好地处理信息的层次关系，确保翻译结果在跨文化交际中能够传达原文的意义和情感，同时适应目标文化的表达规范。

第五章 跨文化英语翻译中学生能力的培养

第一节 大学英语翻译教学中的跨文化意识培养

在大学英语翻译教学中,跨文化意识的培养是至关重要的,因为翻译不仅仅是语言转换,还涉及不同文化之间的交流和理解。

一、文化背景介绍

在大学英语翻译教学中,教师需引导学生深入了解源语言和目标语言的文化背景方面扮演着至关重要的角色。这一教学方法旨在使学生不仅仅要掌握语法和词汇,更能够深刻理解语言背后所蕴含的文化内涵。这种跨文化意识培养的方法涵盖了多个方面,其中包括历史、社会制度、价值观等等。通过对源语言文化的深入了解,学生能够更全面地理解原文的含义。历史是文化的重要组成部分,了解某一时期的历史背景可以帮助学生理解文本中特定词汇或表达方式的选择。例如,在翻译古典文学作品时,了解作者所处的历史时期可以帮助学生更好地理解和传达文本中的情感和思想。社会制度对语言的使用和表达方式也有深远的影响。通过了解源语言社会的结构、制度和习惯,学生可以更准确地选择翻译策略,确保目标语言读者能够理解并接受翻译的信息。例如,在翻译法律文件时,对源语言法律体系的了解对于保持翻译的准确性至关重要。

价值观是文化中的核心元素之一,对于语言的使用和解释具有深远的影响。在教学中,教师可以引导学生思考源语言和目标语言所存在的社会的价值观差异，并在翻译中加以考虑。这种跨文化意识培养有助于避免在翻译过程中出现文化偏差，确保翻译结果更贴近原文的意图。通过在教学中注重文化背景的引导，学生在翻译实践中能够更深刻地理解语言背后的文化内涵，提高他们的翻译水平和跨文化沟通能力。这不仅有助于培养学生更全面的语言能力，同时也为他们将来在国际交流和跨文化工作中取得成功奠定了夯实的基础。在全球化的今天，培养学生的跨文化意识已经成为大学英语翻译教学中不可或缺的一环。

二、跨文化沟通实践

在大学英语翻译教学中，为学生提供参与跨文化沟通的机会是一项至关重要的举措。通过组织与母语为英语的学生或社区进行交流活动，学生能够在实践中感受到不同文化间交流的挑战，进而培养对文化差异的敏感性。这种实践性的学习不仅有助于加深学生对语言和文化的理解，还提升了他们的翻译能力和跨文化交际技能。通过参与跨文化交流活动，学生能够直接体验到不同文化之间的语言和交际差异。这种亲身经历使他们更加敏感于语境中的文化因素，有助于在翻译实践中更准确地捕捉原文的文化内涵。例如，通过与母语为英语的学生或社区互动，学生可能会意识到在不同文化背景下，相同的词汇在语境中可能有不同的含义，这对于翻译时的词汇选择至关重要。跨文化交流活动为学生提供了锻炼解决跨文化交际问题的机会。在实际交流中，可能会出现误解、歧义或文化冲突的情况，此时学生需要灵活运用语言和文化知识来应对这些挑战。这种实际应用的经验对于提高学生的翻译技能和跨文化沟通能力具有积极的影响。跨文化交流活动也有助于拓展学生的视野，提高他们对多元文化的包容性。通过与不同文化背景的人交流，学生能够更深入地了解其他社会的生活方式、价值观和习惯，培养跨文化理解和尊重。这种开放的态度有助于学生更好地理解翻译中的文化因素，避免在翻译过程中产生偏见或误解。在大学英语翻译教学中，教师可以通过组织跨文化交流活动，为学生创设一个真实而丰富的语境，使他们在实践中培养跨文化意识。这样的实践不仅为学生提供了丰富的学习体验，也为他们未来在跨国企业、国际组织或其他国际化环境中的工作打下了坚实的基础。跨文化交流不仅是学术领域的一部分，更是培养全球化时代人才的重要一环。

三、多媒体资源利用

在大学英语翻译教学中，引入多媒体资源是促进学生跨文化意识培养的一项重要策略。这包括影视片段、音频资料、文学作品等多样化的资源，通过这些形式学生能够直观地感受到不同文化的语言表达和交际方式。通过观察和聆听这些多媒体资源，学生可以更好地理解语境和文化背景，从而提高翻译的准确性和自然度。使用影视片段作为教学资源是一种生动而直观的方式，能够向展示语言在不同文化情境中的使用。通过观看电影或电视节目，学生能够感受到语言在不同社会背景下的运用方式，包括口语表达、交际方式以及文化内涵。例如，一部反映特定文化风俗的影片可以让学生更深入地理解特定表达的背后文化含义，从而在翻译时更准确地传达这些含义。音频资料也是培养学生跨文化意识的有力工具。通过聆听不同口音、语速和语调的语音资料，学生能够更好地适应不同语境下的语言特点。这对于提高学生的听力理解和口译能力非常有益。同时，通过音频资源，学生还能够感受到语言中的语气、情感和社会文化因素，这对于翻译中能够保持原文的语言风格和情感色彩至关重要。文学作品作为跨文化意识培养的资源同样不可或缺。文学作品通常反映了特定文化的价值观、传统和思想观念。通过阅读文学作品，学生可以深入了解源语言文化的内涵，更好地理解作品中的语言表达方式。这样的了解对于将文学作品翻译成目标语言时保持原作风格和情感的一致性非常关键。综合利用这些多媒体资源，教师可以设计丰富多彩的教学活动，例如影视片段分析、听力训练和文学作品阅读。通过这些活动，学生将不仅仅学习到语言知识，更能够在实际语境中感受和理解文化因素，提高他们的翻译水平和跨文化沟通能力。在大学英语翻译教学中，引入多媒体资源不仅为学生提供了更直观、更实用的学习体验，同时也加深了他们对语言背后文化因素的认识。这种综合性的教学方法有助于培养学生更全面的语言能力，使他们能够在跨文化环境中更自如地运用语言，轻松应对各种语境下的翻译任务。

四、实际案例分析

在大学英语翻译教学中引入实际的翻译案例，特别是那些涉及文化差异的案例，是一种极具实践性和启发性的教学策略。通过分析这些案例，学生可以深入了解在实际翻译过程中可能面临的文化难题，同时培养解决问题和跨文化意识的能力。这样的教学方法有助于学生更全面地理解语言和文化之间的紧密联系，提高他们的翻译水平。

通过实际翻译案例，学生可以体会到真实的、生动的语境，了解不同文化在表达方式、思维方式上的差异。案例中可能涉及不同国家、不同领域的翻译挑战，例如商务文件、文学作品、广告宣传等，这有助于学生更全面地了解翻译的多样性。同时，通过讨论和分析案例，学生能够深入思考翻译过程中文化差异对意译和直译的影响，以及如何在翻译中保持平衡。实际翻译案例为学生提供了解决问题的机会。在案例分析中，学生将面对各种文化难题，例如文化特有的隐喻、语言习惯的差异、社会语境引起的歧义等。通过这些挑战，学生需要运用所学的语言和文化知识，选择最合适的翻译策略。这种实际问题解决的过程有助于培养学生的灵活性和创造性思维，使他们在将来的翻译实践中更加从容应对各种复杂情况。通过案例的引入，学生还能够了解到翻译行业中的实际应用和需求。教师可以选择一些成功的案例，介绍翻译领域的专业标准和实践经验，帮助学生更好地了解翻译职业的要求。这样的实际案例不仅为学生提供了职业发展的参考，还激发了他们对翻译工作的兴趣和热情。通过引入实际的翻译案例，教学可以更贴近实际，更具有启发性。这种方法不仅能够让学生在理论学习的基础上得到实际的锻炼，还能够培养他们在跨文化翻译中灵活运用语言和文化知识的能力。跨文化意识的培养不仅需要理论的支持，更需要在实践中慢慢积累经验，通过案例学习可以有效地满足这一需求，为学生的综合素质提升奠定坚实的基础。

五、专业实习机会

在大学英语翻译教学中，为学生提供参与实际翻译项目或实习的机会是一种非常有价值的教育方式。通过参与真实的工作项目，学生不仅能够应用所学知识，锻炼翻译能力，还能够在真实的工作环境中培养对跨文化交际的深刻理解。这样的经验对学生的综合素质提升和未来职业发展都具有重要意义。实际翻译项目或实习为学生提供了将理论知识转化为实际应用的机会。在课堂学习中，学生学到的翻译理论和技能可以通过参与实际项目得到真实的检验。他们需要面对真实的翻译任务，解决实际的问题，这有助于提高他们的实际操作能力和解决问题的能力。参与实际项目能够让学生更深入地了解专业领域和行业实践。在实际翻译项目中，学生可能接触到各种领域的文本，例如商务文件、法律文件、科技文献等。这有助于他们更好地理解专业术语和行业背景，提高专业水平。同时，学生还能够感受到真实工作环境中的工作流程和要求，对未来从事相关工作有更为清晰的认识。通过实际翻译项目或实习，学生能够在跨文化交际中深刻体验文化差异。在真实的翻译项目中，学生可能面临来自不同文化的客户或合作者，这就需要理解并尊重不同文化之间的差异。这不仅有助于培养学生的跨文化沟通能力，还能够使他们更加敏感于语境中的文化因素，提高翻译的准确性和自然度。实际翻译项目或实习还为学生提供了建立职业网络和积累实际工作经验的机会。通过与业界专业人士的互动，学生能够建立起与实际职业需求相符的技能和素养。同时，实际工作经验将成为学生未来求职过程中的强有力的资本，有助于他们更好地步入职场。在大学英语翻译教学中，为学生提供参与实际翻译项目或实习的机会是一种有力的跨文化意识培养方式。这样的实践性经验不仅使学生能够更好地应对未来的职业挑战，还为他们的终身学习和跨文化交际能力的提升打下了坚实的基础。通过这种方式，学生将更全面地理解语言和文化之间的复杂关系，为未来成为优秀的翻译专业人士做好充分准备。

六、小组合作学习

在大学英语翻译教学中采用小组合作学习模式是一种极具启发性的教学策略。通过小组合作，学生得以共同探讨文化差异和翻译策略，这样不仅能够更深刻地理解语言背后的文化内涵，还能够培养团队合作的能力，促进跨文化意识的全面发展。小组合作学习提供了学生分享和交流观点的平台。在小组中，学生可以从不同的文化背景和个人经验出发，分享对翻译任务的理解和看法。这种集思广益的方式有助于学生更全面地考虑文化差异对翻译的影响，同时也能够让他们从彼此的经验中学到更多，开阔自己的视野。小组合作能够促进学生之间的互动和合作。在小组讨论中，学生需要共同解决翻译中遇到的难题，制定翻译策略，并达成一致意见。这有助于培养学生的团队协作精神，提高沟通和协商的能力。团队合作不仅在翻译实践中起到积极作用，同时也为学生将来在跨文化工作环境中更好地适应和协作奠定了基础。小组合作学习为学生提供了在团队中倾听和尊重他人观点的机会。在跨文化翻译中，理解和尊重他人的观点至关重要。通过小组合作，学生能够学会倾听不同文化背景的同学，理解他们的观点和思考方式，从而培养开放、包容的思维方式，使团队合作更为顺利。小组合作还可以通过一些专门设计的任务促使学生主动去探讨和解决翻译中出现的文化问题。例如，可以给小组分配一个特定的翻译任务，要求他们深入分析源语言和目标语言之间的文化差异，并制定出解决方案。这样的任务不仅激发了学生的主动学习意愿，也提高了他们对文化因素在翻译中的关键性认识。在大学英语翻译教学中，小组合作学习不仅是一种有效的教学方法，更是一种培养学生跨文化意识的理想途径。通过小组合作，学生不仅能够在实践中应用所学知识，还能够从彼此的经验中汲取养分，培养出色的翻译专业人才。这种合作学习模式促进了知识、能力和团队协作精神的全面发展，使学生在跨文化环境中更加游刃有余地运用语言和文化知识。

七、反思与讨论

在大学英语翻译教学中，定期进行翻译实践的反思和讨论是一种极为有益的教学方法。通过让学生分享他们在翻译过程中遇到的文化问题和解决方案，可以促使他们更深入地理解文化在翻译中的作用，拓展跨文化视野，提高跨文化意识。翻译实践的反思和讨论可以促使学生对自己的翻译工作进行深入思考。通过分享在实际翻译项目中遇到的文化问题，学生能够审视自己的翻译策略是否得当，是否准确地捕捉了原文的文化内涵。这样的自我审视有助于学生更好地理解自己的优势和不足，进而提高对翻译过程的敏感性。通过学生之间的经验分享，可以建立一个共同的学习社区。在反思和讨论的过程中，学生可以从彼此的经验中学到更多，汲取不同文化背景的同学的智慧。这种学习社区有助于形成一个相互支持、相互启发的学术环境，使学生在翻译实践中能够更加积极主动地借鉴他人的经验和智慧。经验分享可以帮助学生更好地理解文化在翻译中的重要性。通过分享真实案例，学生可以直观地感受到文化因素对翻译的影响，了解到在实际工作中如何更好地处理文化差异。这样的实际案例不仅丰富了学生的跨文化经验，也使他们对文化因素的敏感性更为提高。通过定期进行翻译实践的反思和讨论，教师可以引导学生更深层次地思考文化在语境中的作用。教师可以提出一些引导性的问题，例如探讨文化因素如何影响语言的选择、如何处理文化差异引起的歧义等。通过这样的讨论，学生将不仅仅停留在具体的翻译问题上，而且更能够理解文化与语言之间的复杂关系，培养更为深入的跨文化意识。在大学英语翻译教学中，通过定期翻译实践的反思和讨论，学生将能够更全面地理解语言与文化的交融，深刻体会文化在翻译中的重要性。这种实践性的学习方法不仅使学生更好地运用所学知识，也促使他们在跨文化环境中更灵活、更敏感地应对翻译任务，为将来成为优秀的翻译专业人士奠定了坚实的基础。通过这些教学策略，大学英语翻译教学可以更全面地培养学生的跨文化意识，使他们能够在实际翻译工作中更加灵活、准确地应对文化差异，提高翻译的质量和效果。

第二节 旅游英语翻译过程中的跨文化意识培养

一、文化背景学习

翻译者在进行旅游英语翻译的过程中，应当深入了解旅游目的地的文化特色、历史、习俗和宗教等方面的信息。通过对这些方面的学习，翻译者能够更好地理解源语言文本中的文化内涵，从而更准确、更恰当地传达信息，有助于在翻译中做出更合适的选择。这种深入了解目的地文化的态度体现了翻译者在旅游英语翻译中跨文化意识的培养。了解目的地的文化特色对于准确理解和传达信息至关重要。每个地方都有其独特的文化元素，包括语言、习俗、艺术、建筑等。这些元素构成了目的地的文化底蕴，影响着当地人的思维方式和生活方式。通过深入学习这些文化特色，翻译者能够更好地把握源语言文本中所包含的文化内涵，确保在翻译过程中不会失真或产生误解。了解目的地的历史对于理解当地文化的演变和形成具有重要意义。历史事件、传统习惯以及文化发展过程都可以为翻译者提供在翻译中更为准确的背景信息。了解目的地的历史可以帮助翻译者更好地理解并传达源语言文本中的历史元素，使翻译更具深度和完整性。习俗和宗教信仰也是文化的重要组成部分。不同地区的人们可能有不同的行为规范和信仰，这直接影响到他们的语言表达和思考方式。翻译者需要了解这些习俗和宗教信仰，以确保在翻译过程中不会触犯当地的文化敏感点，同时能够更好地传达源语言文本中与这些方面相关的信息。在翻译过程中培养跨文化意识意味着翻译者不仅仅要注重语言层面的准确性，更要关注文化层面的敏感性。翻译者需要通过广泛的阅读和学习，积累对不同文化的了解，并将这些了解融入到翻译实践中。跨文化意识培养有助于翻译者更好地理解文化差异，避免在翻译中产生误解或不当的表达，提高翻译的质量和可信度。旅游英语翻译不仅仅是语言能力的体现，更是对文化的敏感和理解的体现。通过深入了解旅游目的地的文化特色、历史、习俗和宗教等方面的信息，翻译者可以更好地应对跨文化挑战，提高翻译质量，使游客更好地理解和融入当地文化。所以跨文化意识的培养将成为翻译者不可或缺的素养之一。

二、语言习惯的理解

在进行旅游英语翻译的过程中，深刻理解不同文化中的语言表达方式和习惯用法至关重要。这一理解不仅有助于避免直译可能导致的文化误解，更能够在处理相关礼仪、称谓、表达感谢等相关的语境时，更为敏感和得体。旅游英语翻译的成功与否往往取决于翻译者是否具备良好的跨文化意识，因为这有助于更好地融入和传达不同文化之间的细微差异。了解不同文化中的语言表达方式是跨文化意识的基础。在某些文化中，语言可能更加直接、简洁，而在另一些文化中，人们可能更喜欢使用比喻、暗示或客套话语。翻译者需要通过深入研究和学习，了解源语言和目标语言社会的语言习惯，以确保在翻译过程中能够保持信息的准确性的同时避免造成文化误解。在礼仪方面，不同文化对于表达尊重和礼貌的方式存在差异。例如，在一些亚洲文化中，人们可能更注重面子和尊重长辈，而在西方文化中，可能更注重个体的独立和平等。因此，在旅游英语翻译中，翻译者需要灵活运用语言，以确保信息传达的同时尊重和符合当地的礼仪规范，避免因为不当的表达而引起误解或冒犯。

称谓也是一个涉及文化差异的重要方面。在一些文化中，人们可能更倾向于使用尊称语，如先生、女士等，而在另一些文化中，人们可能更习惯于直呼其名。在翻译过程中，翻译者需要根据文化背景和语境适当选择合适的称谓，以确保翻译更符合当地的社交规范。表达感谢也是一个需要特别关注的语境。在某些文化中，表达感谢可能更加含蓄和间接，而在另一些文化中，人们可能更倾向于直接表达感激之情。翻译者需要了解目标文化中对于感谢的惯例，以选择合适的表达方式，避免因为文化差异而产生误解或不当的沟通。跨文化意识的培养在旅游英语翻译中显得尤为重要。翻译者除了需要精通语言学知识外，还需要投入更多的精力来了解文化背景、社会习惯和价值观。通过不断学习和积累经验，培养翻译者对于文化差异的敏感性，从而能够更好地应对旅游英语翻译中的各种挑战。旅游英语翻译中的跨文化意识培养是提高翻译质量的关键因素之一。深刻理解不同文化中的语言表达方式和习惯用法，特别注意礼仪、称谓、表达感谢等语境差异，有助于确保翻译更为贴切、得体，同时促使游客更好地理解和融入当地文化。

三、熟悉当地的旅游业务

在进行旅游英语翻译时，翻译者需要深入了解旅游行业的术语、常用语以及各类服务的表达方式。这种了解不仅有助于确保翻译的准确性，还能够使游客更好地理解和融入当地文化。旅游英语翻译的成功关键在于翻译者对于旅游行业的专业术语有着深刻的理解，同时需要具备跨文化意识，以便在翻译过程中更好地传达文化差异和习惯。了解酒店业的专业术语对于旅游英语翻译至关重要。酒店行业有一系列特定的词汇，涉及房型、设施、服务等方面。例如，了解不同房型的描述，掌握常见的设施名称，以及熟悉预订和入住过程中可能遇到的问题都是翻译者必备的知识。在翻译酒店相关文本时，翻译者需要保证所选用的词汇能够准确地传达酒店的特色和服务水平，确保游客能够清晰了解并选择心仪的住宿。同时翻译者需要熟悉餐厅业的相关术语和用语。这包括了解菜单上的菜品名称、食物类型、烹饪方式等。此外，了解预订餐厅的流程以及与服务相关的常见表达方式也是必要的。在翻译餐厅相关文本时，翻译者需要确保所选用的词汇既能够体现菜品的特色，又能够清晰表达餐厅提供的服务，以满足游客的需求。对于旅游景点，翻译者同样需要掌握相关的专业术语和用语。这可能涉及景点的历史、文化背景、参观路线等方面的词汇。了解景点的特色，能够将其独特之处准确地表达出来，有助于游客更好地理解和欣赏。同时，在翻译景点介绍和导览信息时，翻译者需要确保语言简练、生动，以便更好地引起游客观景的兴趣。跨文化意识在旅游英语翻译中同样至关重要。不同文化对于服务和待客的期望可能存在差异，因此在翻译服务相关的文本时，翻译者需要灵活运用语言，考虑到文化背景和社会习惯，以确保翻译更贴切、更受欢迎。同时，翻译者还应当注意不同文化对于服务态度、礼仪规范的看法，以避免因为不当的表达而引起误解或游客的不适。在旅游英语翻译中，翻译者需要不断学习和更新自己的专业知识，了解行业的最新动态和发展趋势。通过积累经验和深入学习，翻译者能够更好地理解并准确传达旅游行业的术语和用语，提高翻译的专业水平。同时，培养跨文化意识能够使翻译者更好地适应不同文化环境，更好地服务于全球化的旅游业。

四、习俗与礼仪

在旅游英语翻译领域，特别是涉及人际交往和服务行业时，理解并尊重当地的习俗和礼仪显得至关重要。这不仅是为了确保信息的准确传达，更是为了提高游客的文化适应度。在这个过程中，培养跨文化意识是不可或缺的一环。要理解和尊重当地的礼仪习惯。每个国家、地区都有独特的社交规则和礼仪准则，而这些规则往往会在日常生活和商务交往中得以体现。在进行旅游英语翻译时，翻译人员需要深入了解目标文化的礼仪，以便准确传达相关信息。这不仅包括言语方面的礼节，还包括非言语行为，如身体语言、面部表情等。只有通过对这些方面的深入了解，才能在翻译中保持准确性和得体性。翻译者关注用餐规矩等细节方面的翻译。在不同文化中，用餐习惯和规矩可能有着显著的差异。从简单的餐桌礼仪到用餐时的交流方式，都可能影响到游客的用餐体验。因此，在翻译有关用餐的信息时，需要确保准确传达当地的规矩，以避免游客因不熟悉而引起的尴尬或误解。这也涉及对食物、饮料的命名、描述等方面的翻译，需要灵活运用语言，使游客更好地理解当地的饮食文化。在这一过程中，培养跨文化意识尤为重要。跨文化意识不仅仅是了解目标文化的表面知识，更是对文化差异的深刻理解和接纳。这包括对不同文化间的价值观、信仰体系、社会结构等方面的认知。只有具备了这样的跨文化意识，翻译人员才能更好地在文化差异中游刃有余，准确地传递信息，避免因文化差异而引发的误解或冲突。通过学习和培养跨文化沟通技巧，翻译人员可以更好地应对在人际交往和服务行业中可能出现的挑战。这包括对语言的灵活运用、对不同语境下的表达方式的敏感性等方面的培养。通过模拟不同情境下的交流，翻译人员可以提高对文化差异的适应能力，使其在工作中更具竞争力。旅游英语翻译涉及人际交往和服务行业，因此不仅需要注重语言的准确传达，更需要关注文化差异和礼仪习惯。通过深入了解当地文化，做到对用餐规矩等细节进行精准翻译，并通过跨文化意识培养提高翻译人员的文化适应度，可以更好地满足游客的需求，提升整体旅游体验。

五、人文地理知识

了解目的地的人文地理特点，包括地理环境、民俗风情等，是进行旅游英语翻译的关键一环。这不仅有助于更好地理解相关信息，还能够使翻译更具有情感色彩，更好地吸引游客。在这一过程中，跨文化意识的培养显得尤为重要，以确保翻译的准确性和表达的贴切性。理解目的地的地理环境是进行有效翻译的基础。地理环境包括自然地貌、气候条件等因素，这些因素直接影响到目的地的旅游资源和活动。在翻译中，需要准确传达目的地的地理特点，使游客能够更好地了解和计划他们的旅行。比如，对于一个沿海城市，可以突出其优美的海滩和水上活动；而对于高山地区，可以强调其壮丽的山脉和丰富的户外体验。通过在翻译中反映这些特点，不仅能够给游客提供实用的信息，还能够在语言上体现出目的地的独特魅力。深入了解目的地的民俗风情对于翻译人员来说也是至关重要的。民俗风情包括当地居民的生活习惯、传统节日、艺术表演等方面的内容。在旅游英语翻译中，通过准确传达这些信息，可以帮助游客更好地融入当地文化，增强他们的旅行体验。比如，在描述一个传统节日时，翻译人员可以运用生动的语言和形象的描绘，使读者仿佛置身于现场。这样的翻译不仅传递了实际信息，还在情感上拉近了读者与目的地的距离。在这一过程中，跨文化意识的培养显得尤为关键。翻译人员需要超越语言的屏障，深入理解不同文化的内涵和特点。这不仅包括语言水平的提升，更包括对文化差异的敏感性和理解力。通过学习目的地的历史、宗教、价值观等方面的知识，翻译人员可以更好地理解并传达相关信息，避免因文化差异而导致的误解或不适当的表达。跨文化意识的培养还包括对待文化差异的开放心态和尊重态度。在进行翻译时，翻译人员需要摒弃对目的地文化的主观偏见，以客观、中立的态度对待。这有助于翻译人员更好地反映当地的风土人情，同时避免因为文化差异而引发的不适当表达或传播。了解目的地的人文地理特点在旅游英语翻译中具有重要作用。通过深入了解地理环境和民俗风情，翻译人员可以准确、生动地传达相关信息，使游客更好地了解和体验目的地。跨文化意识的培养则是保障翻译准确性和文化敏感性的关键，通过对文化差异的理解和尊重，使翻译更具有深度和广度。

六、应急处理能力

在旅游英语翻译中，了解并培养在跨文化环境中的应急处理能力是一项至关重要的技能。旅游行业中，突发事件或客人需要特殊服务时的应急情况难以预测，翻译者需要能够迅速而得体地处理，同时具备跨文化意识，以更好地适应不同文化环境。这种应急处理能力对于提供高质量的旅游英语翻译服务至关重要。翻译者需要具备对突发事件的敏感性。这可能包括自然灾害、紧急医疗事件或社会事件等。在翻译突发事件相关的信息时，翻译者需要保持冷静，迅速获取准确的信息，并将其翻译成清晰而冷静的语言，以便及时而准确地传达给游客。在处理突发事件时，翻译者也需要协助游客理解并遵循相关的紧急应对措施，提供必要的信息支持。游客可能会有各种各样的需求，有些可能是特殊服务，比如对于健康问题、饮食习惯或宗教信仰的尊重。了解和尊重不同文化对于这些方面的看法和规范，翻译者需要能够及时响应并提供相应的建议或帮助。在这种情况下，跨文化意识是非常关键的，翻译者需要在传递信息的同时，考虑到文化的多样性，确保服务的个性化和贴切。对于紧急情况的处理还需要翻译者具备协调能力。在与各类服务提供商、紧急救援机构以及当地相关部门进行沟通时，翻译者需要保持高效的沟通和协调能力，以确保信息的传递准确而迅速。这也包括与游客沟通，提供必要的支持和安抚，让他们感到在陌生环境中有可靠的帮助。在翻译过程中，跨文化意识的培养是应对紧急情况的重要一环。不同文化对于紧急情况的反应可能存在差异，因此翻译者需要理解并尊重当地文化的特点。在与游客互动时，翻译者需要关注并了解游客的文化背景，以更好地满足他们的需求，并在处理紧急情况时更为得体。翻译者还需要持续学习和培训，进而不断提升自己的应急处理能力。了解当地的紧急救援流程、相关法规和旅游行业的最新动态是非常关键的。通过积累经验和不断学习，翻译者能够更加从容地应对各种突发情况，提供更专业、更可靠的服务。旅游英语翻译中的应急处理能力与跨文化意识密切相关。翻译者需要在保持冷静、及时传递信息的同时，考虑到文化的多样性，确保服务的贴切和得体。通过不断提升自己的专业水平和跨文化意识，翻译者能够更好地应对旅游环境中的各类紧急情况，为游客提供更加安心的服务。

七、模拟情境演练

在教学中，通过模拟情境的方式，让学生在虚拟的旅游场景中进行翻译实践，是一种极具效益的教学方法。这样的模拟练习不仅可以为学生提供实际的翻译经验，还能够帮助他们更好地应对实际工作中可能遇到的跨文化挑战。在这个过程中，跨文化意识的培养成为教学的重要组成部分。通过虚拟的旅游场景模拟，学生可以置身于真实的翻译情境中。这种实践性的学习方式不仅有助于学生理解旅游英语翻译的实际需求，还可以提高他们在实际工作中的应变能力。通过模拟情境，学生能够感受到与真实环境相似的压力和挑战，从而更好地准备自己面对实际工作的各种情况。模拟情境的方式可以涉及多个方面，包括与客户的沟通、解决实际翻译难题、应对文化差异等。通过这些方面的模拟，学生能够在相对安全的环境中进行学习和实践，逐步提高自己的翻译技能。例如，可以模拟客户提出特定要求的场景，让学生学会灵活运用语言，更好地满足客户的需求。同时，通过模拟处理文化差异的情景，学生能够培养对于跨文化问题的敏感性，为将来的工作做好充分准备。在模拟练习中，跨文化意识的培养是至关重要的。教学过程中应当注重向学生强调对不同文化的理解和尊重，以及在翻译实践中如何处理文化差异。这可能包括学习目的地的历史、宗教、社会习惯等方面的知识，以便更好地理解目标语言中的文化内涵。同时，学生还应该学会运用适当的语言表达方式，以确保在翻译中尊重和体现不同文化的特点，避免因文化误解而引发的问题。通过模拟情境的方式，学生还可以体验到团队协作的重要性。在实际工作中，翻译可能涉及多方合作，包括与客户、同事、其他专业人士的交流。通过模拟情境，学生可以学习在团队中协调合作，共同解决问题。这样的经验将对学生未来进入职场打下坚实的基础，使他们更好地适应团队工作的环境。通过在教学中引入模拟情境的方式，可以有效地培养学生的旅游英语翻译技能，并帮助他们更好地应对实际工作中可能遇到的跨文化挑战。重点在于提供实际经验，通过模拟的方式让学生在相对安全的环境中体验真实的翻译情境。同时，跨文化意识的培养应贯穿整个教学过程，确保学生能够在未来的职业生涯中成功应对文化差异，成为具有国际视野的优秀翻译专业人才。

八、专业培训与考察

鼓励翻译者积极参加与旅游行业和跨文化交际相关的专业培训和考察活动，这对于提升翻译者的专业水平、增强跨文化意识以及应对复杂翻译情境的能力具有重要意义。参与这些活动，不仅可以为翻译者提供更深层次的了解行业的机会，还能够通过亲身体验丰富的文化背景，使其更具敏感性和适应性，提高在旅游英语翻译过程中的服务水平。专业培训活动对于翻译者提升旅游行业知识至关重要。这类培训通常涵盖酒店管理、旅游服务标准、客户体验等方面的知识，有助于翻译者深入了解旅游行业的运作机制和服务标准。通过专业培训，翻译者可以更全面、深入地理解旅游行业内的各个环节，从而在翻译过程中更好地传达相关信息，提高翻译质量。参与考察活动能够为翻译者提供实地感受，更好地了解各地文化差异。通过亲身走访旅游目的地，翻译者能够感受到不同地区的风土人情、文化传统以及当地人的生活方式。这样的实地考察有助于翻译者更深刻地理解目的地文化，从而更准确地传达文化内涵，降低文化误解的可能性。跨文化交际的专业培训对于翻译者建立跨文化意识至关重要。这类培训通常包括跨文化沟通技巧、文化差异解读等内容，能够帮助翻译者更好地理解不同文化的交流方式和价值观。通过模拟跨文化场景，培训活动能够提高翻译者在跨文化环境下的沟通能力，使其更好地适应不同文化的需求。在专业培训和考察活动中，翻译者还有机会与行业专业人士进行交流和学习。这种交流能够为翻译者提供宝贵的经验和实践经历，促使其更好地理解和适应旅游行业的发展动态。同时，通过与同行的互动，翻译者还能够建立起更广泛的专业网络，为今后的合作和学习提供更多的机会。

除了专业培训和考察活动，翻译者还可以考虑参加相关行业的研讨会、会议等活动。这些活动通常会聚集各方面的专业人士，提供行业最新动态和趋势的信息。参与这样的活动，翻译者可以不断更新自己的知识储备，更好地适应行业的变化，提高自己的竞争力。在旅游英语翻译过程中，培养跨文化意识意味着翻译者需要不断拓展自己的知识和积累经验，不仅仅限于语言层面的技能。通过参与专业培训、考察活动以及行业研讨会，翻译者能够更好地了解旅游行业的内外部环境，更灵活地应对各类翻译情境，提高服务的质量和水平。鼓励翻译者积极参与旅游行业和跨文化交际的专业培训和考察活动，有助于提升其专业水平、拓展知识面、增强跨文化意识，使其更为适应旅游行业的发展，并在旅游英语翻译中更好地服务客户。通过这些活动，翻译者能够建立起更为全面、深入的行业认知，从而更好地履行其在跨文化交际中的重要角色。通过这些培养跨文化意识的方法，旅游英语翻译者能够更好地理解并传达不同文化之间的信息，提高翻译质量，为游客提供更良好的旅游体验。

第三节　商务英语翻译中的跨文化交际能力培养

一、深入了解商业文化

商务英语翻译是一个要求翻译者不仅精通语言，还要深入了解不同国家或地区商业文化的复杂领域。在商务英语翻译中，了解商业文化的差异至关重要，这包括商务礼仪、沟通方式、商业谈判的文化差异等。通过深入了解这些方面，翻译者能够更好地适应不同国家或地区的商业环境，进而确保翻译的准确性和得体性。商务礼仪在不同国家和地区有着显著的差异。在一些国家，商务场合需要遵循一定的礼仪规范，如正式的打招呼方式、名片交换的程序等。在其他地方，商务环境可能更加注重效率，强调实际的业务内容而非礼仪形式。翻译者需要了解不同文化对于礼仪的看法，以确保翻译的文本在表达礼貌和尊重的同时不会过于烦琐，而且符合当地的商务习惯。沟通方式在商务环境中尤为重要。有些文化更注重正式、间接的表达方式，强调言辞的委婉和礼貌；而在另一些文化中，直接、明确的表达更受欢迎。翻译者需要深入了解目标文化的沟通风格，以确保翻译的文本在语气和措辞上符合当地的商务惯例，避免因为语言差异而引起误解或不适。

商业谈判是商务翻译中的一个关键环节。在谈判过程中，不同文化对于谈判风格、谈判策略、以及达成协议的方式可能存在显著的差异。一些文化更注重建立个人关系，强调合作共赢；而其他文化可能更强调竞争和利益最大化。翻译者需要了解这些文化差异，确保翻译的文本在表达谈判立场和态度时更为贴切和适宜。商务文件涉及合同、报价单、商业计划等，其语言表达和格式在不同文化中可能存在差异。翻译者需要具备对不同类型商务文件的专业知识，并了解目标文化中的文书规范，以确保翻译的文件在形式和内容上都符合当地的商业标准。在商务英语翻译中，跨文化交际能力是至关重要的。培养这一能力需要翻译者采取积极主动的措施，例如：定期参与跨文化培训课程，深入了解不同国家和地区的商业文化，学习如何在跨文化环境中进行有效的沟通和合作。这样的培训可以帮助翻译者更好地理解文化差异，提高在商务英语翻译中的应对能力。阅读有关跨文化交际的文献和实际案例研究，了解在商务环境中成功的跨文化交际策略和经验。这有助于翻译者从理论和实践两个层面深入了解跨文化交际的复杂性和关键因素。参与国际商务会议、展览和论坛，与不同国家和地区的商务专业人士进行互动。通过亲身经历，翻译者可以更好地理解不同文化商业环境的实际情况，积累实战经验。建立与国际商务专业人士的联系，参与商业社交活动。与行业内专业人士的交流和合作有助于翻译者更好地了解商业行为的文化内涵，提升在商务英语翻译中的专业水平。在商务英语翻译中，了解不同国家或地区商业文化的能力是翻译者不可或缺的。通过深入了解商务礼仪、沟通方式、商业谈判的文化差异，并通过专业培训和实际经验不断培养跨文化交际能力，翻译者能够更好地胜任商务英语翻译工作，确保翻译的文本在各种商业场景中都能够得心应手。

二、熟悉专业术语和行业惯例

在商务领域，跨文化交际能力对于翻译者来说至关重要。这是因为商务涉及大量的专业术语和行业惯例，而这些在不同的文化背景下可能有着截然不同的解释和用法。因此，培养跨文化交际能力的一部分就是深入熟悉这些专业术语的文化特定用法，在商务翻译中，同一专业术语在不同文化中可能有着截然不同的解释和用法。例如，英语中的某个商业术语在美国的使用方式可能与在英国或澳大利亚的使用方式存在细微差异。翻译者需要通过深入了解目标文化，包括当地的商业实践、法规和行业标准，以确保对专业术语的理解不仅准确，还能够满足当地商业语境的要求。每个国家或地区都有其独特的商业惯例，涉及商务文件的格式、商务会谈的礼仪、商业活动的安排等。翻译者需要学习并掌握这些惯例，以确保翻译的文本既符合专业标准，又能够在商业环境中得体地传达信息。这包括了解不同国家商业合同的格式、商业信函的写作规范等方面。商务领域的术语和行业惯例在不同的时期和不同的地区可能会发生变化。翻译者需要保持对行业动态的关注，及时了解术语的演变和新兴概念的涌现。这有助于确保翻译的文本与时俱进，做到不仅符合当前的商业语境，也能够满足行业的最新要求。建立和积累专业资源是培养跨文化交际能力的关键。翻译者可以通过参与行业组织、专业协会，建立与业内专业人士的联系，获取实时的专业信息。此外，利用互联网和在线专业数据库也是翻译者不可或缺的资源，以便深入了解各个国家或地区的商业术语和行业实践。深入了解整个商业行业是培养跨文化交际能力的必经之路。这包括了解不同行业的业务模式、竞争格局、法规体系等方面。只有对整个行业有较全面的了解，翻译者才能更好地理解术语的实际应用和行业的文化内涵，确保翻译的文本在商业语境中更为精准和贴切。

在商务英语翻译中，跨文化交际能力的培养是一个渐进的过程，需要长期的努力和实践。具备多语言能力是培养跨文化交际能力的基础。翻译者需要流利地运用源语言和目标语言,理解并准确表达不同文化背景下的专业术语和商业概念。了解目标文化的历史、价值观、社会结构等方面的信息。通过阅读相关文学、历史和社会学的著作,深入了解文化的背景和特点,有助于更好地理解专业术语的文化内涵。参与跨文化培训,学习如何在跨文化环境中进行有效的沟通和合作。这些培训通常会涵盖文化差异的主题,帮助翻译者更好地理解并适应不同文化的商业环境。培养解决问题的能力,尤其是在面对文化差异引发的沟通问题时。学会灵活应对,寻找解决方案,确保翻译的文本既准确又贴切地传达信息。通过实际项目和案例的翻译工作,不断积累实践经验。实践是培养跨文化交际能力的有效途径,通过不断的实践,翻译者能够更好地理解并应对各种跨文化情境。在商务英语翻译中,了解不同国家或地区商业文化的能力是翻译者的核心竞争力之一。通过深入理解专业术语的文化特定用法,以及培养跨文化交际能力,翻译者能够更好地适应不同文化的商业环境,确保翻译的文本既准确无误,又符合当地商业语境的要求。通过不断的学习、实践和积累经验,翻译者可以不断提升自己的跨文化交际能力,为商务英语翻译工作提供更高水平的服务。

三、理解商业信函和文件的文化差异

商业信函、合同和其他文件在不同文化中的写作风格和结构可能存在显著差异。在进行商务英语翻译时,翻译者需要深入理解这些文化差异,以适应不同文化中的商业文件写作方式。文化差异涵盖了正式性、礼貌用语以及文字表达的简洁程度等方面。在这个背景下,培养跨文化交际能力成为商务英语翻译的不可或缺的一部分。在商业文件中,正式性和礼貌用语的运用在不同文化中有很大的变化。在一些文化中,商业文件通常采用正式、庄重的语气,使用繁琐的礼貌用语以示尊重。相反,在另一些文化中,商业文件可能更注重实用性,使用直接而简练的措辞。例如,一封商业邀请函在亚洲文化中可能会使用较多的客套用语,而在北美文化中可能更侧重于简洁而直接的表达。

在进行商务英语翻译时,翻译者需要敏感地捕捉到目标文化中对于正式性和礼貌的期望,选择合适的语言风格。这涉及对目标文化中商务惯例和礼仪的深入了解，以确保翻译后的文本在传达信息的同时，不违反文化的期望。商业文件中文字表达的简洁程度也受到文化因素的影响。在一些文化中，商务文件通常追求简明扼要，注重信息的紧凑和精炼。而在另一些文化中，商业文件可能更倾向于使用更为繁复的措辞，以表达对细节的关注和尊重。在进行商务英语翻译时，翻译者需要了解目标文化中对于文字表达的期望。在某些文化中，过于简洁的表达可能被视为冷漠，而在另一些文化中可能被视为高效。因此，翻译者需要在确保专业性的同时，灵活运用语言，以适应目标文化的语言风格。翻译者需要深入学习目标文化中的商务惯例，了解在商业文件中何时使用正式语气，何时使用更加亲近的措辞。这需要对目标文化的商业习惯和文化礼仪有深入的了解。参与专业的跨文化培训课程，通过学习和模拟真实场景，提高在跨文化交际中的应对能力。这可以帮助翻译者更好地理解文化之间的差异，并学会适应不同的沟通风格。通过参与商务交流、与不同文化的人合作等方式，积累实际经验。实践中的体验能够帮助翻译者更好地理解文化差异，并在实际工作中更加游刃有余。与其他翻译专业人士取得联系，分享经验，了解不同文化下的商业翻译实践。这样的专业网络可以成为获取实用信息和建议的重要途径。跨文化交际能力需要不断更新和提升。随着时代和文化的变迁，翻译者需要保持对新兴文化和商务潮流的敏感性，以保持高水平的跨文化交际能力。在商务英语翻译中，理解和适应不同文化的商业文件写作方式是至关重要的。跨文化交际能力的培养可以让翻译者更好地胜任复杂的商务翻译任务，确保翻译文本既准确又符合目标文化的期望。通过深入学习、实践和与专业人士互动，翻译者可以逐步提高自己的跨文化交际水平，为商务英语翻译工作增添新的维度。

四、注重礼貌和尊重

在跨文化商务交往中，礼貌和尊重扮演的角色举足轻重。翻译者在此背景下需要深刻理解不同文化对于礼貌和尊重的重视程度，并在商务英语翻译中体现这一点。这涉及语言选择、称呼的准确性以及表达方式的审慎选择。通过培养跨文化交际能力，翻译者可以更好地应对这些挑战，确保翻译文本既保留了原文的礼貌性，又符合目标文化的期望。在不同文化中，对于语言的使用和表达方式可能存在显著的差异。一些文化注重言辞的正式和庄重，强调客套语和委婉的措辞，而另一些文化则更注重直接和简洁的表达方式。在商务英语翻译中，翻译者需要敏感地捕捉到目标文化中对于语言形式的期望，选择合适的语气和措辞。例如，在一些亚洲文化中，可能更注重使用敬语和客套语，而在西方文化中，可能更注重直截了当的表达。文化中的隐喻、成语等也是需要特别关注的地方。在翻译商务文件时，翻译者需要确保这些文化特定的语言元素能够被准确传达，同时要避免因文化差异而引发的误解。称呼的选择在跨文化交际中具有极大的重要性。不同文化对于称呼的正式与否、亲疏的界定都有各自的规范。在商务英语翻译中，翻译者需要了解并准确运用目标文化的称呼规范。例如，在一些亚洲文化中，称呼对方时可能会强调对方的地位和职务，而在一些西方文化中，称呼可能更注重平等和亲切。

同时，对于姓氏和名字的处理也是需要仔细考虑的。在一些文化中，直呼对方的名字可能被视为过于亲密，而在另一些文化中可能被认为是正常的交往方式。在商务英语翻译中，翻译者需要谨慎处理这些细节，确保翻译的称呼既符合商务场合的礼仪，又不失尊重。跨文化交际能力的培养包括对不同文化的敏感性和深刻理解。翻译者需要投入时间去学习目标文化的社会礼仪、价值观念、沟通风格等方面的知识。只有通过深刻理解文化的内涵，翻译者才能更好地把握在商务英语翻译中所需要运用的合适语言和表达方式。通过学习文化差异，了解目标文化中的礼仪、社交规范等方面的知识，有助于翻译者更好地把握语言和表达的适用性。参与专业的跨文化培训课程，通过案例分析、模拟情境等方式，提高在不同文化环境中的交际能力。通过参与不同文化的社交活动、与不同国家的人建立联系，亲身体验不同文化间的差异，为翻译者提供实际的跨文化交际经验。与其他专业人士建立联系，分享在不同文化中工作的经验，获取实用信息和听取建议。保持对于新兴文化和商业潮流的敏感性，定期学习和更新相关专业知识，以适应文化变革和发展。礼貌和尊重在商务英语翻译中扮演着至关重要的角色。通过培养跨文化交际能力，翻译者可以更好地理解并适应不同文化的礼貌和尊重的表达方式，确保商务翻译既准确，又符合文化期望。

五、灵活运用语境适应策略

在商务英语翻译中，翻译者需要具备灵活运用语境适应策略的能力，这包括在翻译过程中选择合适的语气、语调以及表达方式。这样的能力不仅确保信息的准确传达，同时也要求翻译者不冒犯当地文化的敏感点。通过培养跨文化交际能力，翻译者可以更好地应对商务英语翻译中所出现的这些挑战。在商务英语翻译中，选择合适的语气和语调是至关重要的。语气和语调不仅直接影响信息的传达效果，还在很大程度上反映了文化差异。在一些文化中，商务文件可能更倾向于正式和庄重的语气，强调礼貌和尊重。而在另一些文化中，语气可能更加直接和实用，注重简洁明了。翻译者需要在准确传达信息的同时，保持语气的合适性，确保翻译文本在目标文化中既能够传达预期的信息，又能够符合文化期望。

文化敏感点是在商务英语翻译中需要特别注意的地方，因为不同文化中对于一些词汇、表达方式、甚至图像可能存在不同的理解和敏感度。在处理这些文化敏感点时，翻译者需要提前了解目标文化的价值观、法规和社会风气，以避免因为翻译而引发不必要的误解或冲突。例如，在一些国家，特定的色彩可能具有不同的象征意义，某些词语可能会被视为冒犯性的，而翻译者需要通过合适的替代或调整来适应目标文化的敏感点。商务英语翻译不仅涉及书面文件的翻译，还包括口头沟通和商务会谈等多种场合。在不同的商务场合中，翻译者需要灵活运用语境适应策略，选择合适的表达方式和沟通风格。例如，在正式商务会谈中，可能需要使用更正式和庄重的措辞，而在非正式的商务社交中，语气可能更加轻松。翻译者需要理解不同场合下的期望，以确保信息传达的准确性和适应性。深入了解目标文化的社交礼仪和商务习惯，包括语气、语调的使用，以及在不同场合下的表达方式。翻译者需通过参与不同文化的商务社交活动，亲身体验商务场合中的语言使用和交际风格，积累实际经验。学习并了解目标语言中的各种语言表达方式，包括正式和非正式的用语，以及在商务场合中的常用短语。保持对于不同文化变革和发展的敏感性，定期学习新的文化知识，以适应时代变迁。参与专门的跨文化培训，通过模拟情境和案例研究，提高在不同文化中的翻译适应能力。通过以上方法，翻译者可以更好地培养跨文化交际能力，灵活运用语境适应策略。

这样的能力不仅有助于提高商务英语翻译的质量,还能够促进跨文化交际的顺利进行,为商务领域的国际合作提供更加可靠的语言支持。

六、参与跨文化培训和交流活动

为了更好地培养跨文化交际能力,翻译者可以积极参与跨文化培训和交流活动。这包括参与国际商务研讨会、加入商务交流平台,或者参与专门的跨文化培训课程。通过与其他国家或地区的专业人士直接交流,翻译者能够更好地理解他们的商务文化,提高自己的跨文化交际能力。国际商务研讨会是翻译者深入了解不同国家商务文化的绝佳机会。这些研讨会通常邀请来自全球不同地区的专业人士,分享各自国家的商业实践和文化特点。通过参与这样的研讨会,翻译者可以直接了解不同国家在商务交往中的惯例、礼仪和语境,从而更好地为商务英语翻译服务提供有深度的文化背景。参与国际商务交流平台,如商务社交媒体、专业论坛等,可以让翻译者与世界各地的商业从业者建立联系。在这些平台上,翻译者可以参与讨论、分享经验,了解不同文化中的商务实践,同时展示自己的专业能力。这样的交流有助于建立全球性的商业网络,为翻译者提供更广泛的跨文化交际机会。专门的跨文化培训课程提供系统性的学习和实践机会,帮助翻译者更好地理解和应对不同文化背景下的商务交际挑战。这些课程通常包括案例分析、模拟情境和跨文化沟通技巧的培训,有助于提高翻译者的跨文化适应能力。参与这样的培训,可以为翻译者提供理论知识和实践经验的双重支持。参与国际商务实践是培养跨文化交际能力的有效途径。这可以包括参与国际商务项目、合作伙伴关系建立、甚至在不同国家工作或居住一段时间。通过亲身经历国际商务环境,翻译者能够更全面地理解不同文化的商务文化,提高自己在跨文化交际中的应对能力。学习目标文化的语言是培养跨文化交际能力的基础。通过学习外语,翻译者可以更深入地理解目标文化的沟通方式和表达习惯。同时,学习目标文化的历史、社会制度、价值观等方面的知识也是重要的,帮助翻译者更全面地理解目标文化的商务环境。跨文化交际能力需要不断的学习和适应。翻译者应当保持对不同文化发展的敏感性,关注国际商务动态,及时了解新兴文化和商业趋势。通过不断学习,翻译者可以更好地适应快速变化的国际商务环境。通过参与跨文化培训和交流活动，翻译者可以提升自己的跨文化交际能力。这种能力是商务英语翻译中不可或缺的一部分，不仅有助于更准确地传达信息，还能够为商务合作提供更好的语言支持。通过不同方式的培养，翻译者可以更好地理解和适应不同文化的商务环境，成为具备国际视野的优秀商务英语翻译专业人才。

七、持续学习和更新知识

在商务环境中，持续学习是培养跨文化交际能力的关键。商务领域不断发展和变化，全球化趋势使得翻译者需要不断适应新的国际商务趋势和文化变化。为了提高跨文化交际能力，翻译者应该保持对国际商务趋势和文化变化的敏感性，并随时更新自己的知识。积极参与商业研究和行业分析，深入了解各个国家和地区的商业环境和趋势。这包括关注全球市场的发展、各行业的新兴趋势以及商业政策的变化等方面。通过深入的研究，翻译者可以更好地理解不同文化下的商业实践，提高对国际商务的整体把握能力。保持对商业新闻和期刊的关注，了解最新的商业动态和国际经济发展。阅读商业新闻可以帮助翻译者把握商业词汇的新用法，理解各国商业决策的背后文化因素，并及时了解行业的最新变化。参与商业会议和研讨会是一个与行业专业人士互动的良好机会。这些活动通常能够提供关于国际商务实践的深入见解，同时也是与同行交流经验和知识的良好平台。通过参与这样的活动，翻译者能够更好地理解不同文化下的商务交流方式和惯例。了解国际商务法律和法规对于翻译者来说至关重要。商务合同、法律文件等涉及法律术语和表达方式，而这些在不同的国家可能存在较大的差异。通过学习国际商务法律和法规，翻译者可以更好地应对跨文化翻译中的法律语境，确保翻译的准确性和法律规范性。商务英语是一个不断演变的领域，每年新的商务术语和表达方式层出不穷。翻译者应该定期学习新的商务英语表达方式，了解行业内的用语和流行语。这可以通过参与专业培训、阅读商业书籍和相关材料、以及与商业专业人士的交流等方式来实现。互联网提供了大量的在线资源，包括商业博客、社交媒体、专业论坛等。通过关注这些资源，翻译者可以了解不同国家和地区商业人士的观点和经验，了解实时的商业信息。同时，积极参与相关的讨论，与其他从业者分享自己的见解和经验。

参与语言和文化培训是提高跨文化交际能力的有效途径。这可以包括学习目标语言的商务用语、了解不同文化的沟通风格和礼仪等。通过语言和文化培训，翻译者可以更好地理解并运用商务英语，提高与不同文化背景人士的交流效果。跨文化交际能力的培养需要翻译者保持开放的心态。对于新的观念、新的文化实践和商业模式要保持敏感，不断开拓自己的思维和视野。这样的开放心态有助于更好地理解和应对不同文化背景下的商业需求。在商务英语翻译中，跨文化交际能力的培养是一个持续发展的过程。通过保持对国际商务趋势和文化变化的敏感性，以及定期学习新的商务英语表达方式，翻译者可以更好地适应不断变化的商业环境，提升翻译的质量和有效性。这样的努力不仅有助于翻译者更好地服务客户，也有助于在跨文化交际领域中更具竞争力。在商务英语翻译中培养跨文化交际能力是一项综合性的任务，要求翻译者在语言技能的基础上更加注重文化的理解和应用。通过不断学习和实践，翻译者能够更好地胜任商务英语翻译工作，并为不同文化背景的商务合作提供更加准确、得体的沟通支持。

第四节 大学英语四级翻译中的跨文化能力培养

一、文化背景的学习

培养英语翻译中的跨文化能力对于考生来说至关重要。在准备翻译考试的过程中，不仅需要掌握语言知识，还需要深入了解英语原文所涉及的文化背景。这种跨文化的理解包括对相关历史、社会制度、价值观等方面的深入了解。只有通过对文化的深入了解，考生才能更好地理解原文的含义，并能够在翻译中保留原有的文化特点。了解原文所涉及的历史背景是十分重要的。历史是文化的重要组成部分，它能够为文本提供深层次的背景信息。在翻译过程中，考生需要了解原文中涉及的历史事件、发展脉络以及历史人物的背景，以便更准确地理解原文的语境和内涵。通过对历史的深入了解，考生可以更好地把握原文的情感色彩和表达方式。社会制度也是影响文化的重要因素。在翻译过程中，考生需要了解原文所涉及社会制度的特点,包括政治体制、经济结构等方面的信息。这有助于考生更好地理解原文中涉及的权力关系、社会结构等方面的内容,从而准确地传达原文的意思。例如,在涉及政治体制的原文中,考生需要理解不同政府机构的角色和职责,以便在翻译中正确表达这些概念。除了历史和社会制度,了解原文中所涉及的价值观也是至关重要的。不同文化有着不同的价值观念,这直接影响到语言的表达方式和思维模式。考生需要深入了解原文中所呈现的价值观念,包括对家庭、友谊、个人责任等方面的看法。通过对这些价值观的深入了解,考生可以更好地把握原文的情感色彩,保持翻译中的文化一致性。在培养跨文化能力的过程中,考生还可以通过阅读相关的跨文化交流文献,参与文化交流活动,加强对不同文化之间差异的认识。这有助于开阔考生的视野,提高他们在翻译过程中对文化差异的敏感性和处理能力。要想在英语翻译中取得好成绩,考生需要在语言知识的基础上,深入了解原文所涉及的文化背景。通过对历史、社会制度、价值观等方面的深入了解,考生可以更好地理解原文的含义,并能够在翻译中保留原有的文化特点。跨文化能力的培养不仅是提高翻译水平的关键,同时也是培养国际视野和跨文化交流能力的重要途径。

二、语言习惯的熟悉

熟悉英语和汉语之间的语言习惯差异对于英语四级考生来说是至关重要的。两种语言拥有各自独特的表达方式、逻辑结构和表达习惯,考生需要在翻译中灵活运用这些知识,以确保译文通顺自然。这一过程涉及对两种语言的深入理解和熟练掌握,是培养跨语言翻译能力的关键环节。英语和汉语在表达方式上存在明显的差异。英语注重直截了当、简洁明了的表达,而汉语则更注重修辞手法和文学性的表达。在翻译中,考生需要理解原文的语言风格,灵活运用相应的表达方式,使译文既忠实于原文,又符合目标语言的表达习惯。例如,在翻译叙事文本时,英语强调清晰的时间线和逻辑,而汉语可能更注重描写细腻的情感和意境,考生需要在保持准确性的同时,巧妙地调整语言风格。不同语言的逻辑结构也存在显著的差异。英语通常采用主谓宾的结构,句子结构相对简单直接,而汉语则灵活运用主谓宾、主谓宾补等结构,句式更加灵活。在翻译过程中,考生需要理解原文的句法结构，灵活运用目标语言的语法规则，以确保译文在结构上既符合英语的表达习惯，又保持原文的逻辑关系。例如，在翻译复杂的汉语长句时，考生需要善用分号、连词等方式，使句子结构更符合英语读者的阅读习惯。文化背景也直接影响着语言的表达方式。考生需要在翻译中注意原文所蕴含的文化内涵，巧妙地将其转化为目标语言读者容易理解的形式。例如，英语中的一些习惯用语和文化隐喻在汉语中可能没有直接对应的表达，考生需要通过恰当的转换和解释，使译文更具本地化的味道。在实践中，考生可以通过大量阅读英语和汉语原著文学作品、新闻报道、科技文献等，增强对两种语言的深入理解。参与语言交流活动，与母语为英语的人士交流，提高口语表达水平，也是培养语言习惯差异认识的有效途径。对英语和汉语之间的语言习惯差异的深入理解是英语四级考生翻译成功的关键。通过学习和实践，考生可以提高对两种语言的敏感性，灵活运用语言知识，确保翻译工作更为准确、通顺和自然。这种跨语言的能力培养不仅有助于提升考试成绩，同时也为日后从事翻译工作或跨文化交流提供了坚实的基础。

三、词汇积累和使用

在备战英语四级翻译考试的过程中，考生需要特别注重英汉两种语言的专业术语和文化相关词汇的积累。这方面的准备不仅可以显著提高翻译的准确性，还有助于更有效地传达原文中所包含的文化信息。专业术语的准确运用对于翻译的成功至关重要。不同领域有其独特的专业术语，而考试中的原文可能涉及各种各样的专业领域，如医学、法律、科技等。因此，考生在备考时应有意识地积累相关领域的专业术语，确保在翻译过程中能够准确地理解原文，并精准地表达出来。可以通过阅读相关领域的专业书籍、学术论文以及行业报道来积累这些术语，同时建议使用专业词典进行查询和学习。文化相关词汇的积累同样不可忽视。语言与文化紧密相连，很多词汇都承载着特定文化的含义。在考试中，原文中可能包含了丰富的文化元素，包括风俗习惯、传统节日、历史事件等。考生需要在平时的学习中积累这些文化相关的词汇，了解它们的含义、用法以及所代表的文化内涵。这有助于在翻译中更好地保留原文的文化色彩，使译文更贴近原意。观看相关领域的纪录片、电影，阅读文学作品，还可以参与与母语为英语的人士进行文化交流，加深对文化词汇的理解和应用。考生还可以通过构建专业术语和文化相关词汇的词汇表，进行系统性的整理和学习。这样的词汇表可以按照领域划分，包括词汇的定义、用法、例句等信息，便于随时查阅和复习。在平时的学习中，可以通过制定学习计划，每天或每周专注于一个特定的领域，逐步积累并深化对相关词汇的理解。在考试前，模拟真实考试环境进行专业术语和文化相关词汇的应用练习也是十分有效的方法。可以选择一些模拟试题，针对不同领域进行练习，检验词汇的掌握程度和在实际翻译场景中的应用能力。这样的训练有助于提高考生在紧张考试环境下的应对能力，并更好地应对复杂多样的原文。积累英汉两种语言的专业术语和文化相关词汇是英语四级翻译考试准备过程中的重中之重。通过系统性的学习和实践，考生可以在翻译中更准确地理解和运用这些词汇，确保译文既符合语言规范，又富有原文的专业性和文化特色。这种积累不仅对考试取得好成绩有益，同时也能够为将来从事翻译工作和跨文化交流打下坚实的基础。

四、多样化的文本阅读

在大学英语四级考试中，跨文化能力的培养是考生成功完成翻译任务的关键之一。通过广泛阅读多样化的英文文本，包括新闻、文章、小说等，考生可以更全面地了解英语国家的文化差异。这种深度的文化认知有助于考生更好地适应各种语境，提高翻译的准确性和流畅度。新闻文本是一种反映社会现状和文化差异的重要载体。不同国家的新闻报道呈现出独特的视角和报道方式，其中包含了政治、经济、社会等多个方面的信息。通过阅读英语国家的新闻，考生可以了解到不同社会层面的文化特点，包括价值观、社会制度、政治体制等。这对于在翻译中准确把握原文的语境、理解其中的文化内涵至关重要。各类文章涵盖了丰富的主题和领域，如科技、艺术、教育等。不同类型的文章往往采用不同的语言风格和表达方式，反映出相应领域的专业术语和文化特色。通过深入阅读这些文章，考生可以拓宽自己的知识面，积累相关领域的专业术语，从而更好地应对翻译中的专业性要求。同时，这也有助于考生更好地理解原文中所包含的文化信息，使译文更贴切、自然。小说作为文学形式的代表，通常以故事情节为载体，展现了丰富的人物性格、社会生活和文化传承。通过阅读小说，考生可以深入了解人物之间的情感关系、社会背景和文化氛围。小说中的对话、描写等元素为考生提供了更加生动具体的文化细节，有助于在翻译中更好地还原原文的情感和意境。考生还可以通过观看英语国家的电影、电视剧，参与在线论坛和社交媒体等途径，拓展跨文化视野。在这些实际语境中，考生能够接触到地道的口语表达、时尚流行语，更好地了解当代社会的文化变化和语言演变。为了更好地培养跨文化能力，考生可以制定阅读计划，涵盖多种不同主题和领域的英文文本。可以选择一些经典文学作品、权威期刊、主流媒体等，确保阅读的多样性和广泛性。同时，考生可以通过注重文本之间的联系，思考它们之间的异同，加深对文化差异的理解。通过多样化的英文文本阅读，考生可以全面了解英语国家的文化差异。这对于培养跨文化能力、提升翻译水平至关重要。在阅读的过程中，考生要注重文化内涵的挖掘，灵活运用所学知识，以更好地应对英语四级考试中的翻译任务。这种全方位的跨文化培养将使考生在日后的语言运用和跨文化交流中更加游刃有余。

五、模拟翻译练习

跨文化能力是英语四级考试中翻译任务成功的重要因素之一。为了提高这一能力，考生可以通过模拟翻译练习来巩固和加强对不同主题和领域的英文文章的翻译技能，并在这一过程中考虑如何传达其中的文化内涵。这种有针对性的练习有助于培养考生在实际翻译任务中更为敏感和灵活的文化适应能力。选择不同主题和领域的英文文章是模拟翻译练习的第一步。可以涵盖政治、经济、社会、科技、文化等多个方面，确保练习的广泛性和多样性。这样的选择能够使考生在练习中接触到不同领域的专业术语、语言风格以及文化内涵，为应对考试中的多样化题材做好充分准备。

进行翻译练习时，考生需要关注原文中的文化元素，并思考如何将其准确传达到目标语言中。文化内涵可能包括特定的习惯、传统、历史事件等。在翻译过程中，考生应该根据原文的语境和文化背景，选择合适的表达方式，以确保译文不仅在语言上准确，还能够传达出原文的文化特色。这要求考生具备敏锐的文化意识，能够识别并理解原文中所蕴含的文化信息。为了更好地进行模拟翻译练习，考生可以设定一些具体的任务，例如，在有限的时间内完成翻译，模拟考试环境，以增加时间压力。同时，可以向他人请教，进行翻译过程的讨论和交流，从而获取不同视角的建议和反馈。这有助于考生在练习中不断优化翻译策略，提高翻译水平。建议考生在练习过程中注重积累反馈信息。可以将自己的翻译与原文进行比对，分析差异的原因，并思考如何更好地表达文化内涵。可以利用在线翻译社区、老师的指导或语言学习伙伴的帮助，获取及时而有效的反馈。通过不断总结经验教训，考生可以逐渐提高应对文化差异的处理能力，增强跨文化翻译的信心。通过模拟翻译练习，考生可以有针对性地提高跨文化能力。这种练习不仅有助于培养对不同领域的专业术语的熟悉度，还能够让考生更好地理解和应用文化内涵。这种全面性的练习对于在英语四级考试中取得优异成绩和未来从事跨文化交流工作都具有重要的价值。

六、参与跨文化交流活动

培养跨文化能力是大学英语四级考试中至关重要的一项技能。通过参与英语角、国际交流活动等方式，与具有英语为母语的人进行交流，不仅可以提高考生在真实语境中运用英语的能力，还有助于增加对英语国家文化的深刻了解。参与英语角是一个极为有效的方式，通过在这个语言学习的社交环境中与母语为英语的人士进行交流，考生可以更加直接地感受到英语的生活化运用。英语角通常提供一个轻松愉快的氛围，人们在这里自由交流，分享各自的文化经验和语言技能。在这样的环境中，考生可以不仅提高口语表达能力，还能够更深入地了解英语国家的日常用语、俚语以及文化习惯，进而更好地适应和理解英语社交场合的语言和文化规范。积极参与国际交流活动也是培养跨文化能力的重要途径。这类活动通常包括与外国学生的互动、文化节、国际论坛等，提供了一个更广泛的跨文化交流平台。在这些活动中，考生可以与来自不同文化背景的人交往，了解他们的价值观、生活方式、社会习惯等。这样的互动有助于打破语言和文化障碍，使考生更加自信地与英语国家的人士交流，提升其跨文化沟通的能力。考生还可以通过线上平台参与国际性的社交媒体、博客、论坛等，与英语为母语的人进行交流。这种虚拟环境下的交流提供了更为灵活的方式，使得考生能够轻松地与来自世界各地的人交流,并分享彼此的文化和经验。通过这样的互动,考生能够更全面地了解英语国家的多元文化,拓展自己的视野,提升对不同文化差异的敏感性。为了更好地利用这些交流机会,考生可以积极参与一些国际组织、志愿者团体,通过实际参与和互动,将语言技能与实际社交能力相结合,使跨文化交流更加丰富和深入。此外,考生还可以制定学习计划,包括设定每周一定的交流时间,选择不同主题进行讨论,保持持续的学习动力。通过参与英语角、国际交流活动等方式,考生能够在真实语境中提高英语运用能力,并增加对英语国家文化的了解。这种跨文化交流不仅对大学英语四级考试中的口语、写作等项目有着直接的积极影响,更重要的是为考生在未来的职场和社会生活中,以及跨文化交流背景下,提供了更为广阔的发展空间。通过这样的实际交流,考生可以培养出更为敏感和适应不同文化环境的能力,为未来的职业发展和国际化交往奠定坚实的基础。

第五节 文化自觉与跨文化翻译能力培养

一、加强文化自我认知

理解自身文化是培养跨文化翻译能力的关键环节。通过深入了解自己的文化传统、价值观、信仰和语境,翻译者能够更好地理解自己在文化中的定位,从而更好地理解和尊重其他文化。这种文化自觉不仅有助于提升翻译的准确性和质量,还能够促进跨文化交流的和谐和有效进行。文化自觉是翻译者在跨文化翻译中不可或缺的一部分。翻译者作为文化的传播者,其自身的文化背景和认知对翻译结果有着深远的影响。通过深入了解自身所处文化的历史、传统、风俗习惯等方面的信息,翻译者能够更清晰地认识到自己在文化中的立场和价值观。这有助于在翻译过程中更好地理解原文,同时在传达时能够更加准确地传递文化内涵,使译文更具原汁原味。文化自觉有助于翻译者更好地把握语境。语境是理解和翻译文本的关键因素之一,而文化是语境的重要组成部分。通过了解自身文化的语境,翻译者能够更好地把握原文的语境,理解其中所蕴含的文化信息。这有助于在翻译中保留原文的语境感，使译文更加贴近原文的表达方式和情感色彩。

文化自觉是翻译者跨文化沟通能力的基础。翻译不仅是语言的转换，更是文化的传递。通过对自身文化的深入了解，翻译者能够更清晰地认识到自己的文化局限性，并在翻译中避免一些可能引起误解的文化差异。这有助于建立相互信任关系，促进跨文化交流的顺利进行。一个具有文化自觉的翻译者能够更好地理解原文作者的意图，准确地传达给目标读者，实现真正的跨文化传播。文化自觉也为翻译者提供了更多的文化工具和策略。了解自身文化的优势和特点，翻译者可以在翻译中灵活运用这些文化资源，使译文更具地道性和自然度。同时，通过对比不同文化的异同，翻译者能够更有针对性地选择合适的翻译策略，从而更好地应对文化差异，提高翻译的成功率。在培养文化自觉的过程中，翻译者可以通过多角度的学习，包括阅读相关的文化学、人类学著作，深入研究自己所在文化的历史和发展，参与与其他文化的对话和交流。定期参加文化研讨会、文化活动也是拓展文化视野的有效途径。结合这些学习和实践，翻译者可以逐渐形成对自身文化的深刻认识，从而更好地胜任跨文化翻译的任务。文化自觉是翻译者跨文化能力培养的关键一环。通过深入了解自身文化，翻译者能够更好地理解自己的文化定位，提高对文化差异的敏感性，进而更好地进行跨文化翻译。这种文化自觉不仅有助于提高翻译的准确性和流畅度，还能够促进跨文化交流的和谐和有效进行。

二、学习目标文化

翻译者的学习和了解目标文化是跨文化翻译能力培养中至关重要的一环。通过对目标文化的历史、社会结构、价值观等方面的深入了解，翻译者可以更好地把握文化背景，提高翻译的准确性和适应性。这种文化自觉不仅有助于保持原文的文化特点，还能够促进跨文化交流的顺利进行。了解目标文化的历史是理解文本背后文化蕴含的重要途径。历史是文化的积淀，对于一个国家或地区的文化有着深远的影响。通过学习目标文化的历史，翻译者可以更好地理解文本中可能涉及的历史事件、文化传统以及社会演变。这有助于在翻译中更精准地把握原文的语境，使译文更具深度和文化内涵。社会结构是目标文化的一个重要组成部分。

了解目标文化的社会结构，包括政治制度、社会阶层、家庭结构等方面的信息，对于理解文本中涉及的社会关系、权力结构等有着直接的帮助。在翻译过程中，这种了解有助于翻译者更好地选择合适的语言表达方式，使译文更贴切地反映出原文的社会背景。价值观是文化的核心，也是翻译者应重点关注的方面。了解目标文化的价值观，包括道德观念、人际关系、个人与集体的关系等，对于理解文本中可能存在的价值判断和观念有着关键性的影响。通过深入了解目标文化的价值观，翻译者可以更好地选择合适的翻译策略，保障译文不仅在语言上准确，还能够传达原文所蕴含的价值观。文学作品、艺术品、媒体作品等都是文化的重要表现形式，也是翻译者了解目标文化的窗口。通过阅读目标文化的文学作品，翻译者可以更好地感受到文化的情感表达和审美追求。通过欣赏目标文化的艺术品，翻译者可以更深入地了解文化的审美观念。通过关注目标文化的媒体作品，翻译者可以了解当代社会的文化变迁和流行趋势。这些多样的文化形式为翻译者提供了更全面的文化素材，有助于在翻译中更好地把握文化的多样性。在实际操作中，翻译者可以通过参加目标文化的文化活动、访问博物馆、与当地人交流等方式，亲身感受和体验目标文化。这种亲身经历能够使翻译者更深刻地了解文化，感受文化氛围，提高对文化的敏感性。同时，与当地人交流也是一个了解真实用语言的机会，有助于翻译者更好地理解和运用目标语言。文化自觉与跨文化翻译能力培养是相辅相成的。通过深入了解自身文化和目标文化，翻译者能够更全面地认识到文化差异，更好地应对翻译中的文化难题。这种文化自觉不仅提高了翻译的准确性和适应性，还有助于构建跨文化交流的桥梁，推动不同文化之间的相互理解和尊重。在全球化的今天，培养这样的跨文化翻译能力显得愈发重要，对于翻译者在国际舞台上更好地发挥作用具有深远的意义。

三、注重语言学习

语言是文化的重要组成部分，所以深入学习目标语言对于更好地理解文化内涵和提高跨文化翻译能力至关重要。学习目标语言的语法、词汇、习惯用语等方面的知识，不仅有助于翻译者在语言层面准确传达信息，还为其更深刻地理解目标文化提供了基础。在这个过程中，文化自觉与跨文化翻译能力的培养相辅相成，共同构建出翻译者的全面素养。深入学习目标语言的语法结构是提高翻译准确性的基础。语法不仅是语言的骨架，也反映了一种文化的思维方式和逻辑。通过学习目标语言的语法，翻译者可以更好地理解原文作者的表达方式，把握其语境和思维逻辑。这对于在翻译过程中准确把握原文的含义，使译文更为通顺自然至关重要。同时，了解目标语言的语法规则也有助于翻译者更有创造性地运用语言，使译文更富有表达力。词汇是文化的载体，对于了解文化内涵至关重要。学习目标语言的词汇不仅包括基础词汇，还包括一些具有文化特色的词汇，如民俗词、地方特有词等。这些词汇往往承载着文化的独特表达方式和价值观。通过深入学习词汇，翻译者能够更好地把握原文中蕴含的文化信息，选择合适的词语来传达原文的文化内涵。在翻译中，恰当的词汇选择不仅有助于传递信息，还能够使译文更符合目标文化的语言风格和表达习惯。

习惯用语和俚语是语言中的一种特殊表达方式，常常反映出当地人的生活方式和文化氛围。通过学习目标语言的习惯用语和俚语，翻译者可以更好地理解当地人的日常交流方式，把握其幽默感、情感色彩等方面的特点。在翻译中妥善运用习惯用语和俚语，不仅有助于译文更贴切地反映原文的语言风格，还能够使译文更容易为目标读者所接受。在学习目标语言的过程中，翻译者要注重对语言背后文化内涵的挖掘。可以通过阅读当地的文学作品、新闻报道、社交媒体内容等，深入了解目标文化的语言表达方式和社会习惯。另外，与目标语言为母语的人进行交流，参与当地的文化活动，亲身体验目标文化，都是增进语言和文化理解的有效途径。文化自觉与跨文化翻译能力培养需要在语言学习中有机结合。通过深入学习目标语言，翻译者可以更好地理解目标文化，形成对文化差异的敏感性。在实践中，翻译者应注重跨文化语境下的语言运用，不仅要保持对原文的语言特色的敏感，还要重视适应目标文化的语言规范，使译文更符合当地的语境和语言习惯。深入学习目标语言是培养翻译者文化自觉与跨文化翻译能力的基础。通过对语法、词汇、习惯用语等方面的深入学习，翻译者不仅能够在语言层面准确传达信息，还能够更好地理解和运用文化内涵。这种全面的语言学习过程有助于提升翻译者的综合素养，使其在跨文化翻译领域更具竞争力。

四、关注文化差异

跨文化翻译是一个复杂而敏感的过程，翻译者需要敏感地捕捉不同文化之间的差异，涵盖礼仪、风俗、习惯等方面。了解并尊重这些差异是建立有效沟通的关键。在这个背景下，文化自觉与跨文化翻译能力的培养显得尤为重要。礼仪是文化之间常见的重要差异之一。不同文化对于社交场合、表达感谢、接受赞美等方面存在着差异。在进行跨文化翻译时，翻译者需要深入了解目标文化的礼仪规范，以确保译文在语言表达和社交交往中符合当地的礼仪要求。例如，在一些亚洲文化中，表达感谢时可能更强调谦虚，而在一些西方文化中，可能更直接而简洁。翻译者需要在这些细微之处敏感地捕捉到文化的不同，以保持原文的真实性和传达出准确的情感。风俗习惯是另一个重要的文化差异方面。从用餐礼仪到节庆庆祝，每个文化都有其独特的传统和风俗。在翻译过程中，翻译者需要理解并传达这些风俗习惯，以确保译文在文化传播中不产生歧义或冒犯。例如，在某些国家，特定的手势或动作可能具有不同的寓意，翻译者需要避免在译文中使用可能引起误解的文化符号。通过深入学习目标文化的风俗习惯，翻译者可以更好地保持原文的文化特色，使译文更容易为目标读者理解和接受。语言中的表达方式也常常受到文化的影响。一些习惯用语、比喻、谚语等在不同文化之间可能存在差异，甚至有时候在直译的情况下可能会失去原有的含义。翻译者需要敏感地捕捉到这些语言表达的差异，以保障译文在表达方式上与原文相符合。通过深入学习目标语言的习惯用法和文化内涵，翻译者可以更精准地选择合适的表达方式，使译文更具地道性。

文化自觉与跨文化翻译能力的培养需要在实践中不断加强。一种有效的方式是翻译者主动参与目标文化的社交活动，亲身体验和感受文化差异。参加当地的节庆庆典、社交聚会，与当地人进行交流，有助于更深入地了解目标文化的生活方式和社交习惯。同时，通过阅读目标文化的相关文献、观看当地的电影、电视节目，也能够拓宽对目标文化的认知，从而更好地在翻译中捕捉到文化差异。在跨文化翻译中，翻译者要保持一颗开放的心态，尊重不同文化之间的多样性。了解文化差异并不意味着对自身文化的放弃，而是通过比较和对话，促进文化之间的交流与融合。这也是文化自觉的重要体现，即在翻译过程中不仅要保持对原文的尊重，同时要尊重和适应目标文化的语境和价值体系。敏感地捕捉文化差异是跨文化翻译中的一项重要技能。通过深入学习目标文化的礼仪、风俗、语言表达方式等方面的知识，翻译者可以更好地理解文化内涵，提高翻译的准确性和适应性。在这个过程中，文化自觉与跨文化翻译能力的培养是一个相辅相成的过程，为翻译者在跨文化交流中更好地发挥作用提供了重要支持。

五、跨文化培训

参与跨文化培训课程是提高翻译者在不同文化中适应能力的一种有效途径。通过模拟情境和案例研究，翻译者可以更全面地了解文化差异，培养文化自觉与跨文化翻译能力。这种培训不仅帮助翻译者更好地理解和处理文化差异，还为其在实际翻译任务中更灵活地应对各种跨文化挑战提供了有力支持。跨文化培训课程可以通过模拟情境帮助翻译者更深入地感受文化差异。在培训中，可以设置各种情境，模拟不同文化交流的场景，让翻译者在虚拟环境中体验文化差异所带来的挑战。例如，模拟商务谈判、社交场合、文化交流等情境，让翻译者在模拟中感受到文化差异对交流方式、表达习惯、沟通风格等方面的影响。这样的模拟可以使翻译者更加敏感地察觉文化差异，提升其在实际工作中的应对能力。培训课程中的案例研究是培养翻译者跨文化翻译能力的重要环节。通过分析真实案例，翻译者可以深入了解不同文化间的翻译难题和解决方案。这些案例可以涉及各种领域，包括商务、法律、医学等，以便翻译者能够在不同专业领域中应对文化差异。通过案例研究，翻译者可以学习到成功的跨文化翻译经验，同时也能够从失败的案例中吸取教训，提高在实际工作中的应变能力。培训课程还可以注重文化自觉的培养，帮助翻译者认识自己的文化局限性。通过课程的引导，翻译者能够深入反思自身文化背景对翻译认知和行为的影响。培训机构可以通过讨论小组、个人反思等方式，通过引导翻译者了解自己的文化传统、价值观念、习惯等，从而在跨文化翻译中更全面地考虑文化因素。这种文化自觉的培养有助于翻译者更客观地看待文化差异，避免过于主观地进行翻译，进而提高翻译质量。

培训课程可以组织跨文化交流活动，让翻译者亲身体验多元文化的交融。这可以通过组织国际研讨会、文化交流访问、国际志愿者活动等方式实现。参与这些活动，翻译者能够更深刻地感受到不同文化的生活方式、价值观念、社会制度等方面的差异，从而更好地理解并适应于不同文化环境。这种亲身体验有助于翻译者更自然地理解和运用目标语言，提高在跨文化翻译中的表达准确性。文化自觉与跨文化翻译能力的培养是一个渐进的过程，需要培训课程在多个方面进行深度设计。培训机构可以借助现代技术手段，提供在线模拟情境的培训平台，让翻译者随时随地进行跨文化翻译的模拟实践。这样的培训形式既提高了培训的灵活性，又使翻译者能够在实际环境中感受到文化差异，加深对目标文化的理解。通过参与跨文化培训课程，翻译者可以在模拟情境和案例研究中更好地理解文化差异，培养文化自觉与跨文化翻译能力。这种培训有助于翻译者更灵活地适应不同文化环境，在实际翻译任务中更加敏感地处理文化差异，提高翻译质量和效果。在全球化的今天，这样的培训对于翻译者在国际舞台上更好地发挥作用具有重要意义。

六、多样性阅读和体验

阅读不同文化的文学作品、新闻报道、历史书籍等是翻译者拓宽文化视野的重要途径之一。这样的阅读不仅能够让翻译者深入了解不同文化的语言表达方式，还有助于理解文化的历史渊源、社会风貌以及人们的思想观念。与此同时，积极参与国际交流活动，亲身体验其他文化，能够为翻译者提供更为直观的感受和深入的文化理解。这两者的结合，有助于培养翻译者的文化自觉与跨文化翻译能力。阅读不同文化的文学作品是一种深入了解文化的有效途径。文学作品通常反映了一个文化的价值观、传统习俗以及社会变迁。通过阅读文学作品，翻译者可以体验到多种不同文化的思维方式、审美情感和情感表达，有助于更全面地把握文化内涵。例如，通过阅读中国古典小说《红楼梦》，翻译者可以感受到中国古代封建社会的文化蕴含，从而更好地理解和翻译相关文本。新闻报道和历史书籍也是了解文化的重要途径。新闻报道反映了当代社会的风貌和问题，而历史书籍则揭示了一个国家或地区的演变过程。通过阅读这些资料，翻译者可以了解到文化的背景、社会结构、政治制度等方面的信息，有助于在翻译中更准确地理解原文的语境和内涵。例如，通过阅读关于世界各地历史的书籍，翻译者可以更好地理解不同文化之间的因果关系和相互影响，进而更好地应对跨文化翻译中的挑战。除了书籍，翻译者还可以通过阅读不同文化的报刊杂志、博客等实时信息源，及时了解当下文化的动态和变化。这有助于翻译者更好地把握当代文化的特点，保持翻译译文的时效性和新颖性。同时，这也能够让翻译者更好地了解目标读者所关注的话题，使译文更贴近读者的需求和兴趣。积极参与国际交流活动是培养翻译者跨文化翻译能力的实践途径。通过亲身体验其他文化，翻译者可以更深入地感受到文化的细微之处，包括语言、行为、社会交往等方面的差异。参与国际交流活动，例如与当地人交流、参加文化活动、游览景点等，让翻译者置身于文化的实际环境中，有助于更好地理解文化的底层逻辑和民众生活。在国际交流中，语言交流是一个重要的环节。通过与其他语言为母语的人进行交流，翻译者可以更好地了解目标语言的实际应用和语境。这有助于翻译者更准确地把握目标语言的语法结构、词汇用法以及表达方式，从而提高翻译的质量和流畅度。此外，与其他文化背景的人交往也能够让翻译者更敏感地察觉到文化差异。在跨文化交往中，翻译者可能会遇到一些跨文化沟通的挑战，例如，不同文化对待时间的观念、交往方式的差异等。通过这些亲身经历，翻译者可以更好地理解文化差异对于沟通的影响，并在翻译中更为敏感地处理这些差异。

　　文化自觉与跨文化翻译能力的培养需要翻译者在阅读和实践中有机结合。通过阅读不同文化的文学作品、新闻报道和历史书籍，翻译者可以从文字中获得对文化的理论认知。而通过参与国际交流活动，翻译者可以将理论知识转化为实际经验，培养对文化的实际感知，这种理论与实践相结合的方式可以使翻译者更全面、深入地理解并应对跨文化翻译中的各种挑战。在这个过程中，培训机构可以设计一系列有针对性的课程，帮助翻译者系统地学习不同文化的知识，同时组织实地考察、文化交流活动等，让翻译者在实践中更好地运用所学的文化知识。通过这样的培训，翻译者不仅可以提高在跨文化翻译中的专业水平，还能够培养更广泛的文化素养，使其更好地胜任国际化翻译任务。阅读不同文化的文学作品、新闻报道、历史书籍等，结合积极参与国际交流活动，是翻译者培养文化自觉与跨文化翻译能力的有效途径。这种综合性的培养方式可以使翻译者更深入地了解目标文化，更灵活地应对跨文化翻译的各种挑战，为其在国际翻译领域取得更好的表现奠定基础。文化自觉与跨文化翻译能力培养是一个相辅相成的过程。通过深入了解自身文化和目标文化，翻译者可以更好地应对跨文化翻译中的挑战，确保翻译工作更为准确、贴近原文，并在不同文化之间创建有效的沟通桥梁。

第六章 跨文化交际背景下中国传统文化的传播

第一节 跨文化交际背景下中国传统文化传播的理论基础

一、文化传播理论

文化传播理论关注的是文化在社会中的传播过程和影响,尤其在跨文化交际中,理解文化传播的理论对于把握信息在文化之间的传递方式以及文化在交际中所发挥的作用至关重要。在这个背景下,中国传统文化的传播成为一个备受关注的议题。文化传播理论涉及的范畴广泛,其中不列颠学派的"文化工业理论"和美国学者哈罗德·拉斯维尔的"符号交互主义"是其中的两个经典代表。文化工业理论强调了文化产品的大规模生产和传播,认为文化已经成为一种商品,而符号交互主义则关注人们通过符号的交流来建构社会现实和文化意义。这两种理论在不同的文化背景中都有其独特的应用,特别是在全球化的今天,跨文化交际背景下的文化传播显得更加复杂和深刻。在中国传统文化的传播中,文化工业理论可以用来解释传统文化如何通过现代媒体、技术手段进行大规模传播。随着科技的不断发展,传统文化通过电视、互联网等渠道进入到更广泛的社会群体中,形成了一种新的传播模式。例如,古代中国的诗词、戏曲等在现代媒体中得以传承,使更多的人能够接触和了解这些文化元素。然而,这种传播模式也带来了一些新的挑战,如文化的表面化、商业化等问题,需要通过文化工业理论来进行深入分析。符号交互主义在中国传统文化传播中的应用则体现在人们对符号和意义的交流过程中。中国传统文化中的许多符号和象征具有深厚的文化内涵，如龙、凤、岳阳楼、长城等。在跨文化交际中，理解这些符号的文化意义成为沟通的关键。例如，在国际交往中，中国的传统文化符号被用于文化外交、商务交流等场合，以传递中国的文化形象。然而，符号的传播也面临着文化差异的挑战，需要更细致入微的理解和应用。

在跨文化交际的背景下，中国传统文化的传播面临着一系列挑战和机遇。首先，文化传播需要在保持传统文化原汁原味的同时，更好地适应现代社会的需要。这就要求传统文化在传播中不仅要注重形式的传承，更要关注文化内涵的深度挖掘，使之能够更好地与当代人的生活和价值观相契合。在跨文化交际背景下，传统文化传播需要更灵活地运用各种传播媒体和技术手段。现代社会信息传播的速度和广度都得到了巨大提升，传统文化要在这样的背景下生存和发展，就需要适应新媒体时代的传播方式，借助互联网、社交媒体等平台进行多样化传播。在跨文化交际中，要解决语言和符号的差异问题，需要更深入地理解文化传播理论的基本原理，通过文化对比和比较分析，找到最适合跨文化传播的方式。这就要求传播者具备更高水平的文化自觉与跨文化翻译能力，以确保信息的准确传达和文化的得体表达。在国际舞台上，中国传统文化的传播不仅是一种文化输出，更是一种文化互动。通过跨文化交际，中国传统文化有机会与其他文化进行对话，形成文化的交融和共生。这也是全球化进程中文化多样性得以保持的一种方式。因此，跨文化交际背景下的中国传统文化传播，不仅要关注文化的单向传递，还要注重文化的双向交流，促进文化的相互理解和共鸣。文化传播理论在跨文化交际中有着重要的应用意义。通过理论的指导，可以更深刻地理解文化在交际中的作用和影响。在中国传统文化传播中，既要借鉴文化工业理论的传播模式，又要运用符号交互主义的理念，以更加综合的方式促进中国传统文化的传承与发展。通过合理运用理论，可以更好地应对跨文化交际中的挑战，推动中国传统文化在国际舞台上的传播和交流。

二、跨文化交际理论

跨文化交际理论致力于研究不同文化之间的交际现象，而在中国传统文化传播的背景下，跨文化交际理论的运用具有重要的理论和实践价值。霍夫斯泰德的文化维度理论提供了一个全面而系统的框架，用以解释和理解不同文化之间的差异。该理论主要包括个人主义与集体主义、权利距离、不确定性回避、男性与女性的性别角色等维度。在中国传统文化传播中，可以运用文化维度理论来分析中西方文化在这些方面的差异，从而更好地把握信息传递的背后文化的逻辑。例如，在权利距离这一维度上，中国传统文化通常表现出对权威的尊敬，而西方文化则强调更平等的关系。理解了这一差异，传播者可以更有针对性地进行信息呈现，以促进文化之间的有效交流。爱德华·霍尔的高/低语境文化理论对于理解跨文化交际中信息传递的方式提供了深入而细致的分析。在高语境文化中，信息的传递依赖于非言语的因素，强调背景信息、隐喻和暗示，而低语境文化更注重直接明确的表达。在中国传统文化传播中，了解中西方文化在语境理解上的差异可以帮助传播者更准确地选择表达方式。例如，中国传统文学作品中通常蕴含丰富的象征意义，而在西方文学中可能更强调文字本身的表面含义。通过了解和运用这一理论，传播者能够更好地避免语境带来的误解，实现文化间信息的准确传递。

跨文化交际理论还强调了文化间的非言语交际，包括肢体语言、面部表情、眼神交流等。这对于中国传统文化传播尤为重要，是因为中国传统文化中通常注重非言语交际的方式。通过运用非言语交际理论，可以更好地理解不同文化之间的默契和信号传递方式，提高文化间交际的有效性。例如，在中国传统文学作品中，人物的行为举止、动作神态等都可能包含着深刻的文化内涵，理解这些非言语元素有助于传播者更全面地呈现文学作品的意境。在中国传统文化传播中，跨文化交际理论的应用也需要注重文化自觉和尊重。文化自觉是指传播者对自身文化背景的认知和理解，而尊重则是指在与其他文化互动中保持敬重和包容。在实际操作中，传播者需要审慎运用理论，灵活处理文化差异，确保信息传递既能够符合中国传统文化的内涵，又能够在跨文化交际中被接受和理解。跨文化交际理论在中国传统文化传播中具有重要的指导作用。通过运用霍夫斯泰德的文化维度理论、爱德华·霍尔的高/低语境文化理论等，可以更深入地理解中西方文化差异，有效避免误解和冲突，实现文化信息的有效传递。这对于促进中国传统文化在国际舞台上的传播和交流，增进文化间的相互理解具有积极的推动作用。同时，传播者在运用理论时也需要灵活运用，结合文化自觉和尊重，以更好地适应跨文化交际的复杂性和多样性。

三、符号学和语境理论

传播中的符号和语境在跨文化交际中扮演着至关重要的角色。通过符号学和语境理论，我们能够更好地理解言语和符号在文化中的不同含义，以及在跨文化交际中可能出现的误解。这对于中国传统文化的传播尤为重要，因为其中包含许多富有象征意义的符号和语境。本文将探讨符号学和语境理论在跨文化交际中的应用，以深入剖析中国传统文化的传播过程中可能面临的挑战和应对策略。符号学是研究符号及其使用的学科，强调符号的文化构建和意义传递。在跨文化交际中，了解不同文化中符号的含义和使用方式至关重要。中国传统文化中的许多符号，如龙、凤、绿松石等，都具有深刻的文化内涵。这些符号在传播中可能被赋予不同的含义，因此理解这些符号的多重意义对于避免误解至关重要。以龙为例，它在中国文化中通常被视为吉祥、权力和神秘的象征。然而，在西方文化中，龙可能被视为邪恶或者与恐怖故事相关联，在跨文化交际中，如果传播者不了解不同文化中对龙的不同理解，就可能导致误导或不当的符号使用。通过符号学的视角，传播者可以更深入地研究和理解这些符号在不同文化中的文化内涵，以确保其在传播中发挥正确的作用。

语境理论强调了言语和符号的使用与周围环境的紧密关联。高语境文化强调言外之意，信息的传递依赖于非言语元素和对上下文的理解。而低语境文化则更注重言语直接明确的表达，不依赖过多的背景信息。中国传统文化通常被认为是高语境文化，因为其中的言语往往需要通过上下文、隐喻和非言语元素来理解。在跨文化交际中，了解语境的不同对于信息的准确传递至关重要。在中国古典文学作品中，作者通常通过描写环境、人物的举止和心理状态来传递更深层次的信息。如果在翻译或传播中忽略了这些语境因素，读者可能无法完全理解文学作品所要表达的含义。因此，通过语境理论的视角，传播者可以更好地把握言语和符号在中国传统文化中的使用方式，保障信息的传递不仅准确，而且能够传达文化内涵。在跨文化交际中，符号和语境的作用也体现在非言语交际中。中国传统文化注重非言语元素的运用，如面部表情、姿势、礼仪等，这些元素在交际中常常扮演着重要的角色。了解这些非言语元素的文化含义，以及在不同文化中可能产生的差异，对于跨文化传播至关重要。符号学和语境理论的结合能够帮助传播者更全面地理解非言语交际在文化传播中的重要性，从而更好地适应和引导跨文化交际的过程。跨文化交际背景下，符号学和语境理论的应用也需要注重文化的多元性和变化性。在不同的文化环境中，符号的意义和语境的使用方式可能有所不同。因此，传播者在运用这些理论时需要保持灵活性，考虑到不同文化的特点，避免简单地将自己文化的解读强加于他文化。文化自觉和文化适应能力对于跨文化交际的成功至关重要。通过符号学和语境理论的视角，我们能够更深入地理解言语和符号在文化中的多重含义以及其与周围环境的关联。在中国传统文化的传播中，了解符号和语境的文化内涵，注意语境的不同，以及尊重非言语交际的重要性，将有助于有效地进行跨文化交际，推动中国传统文化在国际舞台上的传播与交流。

四、文化认同理论

在跨文化交际领域，文化认同理论是一个重要的研究方向，它深入探讨了个体对于自身文化认同的形成和受到的影响。在理解中国传统文化传播的理论基础时，考虑到接受者的文化认同、自我认知和文化身份是至关重要的。通过深入研究这些方面，我们可以更好地设计跨文化传播策略，以确保信息能够被目标文化接受和理解。文化认同理论强调了个体在特定文化环境中形成的文化认同。文化认同是一个多层次的概念，涉及个体对于所属文化的情感认同、文化价值观的内化以及对于文化符号和象征的理解。在中国传统文化传播中，了解受众的文化认同是至关重要的，因为这直接影响到他们对于传播信息的接受程度。自我认知在文化认同理论中也扮演着重要的角色。个体的自我认知是指他们对自身的了解，包括价值观、信仰、经验等。在跨文化传播中，了解接受者的自我认知可以帮助传播者更好地调整信息呈现方式，使之更符合受众的认知模式，进而提高传播效果。在中国传统文化传播中，考虑到受众的自我认知有助于消除文化差异对传播效果的负面影响。文化身份是文化认同理论中的另一个关键概念。文化身份涉及个体在跨文化交际中对于自身文化地位和角色的认知。在中国传统文化传播中，了解受众的文化身份有助于传播者更好地定位信息呈现的角度和方式，以迎合受众的文化期望。通过强调共鸣点和共同的文化价值，可以更好地促进信息的传递和理解。在设计中国传统文化传播的策略时，以上三个方面的研究成果都至关重要。首先，通过深入了解受众的文化认同，可以更有针对性地选择传播内容和形式，使之更符合目标文化的审美和价值取向。其次，考虑受众的自我认知有助于调整语言和表达方式，以确保信息更容易被理解和接纳。最后，关注文化身份有助于传播者更好地与受众建立情感联系，增强信息的亲和力。在跨文化交际背景下，中国传统文化传播需要更深入的文化认同理论支持。只有通过深入研究接受者的文化认同、自我认知和文化身份，我们才能更好地制定传播策略，确保信息能够在跨文化环境中得到有效传递。这种以文化认同理论为基础的研究方法将为中国传统文化在全球范围内的传播提供更为坚实的理论支持。

五、传统媒体与新媒体理论

中国传统文化传播的深厚历史传统在新时代面临着新媒体的挑战，这引发了对传统媒体与新媒体理论的研究，以更全面地理解在不同传播媒介下，中国传统文化的传播形式和效果。传统媒体，如书法绘画和戏曲表演，以及当代媒体，如互联网和社交媒体，扮演着不同而重要的角色，在跨文化交际的背景下，我们需要深入研究这些媒体的交互作用，以更好地促进中国传统文化在全球范围内的传播。传统媒体如书法绘画和戏曲表演是中国传统文化的重要表现形式。这些传统媒体在长期的历史演变中，承载了丰富的文化内涵和价值观念。然而，在新媒体的冲击下，这些传统媒体面临着受众范围的限制和传播效果的挑战。在研究传统媒体与新媒体理论时，我们需要探讨如何在新媒体环境中更好地保护和传承传统媒体所蕴含的文化精髓。当代的互联网和社交媒体成为中国传统文化传播的新平台。在这个全球化的时代，通过互联网和社交媒体，中国传统文化可以迅速传播到世界各地。然而，因为信息的碎片化和多样性，需要对新媒体理论进行深入研究，以更好地理解在这些媒体上如何呈现和传递中国传统文化。同时，跨文化交际的背景下，我们需要考虑如何通过新媒体更好地适应不同文化的接受习惯和审美标准，以促进中国传统文化在全球的传播。在传统媒体与新媒体的互动中，需要关注两者之间的融合与创新。传统媒体可以通过新媒体平台实现创新表达形式，吸引更广泛的受众。同时，新媒体可以借鉴传统媒体的深厚文化内涵，提升内容的质量和深度。这种传统与现代、传统媒体与新媒体的有机结合，有助于形成更为全面、富有层次的中国传统文化传播格局。在研究传统媒体与新媒体理论时，跨文化交际的视角至关重要。我们需要充分考虑不同文化背景下受众的媒体消费习惯、审美观念和信息获取途径。通过深入了解跨文化传播的特点，可以更好地制定传播策略，确保中国传统文化在不同文化环境中得到更广泛而深入的传播。在中国传统文化传播的探讨中，传统媒体与新媒体理论的研究不仅有助于理解传统文化在不同传播媒介下的传播形式和效果，同时也提供了应对新时代挑战的策略和思路。在传承中创新、在传统中融合，中国传统文化将更好地适应新媒体时代的传播需求，实现在跨文化交际背景下的更为广泛的传播。

第二节　跨文化交际背景下中国传统文化传播的目标与意义

一、跨文化交际背景下中国传统文化传播的目标

（一）文化认知与理解

中国传统文化的传播旨在通过多方面的努力，使接受者对其有更深层次的认知和理解。这一目标的实现不仅包括对中国传统文化的历史、文学、哲学、艺术等方面的知识的传递，更涉及在跨文化交际的背景下促进文化理解和跨文化交流。中国传统文化传播的一个主要目标是传递丰富的历史知识。中国有着悠久的历史，其传统文化在漫长的历史长河中积淀了深厚的文化底蕴。通过传播历史知识，人们可以更好地理解中国传统文化的根源和发展过程。这包含了古代帝制时代的政治、社会制度，以及历史事件对文化形成的影响等方面。在跨文化交际中，对于中国历史的认知有助于他国人民更好地理解中国文化的演变，建立共鸣点，

促进文化之间的相互理解。文学传统也是中国传统文化传播的关键目标之一。中国文学源远流长，包括了诗、词、曲、小说等多种形式。通过传播文学作品，人们可以感受到中国传统文化的情感表达、思想深度和审美追求。在跨文化交际的背景下，文学作品可以被视为文化的窗口，通过翻译和解读，使其他文化的人们更好地理解中国文学的内涵，体验其中的情感和思想。中国传统哲学的传播也是一个重要目标。儒家、道家、佛家等哲学思想在中国传统文化中扮演着重要角色，影响着人们的价值观和生活方式。通过传播这些哲学思想，不仅可以让接受者更好地理解中国人的思维方式和行为逻辑，而且可以促进跨文化间的哲学对话和共鸣。在跨文化交际中，理解不同哲学观念的异同有助于建立共同的价值基础，促使文化间的相互尊重和包容。艺术传播也是中国传统文化传播的重要组成部分。传统的绘画、书法、戏曲等艺术形式承载着丰富的文化内涵。通过传播艺术作品，可以使接受者深刻感受到中国传统文化的审美观念和艺术价值。在跨文化交际中，通过艺术的传播，可以打破语言的障碍，以直观的方式传播文化信息，引发跨文化受众的共鸣和共同体验。在跨文化交际的背景下，中国传统文化传播的目标还包括促进文化理解和跨文化交流。这需要在传播过程中注重考虑受众的文化认同、价值观念和思维模式，以便更好地适应不同文化背景下的接受者。通过采用跨文化交际的理论和方法，可以更好地理解文化差异，降低文化冲突的可能性，促进文化之间的和谐共存。中国传统文化传播的目标是通过多维度的传播手段，使接受者对中国传统文化有更深层次的认知和理解。在跨文化交际的背景下，这一目标需要注重传播内容的选择、传播形式的设计以及接受者的文化背景等多个方面的考量，通过科学合理的传播策略，中国传统文化有望在全球范围内得到更为广泛而深入的传播，促进文化多样性的共同繁荣。

（二）文化价值观的传递

中国传统文化蕴含着独特而深刻的价值观念，这些观念反映在儒家思想的仁爱、道家的自然观念、佛家的慈悲等方面。通过传播，中国传统文化的目标之一是传递这些价值观，使接受者更好地理解和体验中国传统文化所包含的道德伦理。在跨文化交际的背景下，理解这些价值观的内涵、对接受者文化背景的尊重以及促进跨文化价值的对话都是关键因素。儒家思想强调仁爱的概念，即对他人的关爱和尊重。在传播过程中，传递仁爱的理念有助于建立积极的人际关系，增进社会和谐。在跨文化交际的情境中，理解仁爱的内涵并尊重不同文化中对于关爱和尊重的理解，是实现儒家思想传播目标的重要前提。通过深入解释仁爱的实践和应用，可以为接受者提供更全面的视角，促使他们更好地理解并融入这一价值观。道家的自然观念强调与自然的和谐共生。传播这一观念有助于引导人们更加尊重自然、保护环境，以及追求心灵的宁静与平和。在跨文化交际中，要考虑到不同文化对自然的理解和态度差异。通过在传播中强调道家自然观的共通性，以及它对于人类共同关切的环境问题的启示，有望在全球范围内引发更为广泛的共鸣。

佛家的慈悲观念是中国传统文化中的另一重要价值。传播慈悲观念有助于引导人们关注他人的痛苦，倡导宽容和同情。在跨文化交际的环境下，理解慈悲的不同表达形式和文化差异是关键的。通过在传播中强调慈悲的实际行动和社会影响，可以促使接受者更加深刻地体验慈悲观念，从而实现价值观的传播目标。在实现这些目标的过程中，跨文化交际的视角至关重要。首先，需要深入研究目标文化的价值体系和文化传统，以便更好地调整传播策略，使之更符合接受者的认知和价值取向。其次，在传播过程中，应该注重尊重和体现多元文化的平等性，避免以主导文化的角度强加观念。通过开展跨文化对话，可以促使不同文化之间的价值观交流，增进相互理解。还需要重视传播手段的创新。在新媒体时代，通过互联网、社交媒体等平台，可以更广泛而直接地传递中国传统文化的价值观。同时，要关注语言和表达方式的选择，以确保信息在跨文化环境中能够被准确理解和接受。通过融入当代语境和符号，可以使中国传统文化更富有吸引力，更易于在全球范围内传播。中国传统文化的传播目标是通过传递儒家思想的仁爱、道家的自然观念、佛家的慈悲等独特价值观，使接受者更好地理解和体验中国传统文化所包含的道德伦理，在跨文化交际的背景下，实现这一目标需要考虑到文化差异、跨文化对话、传播手段创新等多个层面的因素。通过深入研究和科学合理的传播策略，中国传统文化的独特价值观将更好地在全球范围内传播，促进文化的多元共融。

(三）促进文化交流与互动

中国传统文化传播的目标之一是激发不同文化之间的交流与互动。通过推动跨文化交际，可以打破文化隔阂，增进文明互鉴，推动文化的多样性与丰富性。在这个背景下，中国传统文化的传播旨在促进全球文化的交流与合作，以及促使更多国家与地区深入了解和尊重中国传统文化。本文将详细讨论跨文化交际背景下中国传统文化传播的目标，并强调其在促进文化多样性和互鉴方面的积极作用。中国传统文化传播的目标之一是促进不同文化之间的交流。通过各种传播手段，如文学、艺术、音乐、电影等，中国传统文化可以渗透到国际舞台上，吸引世界各地的观众。这种交流不仅仅是单向的信息传递，更是一种互动的过程。在这个过程中，观众不仅能够接触中国传统文化的精华，同时也能够通过自己的文化背景对其进行解读和理解。这样的交流有助于建立起文化之间的桥梁，促使人们超越文化差异，寻找共同点，形成共鸣。中国传统文化传播的目标是打破文化隔阂。在全球化的今天，不同文化之间的交流变得更加频繁，但文化隔阂仍然存在。通过中国传统文化的传播，可以提供一个理解和尊重不同文化的平台。中国传统文化中蕴含着丰富的哲学思想、道德观念和艺术表达，这些都可以成为文化交流的媒介。通过展示和传播这些元素，可以增进世界各地人们对中国文化的认知，并促使更多的跨文化互动。这有助于减少误解和偏见，以增强文化之间的理解和沟通。中国传统文化传播的目标包括推动文明互鉴。在跨文化交际的过程中，不同文化之间不仅仅是单纯的信息传递，更是一种文明的相互学习和借鉴。中国传统文化中的儒家思想、道家思想、佛家思想等具有深厚的历史底蕴，可以为世界各地的人们提供新的思考和启发。通过与其他文化进行对话，中国传统文化可以在全球范围内促成文明的互补和共享。这样的文明互鉴有助于形成更加包容和丰富的全球文化格局。中国传统文化传播的目标还在于促使更多国家与地区深入了解和尊重中国传统文化，通过在国际舞台上展示中国传统文化的精华，可以引起世界各地人们对中国文化的兴趣。这种兴趣不仅仅是对文化的好奇，更是对文化背后价值观念的认同。通过深入了解中国传统文化，人们有机会更全面地认识中国，理解中国人的思考方式、行为习惯等。这有助于构建积极的国际形象，促进国际合作和友谊的发展。在实现这些目标的过程中，中国传统文化的传播需要充分利用现代传媒和技术手段。通过互联网、社交媒体、国际电影节等平台，中国传统文化可以实现全球性的传播。同时，也需要加强与其他文化的合作，进行跨文化项目的策划与实施。这样的合作可以推动不同文化之间的共同创造，推动文化的融合与创新。中国传统文化传播的目标是通过跨文化交际，促使世界各地人们更深入地了解和尊重中国传统文化。这不仅有助于增进文化的多样性和丰富性，还能够推动文明的互鉴和共享。通过文化的交流与互动，可以打破文化隔阂，促进世界各国之间的友好合作。因此，中国传统文化传播的目标不仅仅是传承和弘扬中华文化，更是在全球范围内建立起共同的文化认同和价值体系。

（四）传承与创新

中国传统文化的传播在保持传承与独特性的同时，也需要在当代社会的背景下进行创新，以更好地适应时代的需求和趋势。在跨文化交际的背景下，这一目标变得尤为重要。本文将深入探讨中国传统文化传播的保护与创新，并着重于在跨文化交际环境下的挑战与机遇。

首先，保护中国传统文化的独特性和历史深度是传播过程中的重要任务。中国传统文化拥有丰富的历史底蕴、深厚的哲学思想和独特的艺术表达方式。在跨文化交际中，保护这些特点有助于确保传播的真实性和准确性。通过呈现传统文化的根本价值和核心思想，可以更好地传递文化的精髓，使全球观众能够理解和尊重中国传统文化的独特之处。

其次，传播过程中的创新是确保中国传统文化与当代社会相契合的关键。创新不仅仅包括在传统文化中引入现代元素，还包括将传统文化与当代社会的关切联系起来。在跨文化交际中，了解其他文化的审美标准和接受度，有针对性地进行创新，可以使传统文化更容易为不同文化背景的人们所接受，这种创新不仅有助于传统文化在当代社会的传播，还能够为传统文化注入新的生命力，使其更具活力。

跨文化交际背景下，中国传统文化传播面临着一系列挑战，其中之一是语言和符号的差异。为了应对这一挑战，传播者需要在保持传统文化的原汁原味的同时，采用更容易被其他文化理解的表达方式。这可能包括翻译、本土化等手段，以确保传播信息的准确性和流畅度。此外,还需要重视传播媒介的选择,因为不同文化可能更倾向于不同的媒体形式,比如通过社交媒体、电影、音乐等形式进行传播。

在传统文化的保护与创新中,数字化技术的应用也起到了重要的作用。通过互联网、社交媒体等平台,传统文化可以以更加灵活和便捷的方式传播。数字化技术还可以提供更多元的呈现方式,如虚拟现实、在线博物馆等,使传统文化得以更全面地呈现给观众。这种数字化的创新有助于吸引年轻一代的关注,使他们更愿意参与和了解传统文化。

再次,中国传统文化传播中还需要考虑到不同文化之间的审美观和价值观的差异。传统文化的美学理念可能与其他文化存在一定的差异,因此在传播过程中需要灵活运用文化相对主义的观念,尊重不同文化的审美标准。在进行创新时,需要谨慎考虑如何在尊重传统的基础上,吸引更广泛的观众。

最后,在跨文化交际背景下,中国传统文化传播的目标之一是促进文化的对话与互鉴。通过与其他文化进行对话,中国传统文化可以借鉴其他文化的成功经验,进一步拓展自身的传播途径。这种互鉴不仅有助于传统文化的传播,而且也为不同文化之间的相互理解和尊重提供了契机。

总体而言,在跨文化交际的背景下,中国传统文化传播既要注重传承,保护其独特性和历史深度,又要在传播中进行创新,以适应当代社会的需求和趋势。通过在保护与创新之间找到平衡,中国传统文化可以在全球范围内更加广泛地传播,实现文化的对话与互鉴,为世界文化的多元发展做出积极贡献。

(五)弘扬中华文化的国际影响力

中国传统文化传播的目标之一是提高中华文化在国际上的知名度和影响力。通过推广中国传统文化,可以塑造积极的国际形象,促进文化软实力的提升。在跨文化交际的背景下,这一目标的实现需要深入研究目标文化的需求、接受者的文化认同以及有效的传播策略。

首先,提高中华文化在国际上的知名度是中国传统文化传播的一个重要目标。中华文化有着悠久的历史和丰富的内涵,但在国际上的了解并不充分。通过传播，可以让更多的国际受众了解中国传统文化的独特之处，引起他们对中国的兴趣。在跨文化交际的环境下，需要充分考虑不同文化背景的接受者的接受能力和兴趣点，以制定更为精准的传播策略。

其次，塑造积极的国际形象是中国传统文化传播的另一个重要目标。通过传播中国传统文化，可以向国际社会展现中国的历史悠久、文明古老、艺术瑰丽的一面，从而提升国家形象。在跨文化交际的背景下，需要关注传播内容的选择，以强调中国传统文化所具有的积极价值观和对世界文明的贡献。同时，要考虑避免文化误解和刻板印象，以确保传播活动能够得到更广泛的认可和支持。

最后，促进文化软实力的提升是中国传统文化传播的长远目标。文化软实力是一个国家通过文化手段塑造国际形象、提升国家吸引力和影响力的能力。通过传播中国传统文化，可以积极参与国际文化交流，增强中国在全球文化领域的话语权和影响力。在跨文化交际的过程中，需要积极倡导互学互鉴，促进文化多样性，使中华文化更好地融入世界文化的共同体。

为实现这些目标，需要采用多层次、多途径的传播策略。第一，可以利用传统媒体如电视、报纸等，通过精彩的文化展示、专题报道等形式，向国际受众传递中国传统文化的精髓。第二，新媒体平台如互联网、社交媒体等提供了更为便捷和广泛的传播途径，通过在线文化活动、短视频、博客等形式，将中国传统文化传递到更多的国际受众中。这些新媒体平台的使用也符合当代年轻人对信息的获取和传播方式的偏好。

在跨文化交际的环境下，需要考虑不同文化背景下的接受者对于传播内容的接受能力和兴趣点的差异。因此，可以通过针对性的文化调查和市场研究，精准地调整传播策略，使其更好地适应目标文化的接受习惯。同时，借鉴国际传播理论和实践经验，推动中国传统文化的传播更加科学、有效。

除了单向的传播，还可以通过双向互动的方式，如文化交流、艺术展览、国际学术研讨等形式，促进中华文化与其他文化的交流与融合。通过与国际文化的互动，可以更好地理解并吸收其他文化的优秀元素，实现互利共赢。

综合而言，中国传统文化传播的目标之一是提高中华文化在国际上的知名度和影响力。在跨文化交际的背景下，这一目标需要以科学的方法、创新的方式，结合目标文化的特点和需求，制定灵活而精准的传播策略。通过努力实现这一目标，中国传统文化将更好地融入国际社会，为促进文化多元性、构建人类命运共同体做出积极贡献。

二、跨文化交际背景下中国传统文化传播的意义

（一）文化互鉴与融合

通过传播中国传统文化，我们能够促进中西方等不同文化之间的互鉴与融合，实现文明的共同繁荣。中国传统文化包含着深刻的价值观、哲学思想等元素，这些元素具有开放性和包容性，能够与其他文化相互对话，共同创造出新的文化形态。在跨文化交际的背景下，理解中国传统文化传播的意义，不仅有助于推动中华文化的国际传播，而且也为世界各国文明的多元共融提供了有益的借鉴和启示。中国传统文化的传播有助于促进文明的多元共融。不同文化之间的互动与融合是推动人类文明进步的动力之一。通过传播中国传统文化，我们向其他文化开放了一扇了解中华文化的窗口，为世界各国提供了更多元、更丰富的文化元素。中国传统文化所蕴含的仁爱、自然观、慈悲等价值观与其他文化进行对话，有助于形成更为包容和和谐的全球文明格局。中国传统文化传播的意义还在于促进跨文化交流与理解。文化传播不仅仅是信息的单向传递，更是一种双向的交流过程。通过传播中国传统文化，可以激发其他文化对于中华文化的兴趣，促进双方进行更深层次的交流与合作。在这一过程中，需要重视文化差异的理解与尊重，通过跨文化交际的手段，建立共同的文化语境，帮助文化之间的交流更加顺畅、有效。中国传统文化的传播有助于打破文化的壁垒，创造共同的文化语境。在全球化的今天，文化交流和融合是不可避免的趋势。通过传播中国传统文化，可以为中西方等不同文化之间搭建起共同的文化桥梁。通过对话和交流，我们能够找到文化间的共通之处，创造共同的文化语境，使得不同文化在交流中更容易产生共鸣，为文明的繁荣提供坚实的基础。中国传统文化的传播还有助于推动世界文明的创新与发展。传统文化中蕴含的哲学思想、艺术观念等元素，可以为其他文化提供新的思路和创新的灵感。通过与其他文化进行交流，中国传统文化能够在

全球范围内产生更为广泛的影响，为全球文明的发展注入新的活力。在这个过程中，需要重视传统文化的当代表达方式，以便更好地适应当代社会的需求和审美取向。在跨文化交际的背景下，理解中国传统文化传播的意义还需要考虑到文化的非均衡性。在这个过程中，需要平等对待不同文化，避免以主导文化的视角来解读其他文化，保持对文化差异的敏感性。通过平等对话和尊重，可以建立起互相理解的桥梁，促进文化之间的共同发展。中国传统文化的传播在跨文化交际的背景下具有深远的意义。通过推动中西方等不同文化之间的互鉴与融合，我们能够实现文明的共同繁荣，促进世界各国在文化领域的互相启发与共同发展。这一过程既有助于中国传统文化在国际上的传播，也为全球文明的多元共融做出了独特的贡献。

（二）增进文化理解

中国传统文化的传播不仅有助于保护和传承文化遗产，而且还在跨文化交际背景下具有深远的意义。通过分享文化，人们可以建立更加真诚的友好关系，增进各国人民之间的相互了解，为国际合作和和平发展创造有利条件。中国传统文化传播有助于在全球范围内建立更加深厚的国际友谊。文化是人类交往的纽带，通过分享和传播中国传统文化，可以在国际舞台上搭建起友谊的桥梁。中国传统文化中蕴含的哲学思想、道德观念、艺术表达等元素，都可以引起世界各地人们的兴趣和共鸣。通过共同的文化语言，人们能够更容易地沟通和理解彼此，建立起真实而持久的友谊关系。中国传统文化的传播有助于增进各国人民之间的相互了解。在跨文化交际中，文化的传播是一种相互学习和交流的过程。通过向世界介绍中国传统文化，可以让其他国家的人们更全面地了解中国的历史、价值观念、社会制度等。这种相互了解有助于消除误解和偏见，促进文化多元性的认同，为不同文化背景的人们搭建起平等对话的平台。中国传统文化的传播为国际合作和和平发展创造有利条件。文化交流是各国之间合作的基础，而中国传统文化的独特性和深厚内涵使其成为促进合作的重要元素。通过共同的文化价值，各国在政治、经济、科技等领域能够更加理解和信任彼此。这有助于构建和谐的国际关系，为解决全球性问题提供更多的合作可能性，为和平发展创造良好的国际环境。

在跨文化交际的背景下，中国传统文化传播的意义还体现在促进文化多样性和全球文化共享方面。文化多样性是人类共同的财富，通过传播中国传统文化，可以为全球文化格局的多元发展做出贡献。中国传统文化中的元素，如儒家思想、道家哲学、传统艺术等，都为人类提供了不同的思考方式和审美标准。这种多样性有助于避免文化同质化的趋势，促使各国更好地保护和传承自己独特的文化传统。通过在跨文化交际中传播中国传统文化，可以为全球文化共享提供更多的可能性。在信息时代，人们能够更轻松地获取和分享各种文化资源。中国传统文化的传播不再受地域限制，可以通过互联网、社交媒体等渠道传播到世界各地。这种全球性的文化共享有助于打破传统的文化壁垒，使人们更加容易接触和体验不同文化的精髓，促进全球文明的共同繁荣。在实现这一目标的过程中，跨文化交际的技能和策略变得尤为关键。传播者需要具备良好的跨文化沟通能力，了解不同文化的心理、行为和价值观，以更好地调整传播策略。在传播过程中，需要注意避免文化冲突，尊重其他文化的差异，通过文化相对主义的视角进行交流。此外，灵活运用多种传播媒介，借助现代技术手段，可以更加高效地实现文化传播的全球化。通过在跨文化交际背景下传播中国传统文化，不仅有助于建立深厚的国际友谊，而且还能够增进各国人民之间的相互了解，为国际合作和和平发展创造有利条件。在这一过程中，中国传统文化的独特性和深厚内涵为全球文化的多元发展提供了新的动力，促进了文明的共同繁荣。通过文化的交流与互动，人类可以共同创造一个更加包容、理解和和谐的世界。

（三）促进国际友谊

中国传统文化的传播不仅有助于外界更深入地了解中国的历史、思想、艺术和传统习俗，同时也为缩小因文化差异而产生的隔阂提供了重要的契机。通过跨文化交际的方式，中国传统文化的传播意义深远，能够促进全球文化的互动与共融，提高人们对中国文化的理解与尊重。中国传统文化的传播有助于外界更深入地了解中国的历史。中国是一个拥有5000多年悠久历史的文明古国，其历史对于理解今日中国以及中华文化的本质至关重要。通过传播中国传统文化，外界可以更全面地了解中国古代的政治、社会、经济等方面的历史演变。这有助于消除对中国历史的误解和刻板印象，建立起更为客观和准确的认知。中国传统文化传播能够深化外界对中国思想体系的理解。儒家、道家、佛家等思想体系在中国传统文化中占有重要地位，影响了中国人的行为、价值观念和社会制度。通过传播这些思想，外界可以更好地理解中国人的思考方式、行为逻辑和社会组织形式。这有助于促进中西方等不同文化之间的对话，深化彼此对文化背景的理解，进而缩小文化差异所带来的沟通障碍。中国传统文化的传播有助于外界更深入地了解中国的艺术传统。中国传统艺术包括了丰富多彩的绘画、书法、音乐、舞蹈等形式，承载着深刻的文化内涵。通过传播这些艺术形式，外界可以窥见中国人的审美观念、艺术追求和文化表达方式。这有助于在全球范围内推动艺术文化的交流与合作，丰富全球文化多样性。中国传统文化传播有助于外界更深入地了解中国的传统习俗。传统节日、礼仪、饮食文化等都是中国传统文化的重要组成部分。通过传播这些传统习俗，外界可以更加亲近地感受到中国人的生活方式、社交规范和人际关系的特点。这有助于打破文化隔阂，拉近不同国家和民族之间的文化距离，促进更加深入的跨文化交流。在跨文化交际的背景下，中国传统文化传播的意义还在于促进全球文化的互动与共融。通过对话和交流，不同文化可以相互启发，形成新的文化合成体。这有助于打破文化的单一性，促进文化的多元共融。中国传统文化的传播在这一过程中充当了文化传播的桥梁，引领不同文化向着共同的文明理想迈进。在全球化的时代，文化交流与理解成为促进世界和平与繁荣的关键因素。中国传统文化的传播不仅有助于外界更深入地了解中国，而且也为全球文化的多元性和共同繁荣贡献了积极的力量。通过跨文化交际的方式，我们能够促进不同文化之间的相互尊重、理解与合作，共同推动人类文明的发展。

第三节　跨文化交际背景下中国传统文化传播的实施主体

一、政府机构

政府作为中国传统文化传播的主导力量，在推动中华文化在国际上的传播方面发挥着至关重要的作用。相关的文化部门、外交部门以及文化遗产保护机构等在传播中国传统文化的过程中，通过各种手段积极参与，实施一系列措施，推动中华文化更广泛、深入地走向世界。在跨文化交际的背景下，政府的作用不仅体现在文化传播的策略制定上，而且还包括对文化传播实施主体的协调、支持和引导。文化部门在中国传统文化传播中扮演着重要角色。文化部门负责制定文化政策、规划文化发展方向，为中国传统文化在国际上的传播提供战略支持。这包括在文化交流领域设立文化中心、艺术团队，推动中国传统文化艺术形式在国际上的展示。通过对传统文化的深入挖掘、总结和推广，文化部门能够为国际社会提供更丰富、更全面的中国文化形象。外交部门在中国传统文化传播中具有独特的优势。外交部门通过外交途径，推动文化外交，加强国际文化合作，促进中国传统文化在国际上的传播。通过文化使者的角色，外交部门能够开展文化交流活动、主持文化庆典等，以积极形象推动中华文化的传播。此外，外交途径也可在国际层面争取更多支持和资源，推动传统文化的全球传播网络的建立。

文化遗产保护机构在传统文化传播中承担着独特的责任。通过保护、修复和展示中国传统文化的物质遗产，文化遗产保护机构为传播提供了实质性的支持。这包括古代建筑、手工艺品、传统技艺等的保护与传承，通过文化遗产的传承，可以更生动地展示中国传统文化的独特之处。这对于国际受众更加直观地了解中国传统文化，形成深刻的文化印象，起到了积极的推动作用。

在跨文化交际的环境下，政府在中国传统文化传播中的实施主体还需要考虑到以下几个方面：要重视文化的适应性和创新性。在推动中国传统文化在国际上的传播时，政府需根据不同国家和地区的文化特点，制定差异化的传播策略。同时，要注重在传统文化传播中融入当代元素，使之更具吸引力，更符合当代受众的审美和接受习惯。政府需要注重跨文化交际的教育和培训。为了更好地传播中国传统文化，政府可以通过举办文化交流讲座、培训班等形式，提高从事文化传播工作人员的跨文化交际能力。这有助于保证传播活动更加顺利地融入不同文化环境，提高传播效果。政府需要注重数字化和信息化手段的运用。在新媒体时代，政府可以通过互联网、社交媒体等平台，更广泛而直接地进行文化传播。通过建设在线文化平台、推动数字文化创意产业的发展，政府可以使中国传统文化更好地适应现代社会的传播需求。在实施中国传统文化传播时，政府还应注意到文化自信和文化尊重的平衡。在推动中国传统文化在国际上的传播时，政府既要弘扬中国传统文化的优秀传统，同时也要尊重其他国家的文化多样性，避免以主导文化的角度强加观念，促使文化传播更具有包容性和平等性。政府是中国传统文化传播的实施主体之一，在推动中华文化在国际上的传播方面具有不可替代的作用。通过文化部门、外交部门和文化遗产保护机构的有机合作，政府能够更全面、更有效地推动中国传统文化在国际上的传播，促使中华文化在全球范围内发挥积极作用，推动不同文明的互鉴与共融。

二、文化组织

各类文化组织在中国传统文化传播的实施中扮演着重要的角色，它们包括文化交流协会、文化研究机构等。这些组织通过组织各种文化活动，如讲座、展览、艺术演出等，积极推动中国传统文化的传承与弘扬。在跨文化交际的背景下，这些文化组织成为促进中华文化在国际上传播的实质性推手，通过各种方式搭建文化交流平台，推动中华文化更加深入地融入世界文明体系。文化交流协会作为中国传统文化传播的实施主体，承担着推动文化交流与合作的重要职责。这些协会可以通过组织国际文化交流活动、文化论坛等方式，促进不同国家、不同文化之间的对话与交流。在跨文化交际的背景下，文化交流协会需要善于发现、挖掘中国传统文化与其他文化之间的共通点，通过交流活动增进各方对中华文化的理解与认同，进而实现文明的互鉴与共融。文化研究机构在中国传统文化传播中扮演着知识传播和智力支持的角色。这些机构通过深入研究中国传统文化的方方面面，为文化传播提供了理论支持和学术指导。在跨文化交际的过程中，文化研究机构需要着眼于文化的多元性，通过研究不同国家文化的交融与碰撞，为中国传统文化在国际上的传播制定更具深度和广度的战略。各类艺术团队和表演机构是中国传统文化传播的生动实践者。通过举办传统音乐会、舞蹈演出、戏曲表演等，这些团队和机构可以直接向国际观众展示中华文化的独特魅力。在跨文化交际的背景下，艺术团队需要灵活运用各种表现形式，借助当代艺术手法，使传统文化更具现代感，更容易引起国际观众的兴趣。各类文化组织还可以通过建立国际文化交流平台、在线文化展览等形式，拓展传播渠道，增强传统文化的传播力和吸引力。在数字化时代，通过互联网等新媒体平台，文化组织能够更广泛地触达国际受众，实现文化传播的全球化。

在跨文化交际的环境下，文化组织在中国传统文化传播中还需关注以下几个方面：重视文化活动的策划与创新。在推动中国传统文化在国际上的传播时，文化组织需要根据不同文化的接受背景，设计更具吸引力的文化活动。通过创新的策划，可以使传统文化更好地适应当代观众的审美需求，增强传播效果。强调跨文化交际的沟通与理解。文化组织在推动中国传统文化传播的过程中，需要充分考虑不同文化背景的观众的接受能力和需求。通过与国际合作伙伴深入沟通，了解对方文化的特点，更好地进行文化交流，避免产生文化误解，实现跨文化交际的双向理解。注重文化产品的市场化和品牌化。文化组织可以通过制作高质量的文化产品，推动中国传统文化更好地走向国际市场。这包括音乐专辑、艺术品、文化衍生品等。通过市场化的运作，可以吸引更多的国际观众，使中国传统文化在国际市场上获得更大的认可度。强调人才培养和团队建设。文化组织在实施传统文化传播时，需要拥有一支具备跨文化交际能力、创新能力和国际视野的团队。通过人才培养和团队建设，文化组织可以更好地适应跨文化交际的需要，推动中国传统文化更有力度、更深入地在国际上传播。各类文化组织作为中国传统文化传播的实施主体，在跨文化交际的背景下承担着重要责任。通过精心策划文化活动、借助新媒体手段、强调市场化和品牌化，这些组织能够在国际上更加成功地传播中华文化，促使中国传统文化在世界范围内得到更广泛的认可和尊重。

三、文化创意产业

文化创意产业是在跨文化交际背景下推动中国传统文化传播的重要实施主体之一。通过将传统文化元素融入现代创意产品，文化创意产业为传统文化赋予新的时尚感和吸引力，推动了中国传统文化在全球范围内的更广泛传播。文化创意产业的兴起为传统文化注入了新的活力。传统文化作为一个民族的瑰宝，蕴含着丰富的历史、哲学和艺术内涵。然而，在全球化和现代化的浪潮下，传统文化需要适应新时代的需求，而文化创意产业为此提供了理想的平台。通过创意设计、科技融合等手段，文化创意产业将传统文化元素重新演绎，使之更具现代感、吸引力和时尚性。这种融合不仅能够保留传统文化的根基,而且同时也使其更具包容性,更易于在全球范围内传播。文化创意产业的产品广泛应用于各种媒体平台,实现了对中国传统文化的多层次传播。文创产品涵盖了艺术品、手工艺品、服饰、动漫、影视等多个领域,通过互联网、电视、社交媒体等多样化的媒体平台传播至全球。例如,一些具有中国传统元素的动漫、电影、游戏在国际市场上取得了巨大成功,吸引了大量观众。这种多媒体的传播方式不仅加强了传统文化在全球的可见度,而且也促使不同文化背景的人们更好地理解和欣赏中国传统文化。文化创意产业的国际化推动了中国传统文化在全球市场的竞争力。随着全球市场的开放和互联网的普及,文化创意产业逐渐成为国家软实力的重要组成部分。中国传统文化通过文化创意产业输出到国际市场,不仅拓展了文化产业的海外影响,同时也创造了经济价值。一些中国文化品牌通过巧妙地融合传统元素和时尚设计,成功进入国际市场,为中国传统文化在全球传播树立了更加积极、开放的形象。在文化创意产业的实施主体中,创意设计师、艺术家、文创企业等发挥着关键作用。创意设计师通过对传统文化的深入理解和创新思维,能够将传统元素转化为时尚的设计语言,使之更符合现代审美和消费者的需求。艺术家通过对传统文化的再创作,为文创产品注入独特的艺术价值。文创企业则负责生产、推广和销售文化创意产品,通过市场机制推动中国传统文化在全球范围内的传播。

政府也是文化创意产业的支持者和推动者。政府在文创产业的政策制定、资金支持、平台建设等方面发挥了积极作用。例如,提供创意产业的税收优惠政策、设立文创园区、组织文化创意展览等举措,都有助于培育文创产业生态,推动中国传统文化在国内外的传播。文化创意产业在推动传统文化传播中也面临一些挑战。其中之一是文化创意产品的质量与创意之间的平衡。在推动快速发展的同时,一些文创产品可能由于过于商业化,导致产品质量下降,失去了传统文化的深度和内涵。实施主体需要在追求商业成功的同时,重视保持文化产品的原汁原味,使其在时尚与传统之间找到平衡点。另一个挑战是在文化创意产业国际化过程中可能遇到的文化适应性问题。不同国家和地区有着不同的文化认知和消费习惯,文化创意产品需要在国际市场上做出调整,以满足不同文化背景的需求。实施主体需要在设计、营销等方面更具跨文化视野,确保产品在国际市场上更好地接受和融入。文化创意产业在跨文化交际背景下是中国传统文化传播的重要实施主体之一。通过将传统文化元素注入现代创意产品，文化创意产业不仅为传统文化赋予新的时尚感和吸引力，而且也通过多媒体的传播方式在全球范围内推动了中国传统文化的更广泛传播。在未来，随着文化创意产业的不断发展，其在传播中国传统文化方面的作用将更加显著，为中华文化在世界舞台上的传承与发展贡献更多力量。

第四节 跨文化交际背景下中国传统文化传播的路径

一、文化交流活动

通过组织文化交流活动，如文化节、艺术展、演出等，中国传统文化得以在国际上展示，并为不同文化背景的人们提供了近距离感受和体验的机会。这些活动不仅是传统文化传播的路径之一，也在跨文化交际背景下发挥着重要的作用。文化交流活动为中国传统文化提供了展示的平台。通过举办文化节、艺术展、演出等活动，中国传统文化得以以多种形式呈现在国际观众面前。这些活动通常集结了传统文化的各个方面，包括传统音乐、舞蹈、绘画、手工艺等，形成一场综合性的文化盛宴。观众通过参与这些活动，能够全面、直观地感受到中国传统文化的博大精深，从而增进对其的了解和认知。文化交流活动提供了人际交往和文化互动的机会。在文化节、艺术展等活动中，来自不同国家和地区的观众和艺术家有机会亲身接触、交流，并分享彼此的文化体验。这种人际交往能够促进文化之间的相互理解，拉近不同文化背景的人们的距离。通过交流互动，观众可以提问、学习，艺术家可以分享创作背后的文化内涵，使文化传播更加生动和富有参与性。文化交流活动在跨文化交际中具有独特的教育作用。通过参与文化节、艺术展等活动，观众能够在轻松愉悦的氛围中学习和了解中国传统文化。这种体验式的学习方式往往更为深刻和留下深刻的印象。例如，观众可以通过亲身参与传统手工艺品制作活动，学习传统乐器的演奏，感受传统服饰的魅力，从而加深对中国传统文化的理解。文化交流活动有助于形成文化品牌和文化符号。通过举办大型文化活动，中国传统文化可以在国际上建立起更加鲜明和有影响力的文化品牌。一些成功的文化节、艺术展等活动成为了国家和城市的代表性标志，吸引着全球观众的关注。这些文化符号不仅有助于塑造国家形象，而且也成为了中国传统文化在国际上的窗口和象征。在文化交流活动的路径中，文化节是一种重要的形式。中国传统文化节通常包括各种传统庆典、展览、表演等活动，如春节庙会、水灯节等。这些活动以传统文化为主题，吸引了大量观众参与，成为中国文化的鲜活展示。在国际上，一些中国传统文化节也收获了广泛关注，成为了促进文化交流的平台。例如，在海外举办的中国春节庆典，通过传统舞蹈、音乐、美食等元素，向国际观众展示了丰富多彩的中国传统文化。艺术展也是重要的文化交流途径。中国传统艺术展览通常包括绘画、书法、陶瓷、工艺品等多个方面。这些展览通过展示中国传统艺术的卓越之处，让观众更深入地了解中国传统文化的审美追求和艺术价值。在国际上，一些中国传统艺术展在国际艺术界产生了积极的反响，为中国传统文化的全球传播提供了有力支持。演出活动也是重要的文化交流形式。中国传统音乐、舞蹈、戏曲等在国际舞台上的演出，能够向世界展示中国传统艺术的魅力。一些优秀的艺术团体通过国际巡演，使中国传统文化成为全球文化盛宴的一部分。例如，京剧、豫剧等在国外的演出，不仅吸引了本地观众，也在国际间树立了中国传统文化的国际形象。

  在文化交流活动的推动下，中国传统文化在国际上得以传播，但在实践中也面临一些挑战。其中之一是文化差异的理解和处理。不同国家和地区有着不同的文化传统和价值观，对中国传统文化的理解可能存在偏差。在组织文化交流活动时，需要考虑到观众的文化背景，采取更为灵活和多样化的方式，以确保传播的效果更好地契合当地文化。另一个挑战是活动的持续性和深度。一次性的文化交流活动可能难以达到深远的影响，而需要长期、持续的推动。此外，如何在文化交流活动中注入更深层次的文化内涵，使之不仅仅是表面上的展示，而且也需要组织者在策划和执行中进行更为精心的设计。通过组织文化交流活动，中国传统文化得以在国际上展示，并为不同文化背景的人们提供了近距离感受和体验的机会。这些活动丰富了文化传播的途径，拉近了不同文化之间的距离，有助于促进文化理解和交流。在未来，随着全球文化交流活动的不断深化，文化交流活动将继续发挥重要的作用，成为中国传统文化传播的重要路径之一。

二、外交渠道

通过外交渠道，包括国家间的文化交流协议、文化交流使节等，可以通过正式的政府渠道传播中国传统文化。这种方式不仅在国家元首访问等正式场合得以展开，而且还通过文化交流协定的签署等形式推动中国传统文化的国际传播。国家元首访问时的文化交流活动是外交渠道中的重要组成部分。当国家元首进行对外访问时，文化交流活动往往成为外交行程的亮点之一。这包括在国宴上展示传统美食、安排传统音乐舞蹈表演、举办艺术展览等。这些文化交流活动不仅是对外宣传国家文化软实力的机会，也为国家元首在国际上树立形象提供了重要的支持。通过这种方式，中国传统文化在国际上得以直接展示，观众包括了各国政要、外交官员以及全球媒体，对传统文化的认知和认同度得以提高。签署文化交流协定成为推动中国传统文化国际传播的一种重要手段。国家之间通过签署文化交流协定，可以在政府层面推动文化资源的共享和交流。这些协定通常包括文化艺术交流、文化遗产保护、图书出版合作等多个方面。通过这种形式，不仅可以鼓励两国之间的文化交流，也为中国传统文化在对方国家的传播创造了有利条件。此外，协定的签署还表明了各国政府在文化领域的合作愿望，为跨文化交际提供了一种更正式和系统的途径。文化交流使节的派遣是外交渠道中的一种重要形式。国家可以派遣文化交流使节到其他国家，负责推动文化项目的合作和执行。这些文化交流使节通常是具有专业知识和国际视野的文化专家，能够在外交层面推动文化资源的传播。使节的工作范围主要包括文化节目的组织、文化活动的推广、文化产业的合作等。通过使节的派遣，中国传统文化能够在更广泛的国际范围内传播，得到更多国家和地区的认可。利用外交渠道还可以进行文化交流项目的合作。各国政府之间可以共同支持文化交流项目，包括联合举办文化活动、共同开展文化研究、合作保护文化遗产等。这种合作可以在国际关系中起到缓和紧张关系、增进友谊的作用，同时也为中国传统文化在国际上的传播提供更加广泛的平台。通过政府间的文化交流项目，中国传统文化得以融入到国际合作的大环境中，展现其独特的文化魅力。

在跨文化交际中,外交渠道在传播中国传统文化方面具有独特的优势。首先,政府间的合作能够为文化交流提供更为有力的支持和资源。国家级的合作项目往往能够获得更多的资金、场地和宣传资源,使得文化交流活动更具规模和影响力。其次,政府层面的合作更容易促成文化资源的跨国流动。政府的介入能够消除一些非政府因素带来的障碍,使文化项目更为顺畅地在国际上展开。再次,政府间的文化交流活动具有更高的正式性和公信力。这种形式的交流往往更容易在国际上产生广泛的共鸣和反响,为中国传统文化在全球范围内建立更为积极的形象。然而,在利用外交渠道进行文化传播时,也需要面对一些潜在的挑战。首先,政府层面的合作可能受到国际政治和外交关系的影响。如果两国之间存在紧张关系或分歧,文化交流活动可能受到制约。其次,政府层面的交流活动可能较为官方化,缺乏一些民间交流的活力和创新。因此,在实施时需要关注保持活动的灵活性和多样性,以更好地适应不同文化环境的需求。在未来,随着全球化进程的不断推进,外交渠道将继续在中国传统文化传播中扮演重要角色。通过政府层面的合作和推动,中国传统文化可以更好地走向世界,为跨文化交际搭建更加稳固的桥梁。同时,政府层面的合作也需要更加灵活和开放,更好地融入到全球文化交流的多元格局中,以实现文化传播的互惠共赢。

三、媒体传播

借助各类媒体平台,包括电视、广播、互联网和社交媒体等,将中国传统文化推广到全球是一种富有前瞻性和广泛影响的传播路径。在跨文化交际的背景下,通过多媒体手段将中华文化传播到全球,不仅能够实现信息的全面传递,而且更有助于促进文化的互鉴和共融。电视作为传统媒体平台,拥有强大的影响力和传播能力。制作专题纪录片是一种深度挖掘、生动展示中国传统文化的方式。这些纪录片可以通过全球性的电视频道、卫星电视等传播渠道,让更多国际观众了解中国传统文化的丰富内涵。在制作过程中,应当关注文化的差异性,运用通俗易懂的语言和形式,以引起国际观众的兴趣。广播作为另一种传统媒体,也是将中国传统文化传播到全球的有效途径。通过开设文化节目,包括音乐、讲座、戏曲等，可以通过广播频道向全球广大听众传递中华文化的声音。通过优质的节目制作，使中国传统文化的美妙之处在声音中得到充分体现，激发国际受众的文化好奇心和学习兴趣。互联网作为新媒体平台，是将中国传统文化传播到全球的高效途径。建设在线文化平台，包括官方文化网站、数字图书馆等，为国际观众提供便捷的学习和了解途径。在这个平台上，可以展示丰富的文化资源，包括书法、绘画、音乐等多个方面。通过在线交流、线上展览等方式，打破时空的限制，使中华文化的魅力得以更广泛地传播。社交媒体是一种强大的传播工具，通过在国际社交媒体平台上进行宣传，可以实现中华文化在全球范围内的快速传播。借助社交平台可以发布有趣、引人入胜的文化内容，吸引更多国际受众。此外，通过社交媒体，可以实现与国际观众的直接互动，了解他们的反馈和需求，更好地调整传播策略，实现文化传播的双向交流。

在跨文化交际的过程中，需要注意以下几个方面：要充分考虑不同国家和地区的文化差异。在制作和传播过程中，需要根据不同文化接受者的文化背景和特点，调整传播策略。避免以一种单一的文化视角，更加注重针对性和差异性，使传播更具有精准性和针对性。要注重信息的准确性和真实性。在推广中国传统文化的过程中，要避免夸大或歪曲事实，保障信息的准确传递。这有助于建立文化的信任度，使接受者更愿意深入了解和接受中华文化。要重视互动性和参与性。通过互联网和社交媒体平台，可以与国际受众实现直接的互动，了解他们的需求和兴趣。这种双向交流有助于建立更为紧密的文化关系，促使中华文化更好地融入国际社会。要注重创新和多样性。在传统和新兴媒体平台上，要不断尝试新的传播手段和形式，使中国传统文化呈现出更为丰富、多元的面貌。通过创新，可以更好地吸引国际观众，使中华文化在全球范围内得到更为广泛的传播。借助各类媒体平台推广中国传统文化是一种富有前景的传播路径。通过传统媒体和新媒体的有机结合，实现文化信息的多维度传递，有助于中华文化更全面、更深入地走向世界，为全球文明的融合与发展做出积极贡献。

四、文化产业

借助文化创意产业将传统文化元素融入现代创意产品，是一种富有活力且创新的传播路径。这包括文化衍生品、文创设计、艺术品销售等多个方面,通过各种创意手段,使中国传统文化在现代社会中焕发新的生命力。在跨文化交际的环境下,这一路径不仅可以使中华文化更好地适应多元文化的需求,而且还有助于在全球范围内推动中华文化的传播。文化衍生品是将传统文化元素融入现代生活的有效途径。通过设计和制造各类文化衍生品,如服饰、饰品、家居用品等,可以使传统文化元素更贴近人们的日常生活。这不仅满足了人们对文化认同的需求,同时也通过物品的实际使用,让更多人更直观地感受到中华文化的魅力。在跨文化交际的过程中,设计师和制造商需要更加注重文化差异,根据不同文化的审美偏好调整设计方案,使文化衍生品更具有全球吸引力。文创设计是推动传统文化创新和传承的重要手段。通过在设计领域中引入传统文化元素,如传统图案、器物形态等,设计师可以创造出独特而具有文化深度的产品。这既有助于传统文化的创新演绎,也能够吸引更多国际受众的关注。在设计过程中,需要综合考虑不同文化的审美观念,确保文创产品在全球范围内都能够得到欣赏和接受。

艺术品销售是将传统文化融入市场的另一种途径。通过推动传统艺术品的销售,如书法、绘画、工艺品等,可以实现中国传统文化的艺术价值传承。这不仅有助于传统艺术的生存和发展,同时也使国际受众更深刻地了解中华文化的博大精深。在销售过程中,需要通过适当的文化解读和教育,让购买者更好地理解艺术品背后的文化内涵。文化创意产业需要充分考虑不同文化的差异性。在设计文化衍生品、文创产品时,需要综合考虑目标受众的文化背景,避免因文化差异而引起的误解或不适。通过定制化设计,使文化创意产品更好地迎合不同国家和地区的文化需求。要注重创意与传统的平衡。在推动传统文化的创新和传承过程中,要保持对传统文化的尊重,确保创意产业不仅具有现代时尚感,同时能够传承和弘扬传统文化的核心价值。这有助于避免文化创意产业走向偏离或过于商业化的方向。要强调教育与解读。通过在销售和推广过程中加入文化解读元素,能够帮助国际受众更好地理解和欣赏中国传统文化。这包括提供艺术品背后的文化故事、传统元素的涵义等,使购买者更加深入地体验和感知传统文化的内涵。注重社会责任与可持续发展。在文化创意产业的推动过程中,需要重视保护文化遗产,避免对传统文化的过度开发和商业化带来的负面影响。通过倡导可持续发展理念，确保文化创意产业在传统文化传承的同时，也能够为社会和环境做出积极贡献。通过文化创意产业将传统文化元素融入现代创意产品，是一种积极有效的传播路径。在跨文化交际的背景下，通过巧妙的设计和创意，能够使中国传统文化在全球范围内获得更为广泛的认可和喜爱，促进中华文化在全球的传播与发展。这些传播路径的综合运用有助于中国传统文化在跨文化交际中更加全面、深入地传播。通过多渠道、多层面的传播方式，可以实现对中国传统文化的广泛传播和国际认可。

第七章 跨文化交际背景下中国传统文化的英语翻译

第一节 汉语文化在英语翻译过程中文化空缺现象及对策

一、汉语文化在英语翻译过程中文化空缺现象

(一) 文化差异

汉语和英语所处的文化背景存在显著的差异，这在翻译过程中常常表现为文化空缺现象。某些汉语中常见而英语中缺乏的文化元素，例如中国传统的节日、习俗、宗教仪式等，可能会在英语中难以找到对应的表达方式。这一现象对翻译者提出了更高的要求，需要在保持准确性的同时，创造性地弥补文化差异，使译文更好地传达原文的文化内涵。本章节将深入探讨汉语文化在英语翻译过程中的文化空缺现象，以及应对这一挑战的方法和策略。文化空缺是指在翻译过程中由于两种语言文化差异导致的信息丢失或表达不准确的现象。在中英文化差异明显的领域，如传统节日、礼仪习俗、宗教信仰等方面，存在大量的文化元素在翻译中难以找到恰当的对应。例如，中国的春节有着浓厚的文化底蕴，但在英语中对应的表达"Spring Festival"并不能完全传达其中的文化内涵，因为春节不仅仅是一个时间点，更是一个蕴含深厚传统意义的重要节日。这种文化空缺可能导致译文难以真实、准确地传达源语言中的文化信息。

文化空缺的产生主要源于两种语言文化之间的差异。汉语作为表意文字，强调整体性和象征性，常常通过寓意深厚的成语、谚语、典故来表达思想和情感。

而英语则更注重逻辑性和实用性，偏向直接、明确的表达方式。因此，在翻译时，某些富有象征意义的汉语表达可能难以在英语中找到合适的对应，导致文化信息出现丧失。例如，"卧薪尝胆"这个成语在英语中可能需要解释其寓意，而其中蕴含的历史故事和文化内涵可能无法被完全呈现。文化空缺的解决需要翻译者具备深厚的文化素养和创造性的翻译技巧。面对文化空缺，翻译者可以采取一些策略来弥补，如注释、扩展性翻译、转换文化元素等。注释是一种直接解释源语言文化元素含义的方式，可以帮助读者更好地理解文化内涵。扩展性翻译则是通过添加额外的文字来详细说明源语言文化元素，使译文更具丰富性。转换文化元素是指将源语言文化元素替换为目标语言中更具文化共鸣的表达，以实现更好的传达效果。例如，将中国的传统节日名称翻译为英语时，可以结合注释，同时选择更具英语文化特色的表达，使英语读者更容易理解和接受。在面对文化空缺时，翻译者还应该注重情境和语境的适应。在具体的翻译任务中，要根据文本的性质和读者的背景差异来选择合适的解决策略。对于涉及重要文化元素的翻译，可能需要更加谨慎地处理，以确保译文既准确传达了文化信息，又不失通顺和自然。在进行文化元素的转换时，要尽量选择与目标语言文化相契合的表达方式，避免引起误解或歧义。在汉语文化在英语翻译过程中，文化空缺是一项常见而具有挑战性的任务。翻译者需要通过深入了解源语言文化和目标语言文化，善于创造性地运用各种翻译策略，最大程度地保留源语言文本的文化内涵。通过这样的努力，翻译者可以克服文化空缺现象，使翻译更富有文化共鸣，更好地传达原文的意义。这也使得跨文化翻译成为一项需要跨越语言、历史、习俗等多个领域的综合性挑战。

（二）习惯用语和成语

汉语中丰富而深刻的习惯用语和成语蕴含着深厚的文化内涵，而在翻译时，这些表达可能会面临难以直译或找到恰当的英语表达的问题，导致文化信息的丢失。这一文化空缺现象在中英文化差异较大的领域尤为显著，需要翻译者巧妙处理，以确保译文既准确传达了语义，又能在目标语言中传递源语言的文化内涵。本文将深入探讨这一问题，以及应对文化空缺的翻译策略和方法。习惯用语和成语是汉语中一种常见的表达方式，它们往往通过简练、生动的语言形式传递着深刻的文化思想和价值观。然而，由于中英文化的根本差异，一些汉语习惯用语和成语在英语中可能难以找到直接的对应，甚至在英语中并没有等效的表达方式。例如，"狐假虎威"这一成语直译为英语可能失去其深层次的文化内涵，因为其中包含了关于权谋和势力的中国文化特有的理念。文化空缺现象在翻译中可能会导致信息的丧失或误解。如果翻译者直译习惯用语或成语，读者可能无法理解其中所包含的文化内涵，误解其真实含义。而在没有直接对应表达的情况下，翻译者为了保持意义，可能选择解释、注释，但这样的处理可能使得译文显得冗长，失去了源语言的简洁和含蓄。应对文化空缺需要翻译者具备深厚的文化背景知识和创造性的翻译技巧。在翻译习惯用语和成语时，翻译者可以选择使用相近意思或具有类似文化内涵的英语表达，以使译文更准确地传达源语言的意义。同时，可以通过注释或增加一两句话的方式，对目标读者解释其中的文化元素，使其更好地理解汉语中的表达。这种创造性的翻译策略既能保留文化内涵，又能使译文更容易为目标读者接受。在翻译中，翻译者还可以运用一些替代的表达方式，如使用英语中具有类似含义的俚语、谚语或文学典故，以此在一定程度上弥补文化差异。然而，翻译者需要小心使用这些替代表达，确保它们在目标语言中是恰当、自然且能够传达源语言的意义。在选择替代表达时，还需要考虑目标读者的文化背景和理解水平，以避免引起不必要的误解。借助文化背景知识，翻译者还可以通过换用更具有本地文化共鸣的表达方式来处理文化空缺。这种策略可以使译文更贴近目标语言读者的习惯表达方式，增加译文的可接受性。例如，对于表达"画龙点睛"的汉语成语，翻译者可以考虑使用英语中关于完成某事关键一步的表达，以传达相似的意思。在翻译过程中面对汉语习惯用语和成语的文化空缺，翻译者需要兼顾语义准确性和文化传达的完整性。通过深入了解源语言和目标语言的文化差异，翻译者可以运用多种翻译策略，如替代表达、注释解释等，来应对文化空缺现象。在具体翻译任务中，灵活运用这些策略，既可以有效传达源语言的文化内涵，又能保障译文在目标语境中的自然流畅。这也是一项需要翻译者跨越语言和文化领域的综合性挑战。

（三）历史文化

在中英文化交际的过程中，存在一些汉语特有的词汇和表达方式，涉及中国的历史文化，而在英语中可能缺乏直接对应的概念。这种文化空缺现象不仅影响了信息的准确传递，而且还反映了中英两种语言和文化之间的差异。封建制度是一个典型的例子，其在中国的历史长河中占有重要地位。封建社会的政治、经济、社会结构，以及封建礼仪等方面的概念在汉语中有着丰富的表达方式。然而，在英语中，对于封建制度的准确翻译相对困难。英语中可能使用的 feudalism 这一词汇，虽然近似，但并不能完全涵盖封建社会在中国的具体历史背景和内涵。因此，翻译封建制度时需要结合详细的解释，以确保读者对于这一概念的理解不至于受到局限。礼制是中国传统文化的核心概念之一，包括了丰富而复杂的礼仪体系、人际关系的准则等。在英语中，尽管可以使用"ritual"或"ritual system"来翻译礼制，但这仍然难以完整传递其中蕴含的文化内涵。因为中国的礼制不仅是一种礼仪规范，更是一种价值观念和社会秩序的表达。因此，在翻译礼制时，需要在保持准确性的同时，通过背后的文化解释来帮助读者更深入地理解中国的礼仪传统。

宫廷文化是指与皇室和宫廷有关的文化体系，涵盖了宫廷礼仪、文学、艺术等多个方面。这一概念在英语中并没有一个直接的对应词汇。虽然可以使用"court culture"来表达，但这一表达可能并不能充分覆盖中国宫廷文化的独特性。在英语翻译中，可能需要通过详细的描述和举例，以便读者更好地理解中国宫廷文化的丰富内涵。在面对这些文化空缺的情况下，翻译人员需要具备深厚的文化背景知识和语言技能。他们不仅需要准确传达原文的信息，还要重视传递其中蕴含的文化内涵。以下是在中英文化交际中处理文化空缺的一些建议：注重文化解读。在翻译中，翻译人员应当注重对原文中涉及的文化概念进行深入解读，了解其在中国文化中的特殊意义。通过提供详细的背景信息和解释，帮助读者更好地理解这些文化特有的概念。灵活运用英语表达方式。在翻译时，翻译人员可以灵活运用英语的表达方式，通过使用相关的近义词、解释性的短语等手段，更全面地呈现原文中的文化内涵。这有助于避免直译的生硬感，使翻译更富有流畅感和自然度。加入比较和对比。为了帮助英语读者更好地理解中国文化概念，翻译人员可以通过与西方文化相似或对比的概念进行比较，以便搭建起读者对这些概念的认知框架。这有助于弥补文化差异带来的理解障碍。借助注释和脚注。在翻译的文本中，可以适度使用注释和脚注，向读者提供更详细的文化背景信息。通过这种方式，读者可以在阅读过程中获取更多关于中国文化的信息，有助于理解其中的文化内涵。中英文化之间的差异导致了一些文化空缺现象。在翻译过程中，翻译人员需要以更为细致的方式来处理这些文化特有的概念，通过巧妙的表达和文化解读，实现信息的准确传达和文化内涵的深刻理解。这有助于促进中英文化交流，帮助两种语言在跨文化交际中更好地互通有无。

（四）宗教与哲学

在中英文化交际的过程中，由于宗教和哲学方面的差异，汉语中存在一些专业术语，如佛教、道教、儒家等的术语，而在英语中可能缺乏完全对应的专业术语。这种文化空缺现象不仅影响了信息的准确传递，还反映了中英两种语言和文化之间的深刻差异。佛教、道教、儒家等是中国传统文化中的三大主要哲学宗教体系，它们在汉语中有着丰富的专业术语和概念。例如，涉及佛教的"般若波罗蜜多""涅槃"等词汇，涉及道教的"道""道德经"等词汇，涉及儒家的"仁""礼"等词汇。这些专业术语在中文中有着具体而丰富的内涵，但在英语中，对于其中一些概念，可能没有完全对应的专业术语。由于宗教和哲学的差异，汉语中一些表达宗教仪式、信仰习俗的术语，如"法会""礼拜""庙宇"等，可能在英语中缺乏准确的对应。这导致在翻译中需要通过解释和描述，以便读者能够更全面地理解这些文化概念。

在面对这些文化空缺的情况下，翻译人员需要特别敏锐和细致。以下是在中英文化交际中处理文化空缺的一些建议：理解概念的深层内涵。在翻译涉及佛教、道教、儒家等宗教和哲学概念的文本时，翻译人员需要深入理解这些概念的深层内涵，包括其在中国文化中的历史渊源、哲学思想、宗教仪式等方面。只有深刻理解了这些概念，才能在翻译过程中更好地保持原文的文化内涵。寻找近似或解释性的翻译。在翻译中，可以寻找英语中近似的专业术语，或者使用解释性的短语来替代缺失的专业术语。通过这种方式，可以在保持准确性的同时，使读者更容易理解原文的含义。加入背景解释。为了更好地传达原文中的文化内涵，翻译人员可以在翻译文本中加入背景解释，解释相关宗教和哲学概念的含义、历史渊源等。这有助于读者更全面地理解原文中所表达的文化观念。充分利用注释和脚注。在翻译的文本中,可以适当使用注释和脚注,向读者提供更详细的文化背景信息。通过这种方式,读者可以在阅读过程中获取更多关于佛教、道教、儒家等文化概念的信息,有助于理解其中的深刻内涵。在处理文化空缺时,翻译人员还需要充分考虑目标读者的文化背景。如果翻译的文本面向具有一定宗教和哲学知识的读者,可以更深入地介绍相关概念;如果面向一般读者,可能需要更简洁地表达,以确保信息的易懂性。中英文化之间存在一些宗教和哲学方面的文化空缺。在翻译过程中,翻译人员需要以更加细致的方式来处理这些专业术语,通过巧妙的表达和文化解读,实现信息的准确传达和文化内涵的深刻理解。这有助于促进中英文化交流,使两种语言在跨文化交际中更好地互通有无。

二、汉语文化在英语翻译过程中文化空缺对策

(一)适当注释和解释

在翻译过程中,当面临汉语文化在英语中难以找到对应表达的情况时,翻译者可以通过适当的注释和解释来弥补文化空缺,使得读者更好地理解源语言的文化内涵,同时不破坏整体语言流畅性。这种对策需要翻译者具备丰富的文化知识和创造性的翻译技巧,以确保注释能够在目标语言中传递源语言文化元素的含义。以下将详细探讨这一翻译策略,并讨论其在实际翻译任务中的应用。

首先,注释是一种常见的翻译手段,可以在译文中以脚注、括号、附带说明等形式呈现。通过在文本旁边或底部添加注释,翻译者可以提供关于文化元素含义的详细解释,帮助读者更好地理解原文中的文化内涵。例如,在翻译一篇中国古典文学作品时,如果涉及一些古代的礼仪、仪式或传统习俗,翻译者可以在适当的位置添加注释,解释这些文化元素的来历和意义,使得读者能够更全面地理解作品。

其次,注释的形式可以根据具体情境和读者群体的不同而灵活选择。对于学术性的翻译作品,可以使用脚注的形式,将详细的解释和注释放置在页面底部,以不影响正文流畅性。而对于一般读者更广泛的作品,可以在文本中使用括号或

直接在文中添加附带说明，以更直接地传达文化元素的信息。翻译者需要根据具体情境和读者的阅读习惯选择最合适的注释形式，以确保注释的效果更好地融入译文中。

再次，注释的内容需要具备足够的信息量，以满足读者对文化元素理解的需求。注释不仅要解释文化元素的字面意义，还要涉及其历史渊源、社会背景、文化传统等方面的内容，以使读者对该文化元素有更深入的了解。例如，在解释一位古代诗人使用的特定习惯用语时，翻译者可以除了解释其字面意义外，还额外添加该习惯用语在当时社会中的使用背景和相关的文化知识，使读者能够更全面地理解。

在进行注释时，翻译者需要注意语言的简洁性和流畅性。注释不应该过于冗长，以免影响读者的阅读体验。翻译者应该精选注释的内容，确保注释既传达了足够的文化信息，又保持了整体语言表达的自然流畅。此外，对于一些常见的文化元素，翻译者可以通过提前进行文化介绍或附带一篇简短的文化背景说明，减少对整体文本的侵入性，使得读者更容易理解文化元素的含义。

在实际的翻译任务中，翻译者需要根据具体文本和目标读者的特点来灵活运用注释和解释这一翻译策略。对于一些文化元素在目标文化中极为陌生的情况，注释是传递文化信息的有效方式。然而，在使用注释时，需要注意平衡文本的整体性和注释的详尽性，以确保读者在阅读译文时能够获得对文化元素准确理解，同时不感到阅读的困扰。

总体而言，通过适当的注释和解释是翻译者在汉语文化在英语翻译过程中应对文化空缺的有效对策之一。这种对策不仅能够保留文化元素的丰富内涵，还能够使目标语言读者更全面地理解源语言的文化背景。在实践中，翻译者需要根据具体情境和文本特点选择合适的注释形式和内容，以实现文化信息的最佳传达效果。

（二）类比与比喻

在翻译过程中，面对汉语文化在英语中难以找到对应表达的情况，翻译者可以通过使用目标语言中的类似文化概念、习惯用语或比喻，来替代源语言中的文化元素。这一对策旨在在目标语言中传达相似的文化内涵，同时使译文更具可理解性。使用类似文化概念是一种常见的对策。当汉语中的文化元素在英语中没有直接的对应时，翻译者可以选择使用目标语言中具有相似文化内涵的概念来替代。例如，如果原文中提到了中国传统的"书法艺术"而在英语中难以找到等效表达，翻译者可以考虑使用英语中的"calligraphy"来传达类似的概念。这种替代不仅使译文更容易为目标语言读者理解，而且能够在一定程度上保留原文的文化内涵。习惯用语的运用也是一种有效的翻译策略。习惯用语通常是每种语言中独特的表达方式，它们体现了一定文化环境下的特定观念和价值。当汉语中的习惯用语在英语中难以找到对应时，翻译者可以选择使用目标语言中相似的习惯用语，以传达类似的语义和情感。例如，如果原文中使用了"独具匠心"一词，翻译者可以考虑使用英语中的"unique and innovative"来传达类似的含义。

比喻的运用也是解决文化空缺问题的一种策略。比喻是一种通过类比来传达某种概念或情感的修辞手法，而不同语言和文化中的比喻往往有着共通之处。当汉语中的比喻在英语中无法找到直接对应时，翻译者可以考虑使用目标语言中类似的比喻来传达相似的形象和含义。例如，如果原文中使用了"犹如鱼得水"来形容一个人在某个环境中得心应手，翻译者可以使用英语中的"like a fish in water"来传达相似的比喻。在具体的翻译任务中，翻译者需要综合考虑源语言和目标语言的文化背景，以选择最合适的替代表达方式。在进行替代时，需要确保选用的文化元素在目标文化中是合适和常见的，以避免引发不必要的困扰或误解。此外，替代表达方式应该能够准确传达源语言文化元素的核心意义，以保持译文的准确性和完整性。通过使用目标语言中的类似文化概念、习惯用语或比喻来替代源语言中的文化元素是翻译中常用的文化空缺对策之一。这种策略要求翻译者具备深刻的文化了解和灵活的语言运用能力，以在保持翻译准确性的同时，使译文更容易为目标语言读者理解。在实际操作中，翻译者需要根据具体的语境和文本特点来选择合适的替代表达方式，以达到最佳的翻译效果。

第二节 跨文化交际背景下习语和典故英语翻译

一、跨文化交际背景下习语英语翻译

（一）理解习语的文化内涵

在进行习语的英语翻译时，翻译者需要深入了解习语所包含的文化内涵，包括其起源、使用背景和隐含的意义。这一过程不仅要求翻译者具备出色的语言技能，而且还需要对习语背后的文化、社会背景和历史传统有深入的了解。在跨文化交际的背景下，理解并准确传达习语是确保翻译质量和语境适应的关键。习语是语言的一种特殊形式，通常由一组词汇共同组成，具有特定的含义和用法。这些习语在特定文化或社会背景中产生，并通过长期的使用而得以传承。因此，翻译者在处理习语时需要追溯其起源，了解它们在特定文化中的诞生背景。这有助于理解习语的根本含义，为后续的翻译工作提供基础。习语的使用背景是理解其意义的重要方面。不同的习语可能在不同的语境中产生不同的解释和引申含义。因此，翻译者需要了解习语的典故或背后的故事，以更好地理解其在特定场景中的应用。这种了解有助于翻译者捕捉习语的深层含义，避免出现误译或失真，确保翻译的准确性和通顺性。习语在文化传统和历史传承中扮演着重要角色。由于习语通常承载着文化的独特特征，翻译者需要对相关文化的历史、传统、价值观等有深入的了解。这样的文化背景知识可以帮助翻译者更好地理解习语的文化内涵，避免将其简单机械地翻译为目标语言的类似表达，而忽略了文化差异。

在跨文化交际的背景下，考虑到英语和其他语言之间的差异，翻译者还需要特别关注目标语言文化的接受度和理解程度。有些习语可能在某种文化中非常普遍，而在另一种文化中却较为陌生。因此，翻译者需要在保留习语原有含义的同时，选择适当的目标语言表达方式，以确保目标语言读者能够理解和接受。在实际翻译工作中，翻译者可以采取以下方法来深入了解和处理习语：翻译者应该深入学习源语言文化，包括历史、传统、文学作品等，以更好地理解习语的起源和

演变。翻译者可以查阅相关的文化和语言学的文献，了解习语的使用背景和文化内涵。如果可能，翻译者可以咨询擅长源语言文化的专家，获取更深层次的文化解释和背景信息。通过参与源语言文化的各类活动，翻译者可以亲身感受文化氛围，加深对习语的理解。在具体翻译工作中，翻译者要特别关注习语出现的语境，了解其在特定场景中的使用方式。深入了解习语的文化内涵对于准确翻译和在跨文化交际中传达合适的语境信息至关重要。翻译者的文化素养和专业知识是保障翻译质量的关键，而深入了解习语的背后文化是实现这一目标的关键步骤。

（二）寻找相似习语

在跨文化交际的背景下，当目标语言中存在与源语言相似的习语时，翻译者可以选择采用相似的表达方式，以保持习语的文化特色。这一策略有助于在目标语言中传达类似的情感和含义，同时使翻译更符合目标语言读者的习惯表达方式。在实际翻译中，这种方法需要翻译者兼顾源语言文化和目标语言的接受度，以保证翻译结果既忠实于原文，又能够在目标语境中自然流畅。当目标语言存在与源语言相似的习语时，翻译者可以选择直接采用目标语言中的对应表达。这种情况下，目标语言的读者更容易理解并接受翻译，因为他们对这个表达方式已经有一定的认知。例如，如果源语言中使用了类似于"守株待兔"的习语，而目标语言也有相似的表达，翻译者可以直接使用目标语言的对应习语，如"waiting for the hare by the stump"，以传达相似的意思。翻译者可以在目标语言中找到与源语言习语相似但不完全相同的表达方式。这种情况下，翻译者需要灵活运用目标语言的语言资源，选择能够准确传达源语言习语意义的表达。例如，如果源语言中使用了"一箭双雕"来形容一举两得的情况，而目标语言中没有完全对应的习语，翻译者可以选择类似的表达，如"kill two birds with one stone"。需要注意的是，并非所有的习语在不同文化中都有直接对应的表达。在选择相似表达方式时，翻译者需要确保目标语言中的表达不仅在语义上接近，而且在文化背景和习惯用法上也能够符合当地的语言特点。否则，可能会导致翻译在目标语境中显得生硬或不自然。翻译者还可以结合两种文化的语言特点，进行创意性的翻译。通过巧妙地结合源语言习语和目标语言的表达方式，翻译者可以创造出富有文化独特性的译文。这种方法要求翻译者对两种文化的语言和表达方式有深入的理解，以确保创新的翻译能够在目标语境中被接受。选择采用目标语言中存在的与源语言相似的习语是在跨文化交际背景下进行习语翻译的一种有效策略。这要求翻译者具备深厚的双语语言和文化背景知识，能够在保持习语原有含义的同时，使翻译结果更符合目标语境的语言习惯和表达方式。在具体操作中，翻译者需要根据具体语境和文本特点灵活运用这一策略，以收获更好的翻译效果。

二、跨文化交际背景下典故英语翻译

（一）深入了解典故的文化内涵

在进行习语典故翻译之前，翻译者需要深入了解其文化起源、历史背景和内在含义。这种深刻的理解对于在目标语言中传达典故的文化价值至关重要。在跨文化交际的背景下，更是需要敏锐地捕捉习语中所蕴含的文化细微差异，以确保翻译的准确性和传达的文化信息的完整性。翻译者应该对典故的文化起源有详细了解。了解典故的根源有助于理解其在源语言文化中的地位和作用。这可能涉及文学作品、历史事件、传说故事等多方面的知识，以便准确把握典故的背景。对典故的历史背景的深入了解也是不可或缺的。翻译者需要了解在典故产生的时代，社会背景、政治环境、经济状况等因素对于该典故的形成产生了怎样的影响。这有助于更好地理解典故中的隐喻和象征，进而更准确地将这些元素转译到目标语言中。在典故的内在含义方面，翻译者需要深刻理解其中蕴含的哲学、道德、宗教或文化观念。典故往往是一种精炼的表达方式，通过寓意和隐喻传达深刻的思想。翻译者需要在目标语言中找到恰当的表达方式，以保持典故的原始内涵。在跨文化交际的背景下，翻译者还需注意目标语言的文化特征，以确保典故在新的文化语境中被正确理解。这可能涉及对目标语言文化中类似典故或习语的搜索和比较，以便找到最合适的表达方式。深入了解典故的文化起源、历史背景和内在含义，以及考虑跨文化交际的因素，都是翻译者在进行习语典故翻译时不可忽视的重要步骤。只有通过这样的深入研究和思考，翻译者才能更好地实现典故的跨文化传达，确保目标语言读者能够完整理解和感受典故所传达的文化价值。

（二）选择具有相似文化背景的典故

在进行跨文化交际背景下的习语典故翻译时，翻译者面临着巨大的挑战，其中之一就是如何在目标语言中保留源语言典故的文化内涵。一种有效的策略是利用目标语言中存在的与源语言相似的典故，将其巧妙地融入翻译中，以实现文化价值的传达和接受者的更好理解。翻译者需要深入研究目标语言中已有的典故，尤其是那些与源语言典故有相似文化背景的。这可能包括类似的寓言、传说、历史故事等。通过对这些典故的深入了解，翻译者能够找到在目标语言中最为贴切、相似的表达方式。在选择替代典故时，翻译者需要考虑目标语言文化的特点，以确保新的表达方式在当地文化语境中更具可接受性。这关系到对目标语言读者的文化认知水平、价值观念和习惯用语的理解。通过合理选择替代典故，翻译者能够更好地满足目标语言受众的文化期待。翻译者在使用替代典故时，需要注意确保所选择的典故能够传达与源语言典故相近的内涵和意义。这需要对源语言典故的核心思想进行深入理解，并在目标语言中找到最为贴切的对等表达方式。通过这种方式，翻译者可以确保在替代过程中不失去典故原始信息的精髓。值得注意的是，翻译者在选择替代典故时应保持灵活性。有时候，直接的替代可能并不完全契合目标语言文化，因此可能需要进行一定程度的调整和修改。这需要翻译者具备高度的文化敏感性和创造力，以便在保留典故核心意义的同时，使其更加贴合目标语言文化。在整个翻译过程中，翻译者还需与目标语言的本地人士进行沟通，获取他们对所选择替代典故的反馈。这种沟通可以帮助翻译者更好地了解当地文化的细微差异，从而进一步优化翻译成果。借助目标语言中与源语言相似的典故来进行替代是一种有效的跨文化交际策略。通过巧妙地结合源语言典故和目标语言文化特点，翻译者能够实现更为精准和贴切的文化传达，提升翻译作品在跨文化交际中的有效性。典故的英语翻译需要翻译者对文化有深入的了解，同时运用创造性的翻译策略，以在跨文化交际中传达出源语言中典故的文化价值和情感色彩。

第三节 跨文化交际背景下戏曲和诗词英语翻译

一、跨文化交际背景下戏曲英语翻译

(一) 深入了解文化背景

戏曲作为源语言文化的独特艺术形式,通常深植于历史、传统和价值观之中。在进行戏曲的英语翻译时,翻译者需要深入了解源语言文化,包括相关历史、宗教、哲学等方面的知识,以更好地理解戏曲作品的文化内涵。这一过程不仅需要翻译者具备卓越的语言能力,而且还需要对源语言文化的深刻理解,以确保翻译能够在跨文化交际中传达戏曲的独特魅力。戏曲作品通常承载着源语言文化的历史传承。翻译者需要了解戏曲的创作背景、发展历程以及其中所反映的历史事件。这涉及对源语言文化中重要时期、人物、事件等的深入研究,以更好地理解戏曲作品中所包含的历史内涵。例如,中国的京剧往往反映了中国古代历史中的英雄事迹和社会风貌,翻译者需要对这些历史背景有足够的了解,以准确传达戏曲中的历史故事。宗教和哲学是戏曲作品中常常涉及的重要元素。许多戏曲在表达人物心理、命运等方面常常融入宗教和哲学的思想。在进行翻译时,翻译者需要深入研究源语言文化的宗教体系和哲学思想,以确保能够准确传达戏曲中所体现的精神内涵。例如,印度的梨花体现了印度教和佛教的文化底蕴,翻译者需要对这些宗教思想有所了解,以更好地理解并翻译梨花中的文化内涵。戏曲中常常融入了当地的风土人情和民间传说,反映了原语言文化的生活方式和社会风尚。翻译者需要对这些风土人情有深刻的了解,以确保在翻译中能够恰如其分地表达源语言文化的独特特色。例如,日本的能剧中常常反映了日本古代武士阶层的生活和道德观念,翻译者需要对日本的历史和文化有充分的了解,以保持戏曲作品在翻译中的原汁原味。在跨文化交际的背景下,戏曲的英语翻译需要考虑目标语言读者对戏曲的理解和接受程度。翻译者应该在保持戏曲原有文化特色的同时,选择目标语言读者更容易理解和欣赏的表达方式。这需要翻译者在两种文化之间取得平衡，既保留源语言文化的独特性，又使翻译更加贴近目标语言文化。

在实际翻译工作中，翻译者可以采取以下方法来深入了解戏曲作品的文化内涵：翻译者需要学习源语言文化的历史、宗教、哲学等方面的知识，以全面了解戏曲作品的文化背景。阅读学术研究和评论，获取专家对戏曲作品文化内涵的解读，有助于翻译者深入理解作品。翻译者可以通过阅读地方文学、了解当地传统、风俗等，获取有关戏曲中所反映的当地生活的信息。如有可能，翻译者可以与擅长源语言文化的专家进行交流，获得更加深度的文化解读。在翻译时，翻译者需要根据目标语言读者的文化背景，选择能够在目标语境中被理解和接受的表达方式。戏曲作为一种具有深厚文化内涵的艺术形式，其英语翻译需要翻译者不仅具备出色的语言技能，而且更要有深入的文化了解。通过深入研究源语言文化的历史、宗教、哲学等方面的知识，翻译者能够更好地理解戏曲作品的文化内涵，从而在翻译中传达源语言文化的独特魅力。

（二）保持音乐和韵律的美感

戏曲作为一种独特的艺术形式，常伴随着独特的音乐和韵律，这些元素对于戏曲的表达至关重要。在进行戏曲的英语翻译时，翻译者不仅需要考虑文字的转换，还需要思考如何保留原作中的音乐和韵律感，以使目标语言读者能够体验到类似的美感。这一过程需要翻译者兼顾语言、文化和音乐方面的知识，以保障翻译结果在跨文化交际中传达戏曲的完整情感和艺术风格。音乐在戏曲中常常起到强调情感、烘托氛围的作用。在进行戏曲的英语翻译时，翻译者需要深入理解源语言文化中的音乐元素，包括乐器的选择、曲调的变化、节奏的起伏等。这样的了解有助于翻译者更好地理解原作中音乐与文本的融合，以确保在翻译中能够保留原作音乐所带来的情感和氛围。

戏曲常伴随着独特的韵律，这一特点使得戏曲在表达情感和人物性格方面更为生动。在进行英语翻译时，翻译者需要思考如何在目标语言中找到合适的韵律感，以保留原作中的表达特色。这可能涉及对目标语言的音韵特点的深入了解，以及对源语言韵律的巧妙转换。通过巧妙处理语言的音韵结构，翻译者可以尽量保留戏曲原有的韵律感，使译文更具表现力和吸引力。考虑到不同语言之间的音乐和韵律差异，翻译者可能需要运用一些翻译技巧，以找到最合适的表达方式。

这可能包括在目标语言中选择具有类似音韵效果的词语，或者通过改变句子结构和语调来呼应原作中的韵律。然而，这需要翻译者对两种语言的语音学特点和韵律规律有深入的了解，以避免在翻译中产生不自然或失真的情况。在跨文化交际的背景下，翻译者需要根据目标语言文化的音乐和韵律传统，灵活运用翻译策略。例如，在英语戏曲翻译中，可以考虑采用一些音韵丰富的表达方式，或者通过适当的语音修辞手法来强调戏曲原作中的音乐元素。这有助于使翻译更贴近目标语言读者的审美习惯，使他们更容易理解和欣赏戏曲的艺术之美。戏曲的英语翻译涉及语言、文化和音乐等多个层面的考虑。翻译者需要在保持原作情感和艺术风格的基础上，通过巧妙的语言运用和文化适应，尽可能地传达源语言文化中音乐和韵律的独特之处。这需要翻译者具备深厚的语言学和音乐学知识，同时重视文本整体的一体性，使翻译成果更好地契合目标语言的文化语境。

二、跨文化交际背景下诗词英语翻译

诗词作为文学的精髓之一，常常蕴含着深刻的文化内涵，涉及历史、哲学、宗教等多个方面。在进行诗词的英语翻译之前，翻译者不仅需要具备出色的语言功底，更需要深入了解原作所包含的文化背景，以确保在目标语言中能够传达出类似的情感、意境和文化内涵。在跨文化交际的背景下，诗词翻译变得更加复杂，因为不同文化之间存在着独特的语境和情感表达方式。翻译者需要对原诗的文化背景有着深入的认识。这可能包括对作者的生平、时代背景、社会环境等方面的了解。在这一过程中，翻译者需要将自己完全置身于作者的时空背景中，感受和理解当时的文化氛围，以便更好地捕捉诗歌中所体现的文化内涵。考虑到跨文化交际的复杂性，翻译者需要寻找适当的文化桥梁，以确保目标语言读者能够更好地理解和感受原诗。这可能包括引入目标语言中与源语言文化相近或类似的历史事件、传统文化元素等。通过这种方式，翻译者可以创造一个更具共鸣的文化语境，使诗歌在翻译后仍然保持深刻的文化内涵。在进行具体的翻译工作时，翻译者需要注重保留原诗的韵律、格律和修辞手法，以尽可能地还原原作的艺术表达。这涉及对英语语言的深入了解和灵活运用，以确保翻译后的诗歌既忠实于原文，又流畅自然，让读者能够在目标语言中体验到原作的美感。在翻译中，不可避免地会面临一些语言和文化的差异。在这种情况下,翻译者需要具备良好的文化适应性和创造力,以找到最贴切的表达方式。这可能包括选择适当的文化隐喻、类比或象征,以便更好地传达原诗中所蕴含的情感和思想。翻译者还需要与目标语言读者进行沟通,获取他们的反馈和理解。通过与读者的互动,翻译者可以更好地了解目标语言文化的特点和读者的期望,从而进一步完善诗歌的翻译。诗词的英语翻译是一项高度挑战性的任务,要求翻译者在语言、文学和文化方面具备卓越的能力。通过深入了解原作的文化背景、寻找文化桥梁、保留艺术表达的精髓,并与目标语言读者开展有效的沟通,翻译者能够更好地实现诗歌的跨文化传达,使其在新的语境中焕发出原汁原味的文学魅力。

第四节 跨文化交际背景下节日和称谓英语翻译

一、跨文化交际背景下节日英语翻译

(一)深入了解节日文化

在进行翻译之前,翻译者需要深入了解源语言文化中与节日相关的传统和文化内涵。这一深入了解包括对节日的历史、起源、庆祝方式以及与之相关的故事或传说的详细了解。这种了解对于准确翻译节日相关文本,同时传达文化内涵,起到至关重要的作用。对于源语言文化中的传统节日,翻译者需要了解其发展历史和起源。这包括该节日的由来、最初的庆祝方式以及节日在文化中的演变过程。例如,中国的春节有着丰富的历史传统,其起源与中国古代的年兽传说有关。在进行春节相关文本的翻译时,翻译者需要了解这些历史传统,以便更好地理解和传达源语言文本的文化内涵。了解节日的庆祝方式对于准确传达文化内涵至关重要。每个节日都有其独特的庆祝仪式、活动和习俗,这些元素都是文化传统的体现。例如,美国的感恩节通常包括家庭聚餐、感恩祈祷和赠送礼物。在翻译感恩节相关文本时,翻译者需要了解这些庆祝方式,以便更好地在目标语言中传达节日的文化特色。了解与节日相关的故事或传说也是翻译者必须考虑的因素。许多

节日都与特定的传说或宗教故事相关联，这些故事是人们庆祝节日的重要原因之一。在翻译节日相关文本时，翻译者需要对这些故事有深入的了解，以便能够在目标语言中传达相应的文化内涵。在跨文化交际的背景下，翻译者还需要考虑目标语言文化中是否存在与源语言文化相似的节日传统，以及如何在翻译中巧妙地调整以适应目标语言读者的文化背景。这可能关系到选择类似的节日或仪式，或者通过注释等方式向目标语言读者解释源语言文化中特有的节日庆祝方式和意义。深入了解源语言文化中与节日相关的传统、历史、庆祝方式以及相关故事，是翻译者在进行节日英语翻译时至关重要的前提。这种深度了解不仅有助于翻译者准确传达文本的文化内涵，而且还有助于在跨文化交际中保持节日庆祝的独特特色。通过对节日文本进行深入分析和研究，翻译者能够更好地呈现源语言文化中的节日传统，使目标语言读者能够更全面地理解和欣赏这一文化现象。

（二）考虑宗教和文化背景

节日往往与宗教或特定文化的庆祝活动紧密相关。在进行翻译过程中，翻译者需要特别关注涉及宗教元素的节日，以确保准确传达其宗教和文化内涵。这一过程涉及对源语言文化的深入理解，同时需要灵活运用翻译技巧，以在目标语言中保留源语言文化的宗教特色。涉及宗教元素的节日通常与特定的宗教信仰和仪式相关。在翻译这些节日相关文本时，翻译者需要了解宗教仪式的细节，包括相关经文、祷告和仪式的具体内容。这有助于确保译文准确传达宗教节日的核心内涵，使目标语言读者能够理解源语言文化中的宗教信仰。翻译者需要关注宗教节日的文化背景。宗教节日通常在特定的文化环境中庆祝，这意味着庆祝方式、仪式和相关活动都受到文化传统的影响。在进行英语翻译时，翻译者需要在保留文化特色的同时，考虑目标语言读者对于该文化的了解程度。可能需要通过注释或其他方式对源语言文化的特殊传统进行解释，以便目标语言读者更好地理解和接受宗教节日的庆祝方式。考虑到宗教节日可能涉及一些特殊的宗教名词和术语，翻译者需要对这些词汇有深入的了解。这包括宗教经文、祷告用语、宗教仪式中的特殊术语等。在翻译过程中，翻译者需要确保这些宗教术语在目标语言中的准确表达，以避免误导或失真。在跨文化交际的背景下，宗教节日的英语翻译还需要考虑目标语言文化中是否存在与源语言相似的宗教庆典，以及如何在翻译中进行巧妙的文化调整。这可能涉及选择类似的宗教庆典，或者通过对比宗教信仰的相似之处来深化目标语言读者对源语言文化的理解。涉及宗教元素的节日在翻译过程中需要翻译者具备深厚的宗教和文化知识。通过深入了解源语言文化的宗教信仰和庆祝方式，翻译者可以更好地传达宗教节日的宗教内涵和文化特色，使目标语言读者能够在跨文化交际中深刻理解源语言文化中的宗教传统。

二、跨文化交际背景下称谓英语翻译

（一）了解文化差异

在进行称谓翻译之前，翻译者面临的任务不仅仅是语言层面上的转换，更需要深入了解源语言文化和目标语言文化中对于称呼方式的差异。这涉及尊称、敬称、亲昵称呼等多方面的文化因素，而在跨文化交际的背景下，对这些差异的敏感理解显得尤为重要。翻译者需要对源语言文化中的称呼方式有深入的认知。这包括了解在不同情境下人们是如何使用尊称和敬称的，以及这些称谓背后所承载的社会关系和礼仪。例如，在一些文化中，尊称可能与年龄、地位或职业有关，而在另一些文化中则可能更加重视家庭关系或社会地位。通过对源语言文化中称谓的深入了解，翻译者可以更好地捕捉到这些称谓的文化内涵。翻译者需要熟悉目标语言文化中的相应称呼方式。不同的文化对于尊称和亲昵的理解可能有很大的差异，而这些差异直接关系到交际的效果和文化的适应性。在这个阶段，翻译者需要关注目标语言文化中常见的称谓方式，了解在不同场合和关系中人们的习惯用语。这有助于确保翻译后的称谓既符合目标语言文化的社交规范，又能够传达源语言中的社会关系。在进行具体的翻译工作时，翻译者需要灵活运用不同的称谓方式，以适应目标语言文化的语境。有时候，直译可能并不足以准确表达原文中的社会信息，因此可能需要使用一些等效的称谓，使之更贴切地反映目标文化的语言特色。在这个过程中，翻译者的文化敏感性和判断力发挥着关键作用。在跨文化交际的背景下，翻译者还需注意避免文化冲突和误解。有些称谓在源语言文化中可能是非常正常和礼貌的，但在目标语言文化中可能显得过于正式或者过于亲昵。因此，翻译者需要在维持社交礼仪的同时，避免引起文化上的不适。翻译者在进行称谓翻译时可以通过与目标语言母语者的沟通来获取反馈。这有助于了解他们对于翻译后的称谓是否感到自然、得体,从而进一步优化翻译成果。称谓的英语翻译不仅是一项语言转换的任务,而且更是一项文化传达的工作。通过深入了解源语言和目标语言文化中的称呼方式差异,翻译者可以更好地在跨文化交际中实现称谓的有效传达,促进文化之间的理解与融合。

(二)保留尊敬程度

在进行称谓的英语翻译时,我们必须认识到不同文化中对尊卑关系的表达方式可能存在显著的差异。这一方面涉及社会礼仪,另一方面则反映了文化对待权威、年龄、社会地位等方面的态度。在跨文化交际的背景下,翻译者需要审慎处理称谓的选择,以确保在目标文化中保留原文中的尊敬程度,避免可能导致的不适。不同文化中对于尊卑关系的看法存在明显差异。在一些亚洲文化中,对长辈、上级或权威人物的称呼常常包含着一种深深的尊敬之情。比如,在中文中,对长辈可以使用"阿姨""叔叔"等称谓,对上级则常使用"先生""女士"等尊称。而在一些西方文化中,人们更倾向于使用较为简洁的称呼,如 Mr.、Mrs.、Ms. 等,强调平等和个体独立。翻译者在面对这种差异时,需要特别留意源文中所包含的尊敬的成分。这可能表现在称呼的正式性、敬语的使用,甚至是特定词汇的选择。通过仔细分析原文,翻译者可以更好地理解作者对于尊卑关系的态度,进而在目标文化中找到最贴切的翻译方式。在进行具体的翻译工作时,翻译者需要灵活运用目标文化中的相应称谓方式。有时,直译可能无法准确传达源文中的尊敬程度,因此需要在尊重原文的基础上进行适度的调整,使得翻译结果更符合目标文化的交际规范。这可能包括使用更正式的称谓、增加敬语的表达,或者调整词语的强调程度。在跨文化交际的背景下,翻译者需要更为重视文化的适应性。在某些文化中,强调尊卑关系可能被视为过于矫情或不必要,而在另一些文化中,过于平等的称呼可能被认为失礼。因此,翻译者需要根据目标文化的社交习惯和礼仪规范,灵活地调整翻译策略,以确保翻译结果在目标文化中既能够得到理解,又不至于引发不适感。翻译者还需时刻保持开放的心态,愿意倾听目标文化读者的反馈。通过与目标语言母语者的互动,翻译者可以更全面地了解目标文化中人们对于称谓方式的期望,从而进一步完善翻译成果。在称谓的英语翻译过程中,翻译者需要敏感地理解源文中所包含的尊卑关系,同时充分考虑目标文化中的社交规范和语境。通过精准的语境理解和巧妙的翻译选择，翻译者能够在跨文化交际中成功传达原文的尊敬程度，实现文化之间的有效沟通。

第五节 跨文化交际背景下饮食和服饰英语翻译

一、跨文化交际背景下饮食英语翻译

（一）准确翻译食材名称

保持对食材名称的准确翻译是非常重要的，因为这直接关系到目标语言读者对原文中所描述的食物的理解和识别。在进行饮食英语翻译时，翻译者需要全面考虑食材的名称、特点以及在目标语言文化中的常见使用情况，以确保准确传达原文的意思。

食材的名称翻译需要准确无误。在翻译过程中，翻译者应该了解源语言和目标语言中对于食材的称呼，以选择最贴切、通用的翻译方式。有时候，某一种食材在不同的文化中可能有不同的名称，甚至在同一语言中的不同地区也有差异。翻译者需要通过广泛的了解和查询确保所选用的翻译在目标语言中具有通用性和准确性。了解食材的特点对于准确翻译同样至关重要。一些食材可能在不同文化中被用于独特的烹饪方式或特色菜肴中，因此翻译者需要考虑到这些特点，以便更好地传达源语言文本中关于食材的信息。例如，在中文中，"荷叶"可能在烹饪中被用于包裹食物，而在英文中的翻译可能需要强调这种用法，以使目标语言读者能够理解其特殊作用。对于一些地方性食材或特色食物，翻译者还需要考虑如何在目标语言文化中引入相应的解释或说明，以便读者更好地进行理解。有时候，直译可能无法准确传达食材的独特性，这时候可以适度添加一些解释性的文字，帮助目标语言读者更好地理解原文所描述的食物。在跨文化交际的背景下，饮食英语翻译还需要考虑目标语言读者对于源语言文化中食材的熟悉程度。如果某种食材在目标语言文化中不常见，翻译者可能需要通过解释或比喻来帮助读者

更好地理解。这种情况下,翻译者的创造力和解释能力将发挥关键作用。保持对食材名称的准确翻译需要翻译者在语言层面的精准性和在文化层面的适应性。通过深入了解源语言文化中食材的名称和特点,并巧妙运用翻译技巧,翻译者可以确保目标语言读者对原文中所描述的食物有清晰、准确的认识,推动在跨文化交际中对饮食文化的深入理解。

(二)考虑口味和口感描述

在翻译涉及食物口味和口感的部分时,翻译者需要选用能够准确传达原文意思的词汇,并考虑目标文化中常用的口味和口感描述方式。这一过程涉及对食物的味道、口感以及与之相关的文化差异进行深入理解,以便在翻译中保持原汁原味的同时,使目标语言读者能够充分体验到源语言文化中所传达的味觉体验。对于食物的口味描述,翻译者需要选择与原文相符的口味词汇。不同语言对于食物口味的描述方式可能有所不同,因此在选择词汇时需要注意保持原文的韵味和特色。例如,中文中常用的"麻辣"可能被翻译为"spicy and numbing",以更准确地传达其中包含的辛辣和麻木的味觉感受。口感的翻译需要考虑到目标文化中的常用表达方式。某些口感的描述在不同文化中可能有不同的传达方式。比如,中文中的"Q弹",可能被翻译为"chewy",以描述食物具有弹牙的口感。在选择口感词汇时,翻译者需要确保所选用的词汇在目标语言中是贴切和自然的,使读者能够直观地理解食物的口感特点。考虑到口味和口感的主观性,翻译者可能需要在目标语言中加入适当的修饰语或形容词,以强调原文中所描述的细致差别。这有助于使目标语言读者更全面地了解食物的味觉体验,促进他们在文化交流中更好地理解源语言文化。在跨文化交际的背景下,饮食英语翻译需要考虑目标语言读者对于源语言文化中口味和口感的接受程度。如果某种口味或口感在目标文化中较为罕见,翻译者可能需要通过类比或解释性语言来帮助读者理解。同时,翻译者可以利用目标文化中常见的食物和口味来进行巧妙的调整,以提高读者的接受度。饮食英语翻译在涉及口味和口感的部分时需要翻译者具备对食物味觉体验的深刻理解和在目标文化中的敏感性。通过选择准确的词汇、修饰语以及考虑目标语言读者的文化背景,翻译者可以有效地传达原文中关于食物味觉体验的信息,促进在跨文化交际中对饮食文化的更深层次理解。

二、跨文化交际背景下饰英语翻译

在进行服饰的英语翻译之前，翻译者面临着深入了解源语言文化中时尚潮流和传统服饰的重要任务。这需要对款式、颜色、图案等方面的特点进行仔细研究，以确保翻译能够准确传达源文中蕴含的时尚元素和文化内涵。在跨文化交际的背景下，了解源语言文化的服饰特色不仅有助于保留文化独特性，而且还能够为目标文化读者提供更深层次的理解。时尚潮流是源语言文化中服饰的重要组成部分。了解时尚潮流涉及对当代社会中服饰设计、流行趋势、品牌影响力等方面的深入研究。这可能包括对时尚杂志、设计师作品、时装秀等的关注，以捕捉源语言文化中独具特色的时尚元素。通过对时尚潮流的深刻理解，翻译者可以更好地传达源文中所体现的时尚态度和审美追求。传统服饰在源语言文化中扮演着重要的角色。不同文化都拥有独特的传统服饰，反映了历史、民俗和文化传承。了解传统服饰的特点需要涉及对古老文献、博物馆藏品、民族风情等方面的调查研究。这种深入了解有助于翻译者把握传统服饰的设计理念、面料选择、工艺技巧等方面的细节，从而更好地在翻译中体现文化的丰富性。在进行具体翻译工作时，翻译者需要灵活运用目标语言的时尚和传统服饰词汇。时尚词汇可能包括对于流行款式、潮流元素的准确表达，而传统服饰则需要用目标语言最为贴切的词汇来传达源文中所体现的文化传统。在这个过程中，翻译者的语言功底和时尚敏感度将发挥重要作用。

考虑到跨文化交际的特殊性，翻译者需要根据目标文化的时尚和传统服饰习惯进行适度的调整。这可能包括对一些文化特有款式、颜色搭配、服饰搭配方式等进行合理的转译，以保障翻译结果在目标文化中既能够符合时尚趋势，又能够尊重当地文化传统。在整个翻译过程中，翻译者还需注重文化的教育性传达。通过在翻译中适度添加注释、解释或者提供相关文化背景，翻译者可以帮助目标语言读者更好地理解源文中所体现的时尚和传统服饰元素，促进文化之间的互动和理解。翻译者可以通过与目标语言母语者的沟通来获取他们的反馈。了解他们对翻译结果的理解和接受程度，有助于翻译者更全面地认识目标文化对于时尚和传统服饰的期望，从而进一步优化翻译成果。在服饰的英语翻译中，深入了解源语言文化的时尚潮流和传统服饰是确保翻译准确传达文化元素的重要前提。通过对源文中时尚和传统服饰的细致分析,并在翻译中灵活运用目标文化的语境,翻译者可以实现时尚和文化的跨文化传达,使服饰的翻译更富有文化内涵,更能引起目标文化读者的共鸣。

第八章 跨文化交际背景下中国传统文化融入大学英语教学

第一节 跨文化交际背景下中国传统文化融入大学英语教学重要意义

在跨文化交际背景下，将中国传统文化融入大学英语教学具有重要的意义。这样的做法有助于学生更全面地了解中华文化，提升他们的跨文化意识和跨文化交际能力。

一、促进文化理解和尊重

将中国传统文化融入英语教学对国际学生的意义重大，它不仅有助于学生更好地理解中国文化，还能增进对中国传统价值观、习俗和历史的认识。这种融合不仅在提高语言水平的同时，也为学生提供了更广阔的文化视野，有助于减少文化误解，促使学生在跨文化交流中更加尊重和包容。将中国传统文化融入英语教学可以提升学生的文化意识。通过在英语课堂上引入中国传统文化的元素，如中国古诗词、传统节日、历史故事等，学生将更全面地了解中国文化的丰富内涵。这不仅拓宽了学生的文化视野，也有助于培养他们对不同文化的理解和尊重，提升跨文化交际的能力。融入中国传统文化可以激发学生学习英语的兴趣。通过有趣且富有文化特色的教学内容，学生更容易产生学习动力，提高学习积极性。例如，通过学习中国古代诗词，学生不仅能够提升英语语言技能，还能领略到中国古代文学的魅力，激发学生对中文学习的兴趣。融入中国传统文化也有助于培养学生的跨文化沟通能力。在英语教学中引入中国文化元素，可以帮助学生更好地理解中西方文化之间的差异，从而更好地适应不同文化环境。这对于今后学生参与国际交流、工作或生活都具有积极的意义。通过中国传统文化的融入，可以培养学生的全球视野。在全球化的时代背景下，学生需要具备更广泛的文化视野和跨文化交际的能力。了解中国传统文化不仅可以帮助学生更好地理解中国，也为他们更好地融入全球化的社会奠定了基础。在跨文化交际背景下，融入中国传统文化还有助于减少文化误解。通过深入了解中国文化的教学，可以帮助学生更真实地感知和理解中国人的行为、思维和价值观，避免在跨文化交际中产生误解和偏见。将中国传统文化融入英语教学具有多重意义。它不仅能够提升学生的语言水平，还有助于培养学生的文化意识、跨文化沟通能力和全球视野，进而更好地适应跨文化环境，促使学生在国际交往中更加尊重和包容。这种融合教学的方法有助于培养具有全球背景的综合素质人才。

二、提升跨文化交际能力

通过学习中国传统文化，学生能够培养跨文化交际能力，更好地适应不同文化环境。这种跨文化能力的培养对于今后在国际舞台上从事跨国业务或与不同文化背景的人合作具有积极的影响。中国传统文化的学习有助于学生深入了解中华文化的独特性。通过学习中国传统文学、历史、哲学等方面的知识，学生可以更全面地了解中国文化的深厚底蕴和独特特色。这种深度的文化交流为学生在跨文化交际中更准确地把握文化背景、理解他人行为提供了基础。中国传统文化的学习有助于培养学生对不同文化之间差异的敏感性。在英语教学中融入中国传统文化元素，让学生从文化的角度去思考问题，增强他们对文化多样性的认识。这有助于培养学生在跨文化环境中更加敏感、理解并尊重不同文化的能力。中国传统文化的融入有助于提高学生的语境识别能力。语言和文化是紧密相连的，通过学习中国传统文化，学生可以更好地理解中文表达中的文化内涵，从而更准确地理解和运用中文。这对于学生在实际跨文化交际中更好地应对语境变化具有重要意义。融入中国传统文化可以拓宽学生的国际视野。在全球化的时代，学生需要具备更广泛的文化视野，了解世界各地不同文化的特点。通过学习中国传统文化，学生可以超越语言层面，更深入地理解中国社会的发展、变革和传统，使他们在国际交往中更具有综合素养。中国传统文化的学习有助于培养学生的文化自信心。通过对中国传统文化的深入了解，学生能够更自信地表达自己的文化身份，同时也更能够理解并尊重他人的文化。这种文化自信心是跨文化交际中成功沟通的重要基础。在大学英语教学中融入中国传统文化，既能够提高学生的语言水平，又能够培养他们更为全面的跨文化交际能力。这对于培养具有国际竞争力的人才，推动跨文化理解与合作具有深远的意义。

三、拓展语言运用场景

在大学英语教学中融入中国传统文化，不仅可以为学生提供更多丰富的语言运用场景，同时也为跨文化交际提供了重要的平台。通过讨论中国传统文学作品、观看中国传统戏曲等形式，学生能够在更为实际和有趣的语境中学习和运用英语，进而更全面地体验和理解中华文化的独特之处。这一融合对于培养学生的跨文化意识、语言运用能力以及对中西文化的深度理解都具有重要的意义。通过融入中国传统文化，可以为学生提供更为深刻的语境。传统文学作品如《红楼梦》《西游记》等是中国文学的瑰宝，通过对这些文学作品的学习，学生可以接触到更为精致和复杂的语言表达方式。这些文学作品中丰富多彩的描写、深刻的人物塑造以及丰富的文化内涵都为学生提供了更广阔的语言运用场景，有助于他们培养更高层次的语言表达和理解能力。通过观看中国传统戏曲，学生不仅可以感受到古老而独特的表演艺术，还可以通过英语进行讨论和表达。中国传统戏曲，如京剧、豫剧等，是中国文化的瑰宝，融入英语教学中可以为学生提供一种全新的语言体验。学生可以学习戏曲中特有的表演技巧、角色扮演，同时通过英语进行相关讨论，拓展他们的语言应用场景，提高他们在语境中的沟通能力。

这样的教学方法不仅使学生在语言学习中感到更加有趣，同时也帮助他们更加深入地了解中国传统文化。通过与传统文学作品和戏曲的互动，学生能够更好地体验到语言与文化之间的紧密联系，从而增进对中文语言背后文化价值的理解。这对于培养学生的跨文化交际能力至关重要，因为语言不仅仅是一种符号，更是文化的载体。在跨文化交际背景下，了解中国传统文化对于学生建立跨文化意识至关重要。通过文学作品和戏曲，学生能够深入了解中国人民的情感、价值观念以及历史传承。这对于提高学生的文化适应性、增进对多元文化的尊重有着积极的影响。学生在实际语境中学习到的文化元素，不仅能够丰富他们的语言知识，而且还能够为他们未来的跨文化交际提供坚实的基础。通过融入中国传统文化，可以培养学生的创造力和批判性思维。传统文学作品和戏曲中常常蕴含着深刻的思想和寓意，通过对其进行分析和讨论，学生能够激发自己的思考能力，培养独立思考的习惯。这种培养不仅有助于提高学生在语言运用上的灵活性，而且还能够为他们未来的学术研究和职业发展提供更为广阔的视野。通过融入中国传统文化，可以提高学生对于中西文化异同的认知。学生在学习中国传统文化的过程中，将不可避免地与西方文化进行比较，这种比较有助于学生更全面地了解不同文化间的共通点和差异，培养他们对于多元文化的理解和包容心态。这对于建设更加和谐的跨文化社会有着积极的意义。融入中国传统文化到大学英语教学中有着重要的意义。通过与传统文学作品和戏曲的互动，学生不仅能够提高语言运用能力，还能够更深入地了解中华文化的丰富内涵。这种融合不仅有助于培养学生的跨文化交际能力，还能够激发他们的创造力和思考力，使英语教学更富有深度和广度。在全球化的背景下，这种跨文化的英语教学方法将为学生的综合素养提供更为全面的培养。

第二节　跨文化交际的缺乏给大学生学习英语带来的障碍

一、语言障碍

在大学英语学习的过程中，学生面临着来自跨文化交际的挑战，尤其是缺乏对目标文化的深入了解可能导致一系列的困难。这包括对文化特有的词汇和短语的理解障碍，以及在面对不同国家和地区的英语口音和语速时可能产生的听力理解困难。这些问题影响了学生在英语学习中的效果，因此在教学中应该采取一系列措施来帮助学生克服这些跨文化交流的障碍。学生缺乏对目标文化的深入了解可能导致对文化特有词汇和短语的理解困难。不同的文化拥有独特的语境和表达方式，其中包含大量的文化特有词汇和短语，这对于非母语者来说可能是一个挑战。例如，一些习以为常的俚语、习惯用语、文化隐喻等，在不了解背后文化背景的情况下，学生可能很难准确理解其中含义。这种理解上的困难不仅影响了学生的阅读理解水平，还可能导致在口语表达和写作中出现不准确或不恰当的语言使用。解决这一问题的方法之一是通过文化教育和跨文化交际课程，为学生提供更多的背景信息和文化解释。教师可以结合课堂教学和实践活动，介绍一些具有代表性的文化特有词汇和短语，帮助学生理解其在具体语境中的用法和含义。通过拓展学生的文化视野，他们可以更好地适应目标文化，提高对文化特有词汇和短语的敏感性。

学生可能在面对不同国家和地区的英语口音和语速时感到困扰，从而影响听力理解。英语作为一种全球性语言，存在着多种口音和语音变体，而学生可能主要接触到的是标准英语，这使得他们在面对其他地区的口音时可能感到陌生。此外，不同国家和地区的语速也存在差异，这可能使得学生在真实交际场景中难以适应。为了帮助学生克服这一听力理解的障碍，教师可以运用多元化的教材和资源，引入来自不同国家和地区的口音和语速，使学生更加熟悉多样性的英语语音。同时，通过听力训练，逐渐提高学生对不同口音和语速的适应能力。课堂上可以组织学生进行模拟对话，让他们更好地体验到真实语境下的语音差异，从而更好地适应跨文化交际的语音变体。借助科技手段也是一种有效的方法。学生可以通过在线资源、多媒体课程等获取来自不同地区的真实语音材料，以提高对于口音的识别和理解能力。通过多样性的学习材料，学生将更容易适应不同口音，提高跨文化交际的语音敏感度。在解决这些问题的同时，重视学生对文化差异的认知也是至关重要的。教师可以通过引导学生参与跨文化交流、组织文化体验活动等方式，提高学生对于文化多样性的认识和尊重。这有助于学生更好地理解英语作为一门全球性语言所承载的文化多元性，从而更加自信地应对跨文化交际中的语言障碍。在大学英语教学中，跨文化交际的缺乏给学生学习英语带来了一系列的障碍。然而，通过采用多元化的教学途径、强调文化教育、培养学生的文化意识和语音适应能力，可以有效帮助学生克服这些困难。这不仅有助于提高学生在英语学习中的综合素养，还有助于培养具有国际视野的跨文化交际能力，使学生更好地适应全球化背景下的语言环境。

二、文化差异障碍

跨文化交际的缺乏可能给大学生学习英语带来一系列的障碍，尤其是在社交场合中对于不同文化的礼仪和交往方式的不适应。这种不适应性可能导致学生难以理解和适应不同文化的行为准则和价值观，进而在跨文化交际中产生误解。学生可能在社交场合中感到困惑和焦虑。由于不了解不同文化的社交规范，学生可能不知道如何应对不同的场合和人际关系。例如，在一些文化中，礼貌的表达方式可能与学生的习惯不同，导致沟通困难和误解的产生。这种不适应可能使学生在社交场合中感到尴尬，影响其自信心和交际能力的发展。文化差异可能导致学生对他人的行为产生误解。在不同的地域文化中，相同的行为可能具有不同的含义，而学生如果不了解这些文化差异，可能会错误地解读他人的意图。这种误解不仅可能导致沟通障碍，还可能引发冲突和误判，影响学生与他人的良好关系建立。由于缺乏跨文化交际经验，学生可能对于多元文化的接纳和理解能力不足。在国际化的大学环境中，学生可能会接触到来自不同国家和文化背景的同学，而适应这样的多元文化环境需要学生具备一定的跨文化交际能力。如果学生无法适应这种多元文化环境，可能会导致文化隔阂，影响团队协作和合作的效果。缺乏跨文化交际经验可能使学生在国际职场中面临挑战。随着全球化的发展，许多行业都需要具备跨文化交际能力的人才。如果学生在大学阶段没有接触过不同文化的交往经验，他们可能在进入职场后遇到跨文化沟通的困难，影响职业发展和国际竞争力。为了帮助学生更好地适应跨文化交际，大学英语教育应当注重培养学生的跨文化意识和交际能力。通过引入跨文化交际的教学内容，组织跨文化体验活动，以及提供国际交流的机会，可以帮助学生更好地理解和适应不同文化，减少在跨文化交际中可能遇到的障碍。这样的教育模式将有助于培养具有全球视野和国际背景的综合素质人才。

三、沟通障碍

缺乏对非语言交流的理解可能成为学生在跨文化交际中的一大障碍，尤其是对肢体语言、表情和姿势等非语言信息的解读。这种缺乏理解可能导致学生在不同文化语境下难以准确理解和使用语言，造成沟通困难。学生可能对于不同文化中的肢体语言缺乏敏感性。不同文化对于肢体语言的使用和解读存在差异，而学生如果没有接触过多元文化环境，可能无法准确理解他人的肢体语言，也难以正确运用适当的肢体语言进行表达。这可能导致在跨文化交际中产生误解，甚至引发不必要的冲突。学生可能在面对不同文化的表情和面部表情时感到困扰。不同文化对于表情的含义和使用方式存在差异，而学生如果没有对这些差异进行认知和学习，可能会误解他人的情感状态，从而在沟通中产生混淆。这对于建立良好的人际关系和沟通效果产生阻碍。姿势和动作在不同文化中也有不同的含义。学生如果没有接触过不同文化的姿势和动作，可能会在交往中表现出不恰当或不礼貌的行为，影响到他们的社交能力和人际关系。这种情况在国际交往和商务场合中尤为突出，可能导致商业谈判的失败或团队协作的不顺利。缺乏对非语言交流的理解可能使学生在社交场合中显得拘谨和紧张。不了解不同文化中的社交规范和礼仪，学生可能在交往中感到不自在，难以自如地表达自己，从而影响到他们的社交活动和人际网络的建立。

为解决这一问题，大学英语教育可以通过以下方式帮助学生提高对非语言交流的理解和运用能力：引入相关的跨文化交际课程。在英语教学中，可以设置专门的跨文化交际课程，介绍不同文化中的肢体语言、表情和姿势的使用规范。通过案例分析和实际演练，让学生更好地理解和运用非语言交流。组织跨文化体验活动。学校可以组织学生参与一些跨文化体验活动，例如文化交流展示、国际社交活动等，让学生在实际情境中感受和体验不同文化的非语言交流方式，提高他们的文化敏感性。鼓励学生参与国际交流项目。通过参与国际交流项目，学生可以与来自不同国家和文化的人士互动，更全面地了解和体验不同文化的交往方式，培养跨文化交际的能力。通过讲座和讨论等形式，提高学生对于跨文化交际的认知。在英语教学中引入相关讲座，让专业人士分享跨文化交际的经验和技巧，激发学生的兴趣，增强他们对于非语言交流的理解。通过以上措施，大学英语教育可以帮助学生更好地理解和运用不同文化中的非语言交流，提高他们的跨文化交际能力，使他们更自信地应对国际化的社会环境。

第三节 跨文化交际的大学英语教学策略

一、多媒体教学

在大学英语教学中，借助多媒体资源，包括音频、视频和在线资源，展示不同文化的语言、风俗、传统，是一种十分有效的教学策略。通过这种方式，教师可以在课堂上为学生打开一扇窗户，让他们更全面地感知和理解其他文化，从而提高他们的跨文化交际能力。音频资源可以包括地道的口音、语音样本、音乐、口头传统等。教师可以选择具有代表性的音频材料，让学生听到来自不同国家和地区的真实语音。这有助于学生适应不同的语音特点，提高他们的听力理解能力。同时，音频资源还可以包括传统音乐、歌谣等，通过这些传统的声音，学生可以更好地感受到其他文化的历史和生活方式。视频资源是一种生动的展示方式，可以包括电影片段、纪录片、短视频等。通过观看视频，学生可以在视觉上感受到其他文化的风土人情。教师可以选择具有代表性的场景，如传统庆典、习俗活动、日常生活场景等，让学生通过视觉感受到文化的独特之处。同时，电影片段中的对话和情节也为学生提供了更真实的语境，有助于提高他们的口语表达能力。

在线资源是跨文化教学中不可或缺的一部分，包括在线新闻、社交媒体、文化网站等。通过引导学生阅读其他国家和地区的新闻报道，他们可以更深入地了解其他文化的社会动态和当下状况。社交媒体上的文化分享也为学生提供了了解当地人民日常生活的途径。此外，文化网站上的文学作品、艺术品、历史材料等都是学生学习其他文化的丰富资源。利用多媒体资源进行互动式学习是一种促进学生参与和交流的方法。教师可以设计互动式的活动，例如观看后讨论、小组展示、在线访谈等。通过这些互动活动，学生可以分享对于文化的观察和理解，从而加深对文化的认识。此外，互动式学习也培养了学生的合作能力和团队精神。教师可以设计以文化为主题的课程单元，通过多媒体资源为学生呈现相关内容。比如，可以选择一个具体的文化主题，如传统节日、婚礼习俗、食物文化等，然后通过音频、视频、在线资源等多维度呈现，帮助学生在一个全面的背景下理解文化。鼓励学生进行自主研究是培养他们主动学习的重要手段。教师可以指导学生选择感兴趣的文化主题，然后利用多媒体资源进行深入研究。学生可以通过文献查阅、采访当地人、观看相关视频等方式，深入了解其他文化的方方面面，并将所学内容分享给全班，促进知识的共享。在整个教学过程中，教师需要充分利用现代科技手段，保障多媒体资源的高质量使用。同时，要保持灵活性，不断调整教学策略，以适应学生的需求和学科发展的变化。通过多媒体资源的引入，大学英语教学可以更生动、更具体，激发学生学习的兴趣，培养他们全球视野和跨文化交际的能力。这样的教学策略不仅有助于提高学生的英语水平，而且也为他们今后的国际交往和职业发展打下坚实的基础。

二、跨文化交际任务

为了提高学生的跨文化交际能力，大学英语教学可以采取一系列策略，其中包括安排学生参与跨文化交际任务。安排学生参与模拟跨文化对话，让他们在虚拟的情境中体验跨文化交际。可以设定不同的场景和角色，要求学生以特定文化的代表进行对话，从而了解和适应不同文化的沟通方式和交往习惯。设计跨文化合作项目，让学生与来自其他国家或文化背景的同学一起完成任务。这样的项目可以涉及文化调查、共同创作、问题解决等，通过合作提高学生的团队协作和跨文化交际能力。组织学生进行实地考察和调研，让他们亲身体验目标文化的生活和社会环境。通过与当地居民交流，学生可以更深入地了解不同地区文化的特点，拓宽视野，提高对于文化多样性的认知。鼓励学生自行策划和参与文化交流展示活动。这可以包括展示自己国家或地区的文化特色，与其他学生分享传统风俗、节日习惯等。通过主动参与展示，学生可以增强表达能力和与他人交流的信心。教学团队可以跨文化组建，集结来自不同文化背景的教师，共同参与课程设计和教学。这样的团队能够为学生提供更为丰富和多元的学习体验，同时教师之间的跨文化协作也是一个榜样。引入跨文化案例，通过分析真实的跨文化交际场景，让学生了解不同文化中可能发生的问题和挑战，培养他们解决问题的能力，并提高在跨文化环境中的适应性。在教学环境中创造多语言氛围，鼓励学生使用英语以外的语言进行交流。这有助于打破语言壁垒，促使学生更加敏感地理解并尊重其他语言和文化。邀请专业的跨文化交际专家或成功的跨文化交际者进行讲座，分享他们的经验和见解。这可以为学生提供实用的建议，激发对跨文化交际的兴趣。通过以上策略，大学英语教学可以更好地培养学生的跨文化交际能力，使他们在未来的职业生涯和社会交往中更加游刃有余。这样的实践不仅有助于学生的个人成长，而且也符合全球化时代跨文化交际的需求。

三、文化讨论和分享

鼓励学生分享对自己文化的理解，并开展小组或班级的文化讨论，是大学英语教学中一项重要的策略，有助于促进学生之间的文化交流和跨文化理解。在大学英语教学中，鼓励学生分享他们对自己文化的理解是培养跨文化交际能力的重要一环。教师可以设立专门的课程模块，让学生以小组形式分享他们所属文化的特色、传统、价值观等方面的信息。通过学生间的互动，不仅可以加深对自己文化的认知，而且也能够激发学生对其他文化的兴趣。

设立小组或班级文化讨论是另一种促进跨文化交际的教学策略。教师可以提供多样化的文化主题，鼓励学生就这些主题展开深入的讨论。例如，讨论不同国家的节日庆典、传统美食、家庭结构等，让学生通过交流了解其他文化的差异和共通之处。这样的活动不仅能够锻炼学生的口语表达能力，还能够培养他们在跨文化环境中进行沟通的能力。定期组织文化分享活动，让学生有机会展示他们对其他文化的理解。这可以包括学生制作文化展板、展示传统服饰、演示特色舞蹈或音乐等。通过这些活动，学生能够深入了解其他同学的所属文化，同时也能展示自己文化的独特之处。这样的互动有助于拓宽学生的文化视野，培养他们尊重和欣赏多元文化的态度。在文化讨论中，教师可以引导学生关注文化之间的差异，并讨论如何在实际生活中更好地适应这些差异。通过讨论特定情境下的文化差异，学生能够学会更灵活地运用语言和行为规范，提高跨文化交际的实际能力。

借助多媒体资源，如影片、音频、图片等，展示丰富的文化信息。通过观看和聆听，学生可以更直观地感受其他文化，从而更深入地理解和欣赏文化之间的多样性。这样的多媒体素材也可以成为课堂讨论的有力支持。通过以上策略，大学英语教学可以在培养学生的语言能力的同时，重视跨文化交际的实际能力培养。这有助于学生成为具有全球视野和跨文化沟通技能的综合型人才。

参考文献

[1] 贾丽霞. 从跨文化视角下分析蒙古族大学生英语学习中语用失误根源和应对策略 [J]. 校园英语, 2020,(09): 4.

[2] 顾玉芳. 大学英语教学中的跨文化教育 [J]. 海外英语, 2018,(18): 215-216.

[3] 李翮. 跨文化英语教学与大学生自主学习能力培养初探 [J]. 校园英语, 2018,(26): 23.

[4] 余佘. 大学生英语学习中的跨文化交际能力调查研究 [D]. 江西师范大学, 2016.

[5] 周杨. 中韩跨文化交际中的语言交际与非语言交际 [J]. 西部学刊, 2023,(20): 82-85+93.

[6] 张晨霞. 本科英语教学中跨文化交际能力的培养路径探究 [J]. 当代教研论丛, 2023, 9(10): 30-33.

[7] 鲁洪艳. 跨文化交际视角下语用移情在文化传播中的功能研究 [J]. 新楚文化, 2023,(03): 63-66.

[8] 程艳芳. 跨文化交际中影响英汉语言交际的原因和语用失误 [J]. 江西电力职业技术学院学报, 2022, 35(01): 134-135+138.

[9] 文艳玲. 跨文化交际背景下动物习语英汉对比翻译研究 [J]. 海外英语, 2020,(07): 146-147.

[10] 李下. 从跨文化交际的角度看英语习语翻译 [J]. 校园英语, 2019,(23): 220-221.

[11] 林玥. 跨文化交际视阈下的饮食翻译策略分析 [J]. 中国食品, 2023,(01):

127-129.

[12] 徐洋，杨巧南.英汉翻译技巧总结[J].校园英语，2021，（52）：255-256.

[13] 邱敏.跨文化传播视阈下的应用翻译研究[M].浙江工商大学出版社：202006.223.

[14] 邵霞.新编英汉互译教程[M].浙江工商大学出版社：202012.238.

[15] 唐文丽.交际翻译理论视角下英语字幕翻译人才培养[N].中国电影报，2023-10-25(011).

[16] 杨紫茜.关联翻译理论在英语笔译实践中的应用[J].英语广场，2023，（29）：29-32.

[17] 邓炎炎.翻译理论与高校英语教学创新策略[J].大学，2023，（26）：89-92.

[18] 冯嘉韵.交际翻译理论指导下的大学英语口语教学研究[J].中国多媒体与网络教学学报（上旬刊），2023，（06）：189-192.

[19] 张爱平.交际翻译理论在木制品商务英语翻译中的应用探讨[J].产业与科技论坛，2023，22(10)：222-224.